edition suhrkamp

Redaktion: Günther Busch

Barbara M. C. Knieper, geboren 1942, studierte Rechtswissenschaft, Geschichte und Erziehungswissenschaft in Frankfurt am Main, Harvard und Bremen, wo sie im Studiengang »Sozialpädagogik« über Vorschulerziehung und Spielpädagogik gearbeitet hat. – Gunnar Heinsohn, geboren 1943, studierte Rechtswissenschaft, Geschichte, Publizistik, Soziologie und Erziehungswissenschaft in West-Berlin; er lehrt Sozialpädagogik an der Universität Bremen. Gunnar Heinsohn hat gemeinsam mit Rolf Knieper die *Theorie des Familienrechts* (es 747) verfaßt.

Das Vorhaben der Autoren ist die Strukturanalyse des Kindergartens anhand seines geplanten oder ungeplanten Umgangs mit dem kindlichen Spiel. Sie kommen zu dem Ergebnis, daß der Kindergarten spielzerstörend wirken und damit einen wichtigen Mechanismus der psychischen Stabilisierung des Kindes so sehr beeinflussen kann, daß die geforderte Entwicklung zur »Realitätstüchtigkeit« nicht gefördert, sondern gefährdet wird. Auf welche Weise der Kindergarten gegen die ihm zugedachten gesellschaftlichen Aufgaben wirkt, wird im Rahmen der Untersuchung seiner wesentlichen Strukturen – Lohnerziehung, Kollektivierung, Abgetrenntsein von den für Erwachsene wichtigen Verrichtungen – gezeigt. Dabei wird deutlich, daß die Lohnerziehungs-Struktur den Erzieher zu einer schonenden Verausgabung seiner Arbeitskraft bestimmt, was nicht ohne Folgen für die Anregung oder Duldung kindlicher Verhaltensweisen sein kann. Die Kollektivstruktur führt unter Umständen dazu, daß die Kinder vom Erzieher als Gruppe kommandiert, individuelle Beziehungen zwischen Kindern und Erwachsenen behindert werden und daß die Kinder auch untereinander ihre Freispiele stören. Die Abtrennung schließlich von Verrichtungen, die von Erwachsenen ernst genommen werden, wird im Kindergarten in aller Regel mit Beschäftigungsweisen bekämpft, deren Sinnlosigkeit eine zwangsweise Einübung der Kinder in sie geradezu gebietet und die so ihrerseits zur Zerstörung von Spiel und Spielfähigkeit verführen.

Gunnar Heinsohn,
Barbara M. C. Knieper
Theorie des Kindergartens
und der Spielpädagogik

Suhrkamp Verlag

»*Tradition.* – Kinder erfahren die Gebräuche der Erwachsenen bedeutsamer, tiefer als diese selbst. Das brauchen die Gebräuche, um lebendig zu bleiben. Aber unsere Generation ist im Begriff, die Kinder abzuschaffen.«

Max Horkheimer (1956)

edition suhrkamp 809
Erste Auflage 1975
© Suhrkamp Verlag, Frankfurt am Main 1975. Erstausgabe. Printed in Germany.
Alle Rechte vorbehalten, insbesondere das der Übersetzung, des öffentlichen Vortrags und der Übertragung durch Rundfunk und Fernsehen, auch einzelner Teile.
Satz, in Linotype Garamond, Druck und Bindung bei Georg Wagner, Nördlingen.
Gesamtausstattung Willy Fleckhaus.

Inhalt

Das vorliegende Buch haben die Autoren durchweg gemeinsam konzipiert, erörtert und formuliert. Lehrveranstaltungen in Projekten des sozialpädagogischen Schwerpunktes ›Elementar-/Vorschulerziehung‹ der Universität Bremen gingen voraus. Die Arbeit mußte neben der laufenden Doppel- oder Dreifachbelastung durch Beruf und Haushalt bzw. Beruf, Haushalt und Kindererziehung erledigt werden und wäre gescheitert, hätten nicht Ruth Strege, Hilde Knieper, Renate Müller und Renate Muthreich hilfreich kinderhütend und maschineschreibend eingegriffen. Für die Diskussion unserer Vorstellungen ist Rolf Knieper und für eine umfassende Kritik des im Juni 1975 abgeschlossenen Manuskripts Jens Beiderwieden zu danken.

Vorbemerkung

Dem Kenner der historischen und der gegenwärtigen wissenschaftlichen Debatte um den Kindergarten mag die Titelgebung *Theorie des Kindergartens und der Spielpädagogik* unnötig erscheinen, da der Kindergarten ohnehin immer als Einrichtung der ›Spielpflege‹ konzipiert war und häufig selbst als ›Spielschule‹ bezeichnet wurde. Die Heraushebung der Spielpädagogik als Anknüpfungspunkt für eine Wirkungsanalyse des Kindergartens hat indes gerade darin ihren Sinn, daß der Kindergarten in Wirklichkeit sehr viel weniger eine Spielschule als ein Spielzerstörer ist. Unsere Untersuchung bemüht sich um eine Erklärung dafür, warum der Kindergarten das Gegenteil der ihm zugewiesenen Zielsetzungen befördert.

Die vorliegende Analyse verzichtet auf das, was in der Vorschulliteratur üblich ist, da sie die moralischen Appelle an die Einsatzbereitschaft der Erzieher nicht fortführt. Beide Erscheinungsformen solcher Appelle, die bloße ideologische Verpflichtung und die sogenannte pädagogische Anregung – heiße sie nun Didaktik oder Curriculum –, haben es bisher nicht vermocht, die beklagte Wirklichkeit des Kindergartens zu verändern, aber entschieden dazu beigetragen, seine illusionslose Analyse zu verzögern. Diese Arbeit hält sich daher nicht beim Loben des am Kindergarten Lobenswerten auf. Solange etwas seiner Zielsetzung entsprechend funktioniert, ist seine Analyse nicht absolut vordringlich. Die wissenschaftliche Analyse trifft gerade Einrichtungen, die unter ihrem Versagen ohnehin schon leiden. Den Menschen, deren Arbeit solche Einrichtungen trägt, kann sich das, was lediglich Analyse sein will, als übermäßig pessimistische Aussage darbieten. Es ist jedoch nicht Aufgabe der Wissenschaft, Pessimismus oder Optimismus zu verbreiten, sondern zu *erklären*, also die Ursachen des Beklagten herauszufinden. Sie tut das, um Änderungswünsche auf diese Ursachen zu lenken und so kostbare Kräfte vor der Vergeudung am falschen Ansatzpunkt zu bewahren. Wiederum kann sie aber kein Versprechen abgeben, daß die Ursachen auch wirklich änderbar sind, oder gar, daß nach ihrer Änderung genau eintrete, was wünschenswert ist.

Leser, die ebenfalls nach Antworten auf die Fragen suchen, die wir uns gestellt haben, werden also keine Versprechungen und Prophezeihungen finden, sondern nur Antworten, die kritisiert werden müssen, um richtigere Aussagen dort machen zu können, wo unsere Argumentation nicht zureichend sein sollte.

I. Warum die strukturellen Differenzen von Familie und Kindergarten die Kleinkinderziehung zum pädagogischen Problem machen

Wenn die Erweiterung[1] staatlicher[2] Kleinkinderziehung durch den Kindergarten erklärt wird, dann stellt sich meist die Formel ein: »Weil die Familie schlecht funktioniert und sie die Kinder ungenügend entwickelt oder gar deformiert, muß der Staat einspringen.« Doch erst die Umkehrung dieser Formel: »der Staat übernimmt die Kleinkinderziehung, weil sie ihm besser gelingt als der Familie«, enthält die illusionären Hoffnungen, deren Widerlegung denjenigen Kräften, die an die ewige Überlegenheit der Familienerziehung glauben, dann relativ leichtfällt.

In der folgenden Untersuchung soll – exemplarisch am Umgang mit dem kindlichen Spiel im Kindergarten – gezeigt werden, daß verkürzte Erklärungen der Familienerziehung und ihrer Vergesellschaftung in staatlicher oder anderer Form zu falschen Erwartungen und zu Verharmlosungen der Probleme dieser neuen Struktur von Kleinkinderziehung führen können. Wollten wir ebenfalls formelhaft den Sachverhalt kennzeichnen, den unsere Analyse zum Ausgangspunkt nehmen muß, so könnten wir sagen: »Weil Familie für Kleinkinderziehung – systematisch, keineswegs empirisch gesehen – nicht mehr zur Verfügung steht, muß ganz unausweichlich der Staat oder eine andere gesellschaftliche Institution einspringen, obwohl noch ungeklärt ist, ob sie die erforderliche Erziehungsleistung überhaupt zustande bringen können.« Um

1 Zum Prozeß dieser Erweiterung in der BRD vgl. G. Heinsohn u. R. Knieper, *Theorie des Familienrechts. Geschlechtsrollenaufhebung, Kindesvernachlässigung, Geburtenrückgang,* Frankfurt M, 1974, Kap. V.

2 Im weiteren Verlauf verwenden wir den Begriff »gesellschaftliche Erziehung« im Gegensatz zur Familienerziehung und präzisieren ihn zu staatlicher oder einer anderen Form gesellschaftlicher Erziehung, z. B. karitativer Institutionen, wo das eindeutig möglich ist. Die gesellschaftliche Erziehung in bürgerlichen Gesellschaften erscheint meist als Mischung staatlicher und karitativer Institutionen. Erst Gesellschaften, die das Privateigentum an Produktionsmitteln abgeschafft haben, setzen allmählich eine rein staatliche Kleinkinderziehung durch.

diese Aussage zu belegen, wollen wir zeigen, *warum* die Familie als eine Struktur, die lange Zeit zureichende Sozialisationsresultate erzielte, also genügend realitätstüchtige Persönlichkeiten hervorbrachte, von einer anderen Struktur – gesellschaftlicher Erziehung – abgelöst wird, von der wir erst zu lernen haben, welche Persönlichkeiten sie produziert. Um ein Verständnis davon zu vermitteln, daß neue Erziehungsstrukturen nicht zustande kommen, weil sie vorab besser funktionieren als die überkommenen, betrachten wir nicht umgehend Aufkommen und Auswirkungen der Kindergarten-Struktur, sondern diejenige der ihr vorausgehenden patriarchalischen Familie, die ebenfalls ein historisches Resultat ist, dem wiederum eine andere Struktur vorausging.

Die männlich dominierte Ehe und Familie, deren Zersetzung die gesellschaftliche Kleinkinderziehung nach sich zieht, war wie diese nicht aus pädagogischer Überlegung und Planung entstanden, sondern als Folge einer von pädagogischen Wünschen ganz unabhängigen Konstellation. Das einstmals neue Produktions- und Eigentumsverhältnis der patriarchalischen Familie – mit Produktionsmitteleigentum bei einem Manne und dem Erbrecht seines Sohnes – war nicht aufgekommen, um besser erzogene Menschen als zuvor zu gewinnen, sondern weil eine bestimmte historische Konstellation es ermöglicht hatte, matrilinear bestimmte Generations- und Geschlechtsbeziehungen zu zerstören und die patriarchalische Struktur zu etablieren.[3]

3 Dieser Übergang ist immer noch wissenschaftlich unzureichend geklärt. Die historischen Quellen für den ägäischen (abendländischen) Raum erlauben aber die Hypothese, daß diese Konstellation um 1200 v. Chr. von der Eroberung bäuerlicher matrilinearer Kulturen durch viehzüchtende vaterrechtliche Stämme, die in der Landschaft Griechenlands kein Weideland mehr fanden und aus ihr nicht ausweichen konnten, gekennzeichnet war. Dadurch, daß sie den von Menschenkraft bedienten Grabstock zum Pflug wandelten, vor den sie ihre Rinder spannten, revolutionierten sie die Produktionstechnik des vorgefundenen Pflanzbaues zum Ackerbau. Damit entwerteten sie relativ den Boden und stellten den nun entscheidenden Faktor der Reichtumsgewinnung zur Verfügung. Dadurch gelang es Männern, sich neben dem Großvieh allmählich auch den Boden anzueignen, wodurch die ökonomische Struktur der rein patriarchalischen Familie vollendet war. (Wir können hier nur diesen Raum betrachten und müssen Entwicklungen, die in anderen Erdteilen aufgrund anderer Voraussetzungen eingetreten sind, übergehen. Mindestens 2000 Jahre früher als in Griechenland – also im 4. Jahrtausend v. Chr. – entstanden nach bisherigem Kenntnisstand die patriarchalische Familie und, mit ihr, die ersten sogenannten Hochkulturen im Zwei-Stromland [Vgl. exemplarisch Samu-

Die spezifisch neue Erziehungsleistung dieser Familienstruktur war ein unvorhersehbares Abfallprodukt ökonomischer Machtveränderungen und keineswegs die Verwirklichung einer vorab bewiesenen Konzeption besserer Erziehung oder gar der Erkenntnisse damaliger ›Begabungsforscher‹.

Allerdings leisten die objektiven Bedingungen für die *Entstehung* der patriarchalischen Familienstruktur vorerst wenig für die Erklärung ihrer spezifischen Erziehungsleistung. Diese muß zunächst für sich und insofern unabhängig von der Entstehung erforscht werden. Dazu ist es notwendig, sowohl die Analyse der Familienstruktur, die von der neuen Produktionsweise zwar bestimmt, aber nicht mit ihr identisch ist, als auch die Analyse ihrer Auswirkungen auf die Persönlichkeitsstrukturen zu betreiben.

Die Aufgabe der patriarchalischen Familie bestand in der Erzeugung von Söhnen unbestrittener Vaterschaft. Der unbestrittenen Vaterschaft wiederum bedurfte es wahrscheinlich zur dauerhaften Legitimierung der gewaltsam erzwungenen Macht ehemals vaterrechtlicher Viehzüchter über matrilineare Bauern. Das Interesse an dieser Machterhaltung – also die Nicht-Assimilierung an die vorgefundenen Strukturen – dürfte der Vermeidung bestimmter – bei den Viehzüchtern verachteter – niedriger Arbeiten gegolten haben, die erst dann anderen zugewiesen werden konnten, wenn man selbst die entscheidenden Lebensbedingungen – wie Vieh und Boden – in Händen hielt und an einen Sohn vererben konnte. Das Halten des Eigentums und damit die Aufrechterhaltung der väterlichen Macht wurden also mit dem vorpatriarchalischen Mechanismus der Abstammung gerechtfertigt. Die Abstammung von einer Mutter entschied zuvor über Sippenzugehörigkeit, Pflichten, Versorgung usw. und war als jedermann sichtbare gleichbedeutend mit der sozialen Stellungszuwei-

el N. Kramer, *Geschichte beginnt mit Sumer,* München o. J., und leichter zugänglich: Cassin/Bottéro/Vercoutter, *Die Altorientalischen Reiche I,* Frankfurt/M. 1965.] Auch unsere Darstellung hat noch hypothetischen Charakter. Sie arbeitet also mit nicht immer konsistentem historischen Material und zieht daraus Schlüsse, die in den historischen Arbeiten selbst teilweise fehlen. Als umfassendste Darstellung dieses Materials verweisen wir auf E. Bornemann, *Das Patriarchat,* Frankfurt/Main, 1975. Den Autoren stand ein Teil dieses Manuskriptes unter dem Titel *Die Frau im Patriarchat* zur Verfügung. Dieser Hinweis bedeutet nicht, daß wir allen Schlüssen Bornemanns zustimmen.)

sung. Der unbestrittene Wert der Abstammung als sozialer Ordnungsfaktor dürfte u. E. in der hohen Bedeutung des Blutsbandes⁴ gelegen haben.

Die Übertragung des Blutsbandes als anerkanntes Legitimationsmuster für soziale Abhängigkeiten auf die Abstammung zwischen Vater und Sohn scheint erst die patriarchalische Familie mit ihrer besonderen Frauenunterdrückung und der neuen Identitätsgewinnung der Männer – mit den veränderten Sozialisationsleistungen also – hervorgebracht zu haben. Da die Abstammung eines Kindes (Sohnes) vom Vater nicht offensichtlich ist, kann sie nur glaubhaft und damit legitimationswirksam werden, wenn die Mutter eindeutig nur mit einem bestimmten Mann sexuell verkehrt hat. Entsprechend muß der erbensuchende Mann eindeutig nachweisen können, daß seine Frau nur mit ihm und keinem anderen verkehrt hat. Daß für diesen Zweck das Sexualverhalten der Frau zur Keuschheit revolutioniert werden mußte, wird hieraus verständlich. Wie diese Keuschheit zur individuellen weiblich-mütterlichen Struktur wird, wäre in einer gesonderten Analyse herauszuarbeiten.⁵ Hier ist nur festzuhalten, daß die erzwungene Subli-

---

4 Die Bedeutung des Blutsbandes dürfte weniger aus einer Ähnlichkeit der Blutsbeschaffenheit von Mutter und Kind herrühren als aus dem Schuldgefühl der Nachkommenschaft über das wirklich von den Müttern vergossene Blut. Die gesellschaftlichkeitsstiftende Macht des Blutsbandes entspränge so aus dem Interesse des Nachwuchses, die Mütter mit der Aggression, die fürs magische (und kindliche) Denken durch das vergossene und periodisch wiederkehrende Blut bewiesen ist, zu versöhnen und so Vergeltungsängste abzubauen. (Vgl. zur magisch-psychischen Bedeutung des Blutes S. Freud, *Beiträge zur Psychologie des Liebeslebens/Das Tabu der Virginität*, in: *Gesammelte Werke* XII, S. 161 ff., insb. S. 166, und ders., *Totem und Tabu*, GW IX, insb. S. 166 ff.) Dieser Mechanismus zur Herstellung einer Abhängigkeit ist unter der patriarchalischen Familienform keineswegs verschwunden. Immer noch binden Mütter mit dem Hinweis auf Schmerzen oder gar Beinahe-Verbluten bei der Geburt ihre Kinder an sich. Dieser Mechanismus geht aber in der Vater-Sohn-Beziehung seiner ursprünglich direkten Schuldverstrickung verlustig. Gewissermaßen hilfsweise haben denn auch patriarchalische Gesellschaften das Blut eines Mannes besonders herausgestellt, um mit seiner Hilfe gesellschaftliche Bindungen festigen zu können. Da Männer nicht von selbst bluten, handelt es sich dabei meist um gewaltsam vergossenes Blut. In der christlichen Zivilisation, die erst im kapitalistischen Spätstadium zerstört wird, hat denn auch das Blut Christi im bindungstiftenden, regelmäßig zu wiederholenden Ritual des Abendmahls, auf das auch die Protestanten nicht verzichten, zentrale Bedeutung erlangen können.

5 Vgl. für die Frau unterm Patriarchat der bürgerlichen Gesellschaft etwa die Beiträge der Psychoanalyse – insbesondere S. Freuds – zu einer Theorie der Hysterie, des weiblichen Masochismus usw.

mierung der überlegenen weiblichen Sexualpotenz und die Brechung mütterlicher Übermächtigkeit eine nicht vorab geplante zivilisatorische Kraft der patriarchalischen Familie wird.

Ebenfalls nicht vorab geplant, sondern Resultat der patriarchalischen Familienstruktur scheinen Fortschritte im systematisch-logischen Denken gewesen zu sein. Da die legitimationswirksame Abstammung zwischen Vater und Sohn nicht offensichtlich ist, kann sie nur mit Hilfe der Aussage formuliert werden: »Wenn deine Mutter zum Zeitpunkt ihrer Empfängnis ausschließlich mit diesem Manne verkehrt hat, dann bist du sein Sohn.« Die Herausstellung der nicht offensichtlichen, aber legitimationsnotwendigen Vater-Sohn-Abstammung erfordert mithin abstrakte Deduktionsleistungen, die wiederum später mit zur Voraussetzung von Wissenschaft werden. Entsprechend finden sich die ersten schriftlich fixierten deduktiv-logischen Systeme in den Genealogien patriarchalischer Mythen[6], welche die überpersönlichen Legitimationssysteme der neuen Eigentumsverhältnisse darstellen.

Wenn es richtig ist, daß eine entschiedene Notwendigkeit deduktiv-logischen Denkens damit gesetzt war, sich auf etwas Nichtoffensichtliches dennoch mit Eindeutigkeit beziehen können zu müssen, dann ist wiederum nur die spezifische Struktur der patriarchalischen Familie näher bestimmt, noch nichts jedoch über die subjektive Ausbildung logischer Denkfähigkeit in der Kindheit gesagt. Diese wiederum ist gesondert zu analysieren.[7] Ebensowenig ist der Umkehrschluß zulässig,

6 Vgl. dazu P. Philippson, *Untersuchungen über den griechischen Mythos*, Zürich 1944, insb. S. 14, und K. Heinrich, *Die Funktion der Genealogie im Mythos*, in: ders. *Parmenides und Jona*, Frankfurt/M., 1966.

Entsprechend gehörte das teilweise stundenlange Aufzählen der eigenen Abstammungsreihe zu den hervorstechendsten intellektuellen Leistungen griechischer Produktionsmitteleigentümer. Dabei handelt es sich nicht um eine beliebige Denkleistung, sondern um die existentiell notwendige Fähigkeit, das Recht auf das Einkommen verbürgende Eigentum demonstrieren zu können. Auch für die Sumerer – die erste bekannte patriarchalische Gesellschaft – ist diese Leistung bezeugt, wird aber von den Historikern als eine bloße »Vorliebe« geschildert (vgl. Cassin et al., S. 62). Es wird hier deutlich, daß die Fähigkeit zu wissenschaftlichem Denken in der herrschenden Klasse vorrangig ein Strukturprodukt und nicht das Resultat bloßer Freizeit ist, die dadurch gewonnen wird, daß man andere für sich arbeiten läßt. Die schlichte Freisetzung von Arbeit bringt Wissenschaftlichkeit keineswegs hervor.

7 Vgl. hier die soziopsychoanalytische Studie von G. Mendel *Die Revolte gegen den Vater*, Frankfurt/M. 1972, in der die Möglichkeit des Kindes, sich vor der

daß mit dem Wegfall der patriarchalischen Familienstruktur die Disposition zur Ausbildung distanzierender Abstraktionsbereitschaft schwinde. Allerdings ist zu analysieren, ob und wie die neuen Strukturen kindlichen Aufwachsens zur Ausbildung von Abstraktionsvermögen taugen, und nicht etwa vorab zu behaupten, daß sie es besser vermöchten als je zuvor.

Ebenso wie die spezifischen *Leistungen* der patriarchalischen Familie stellen ihre spezifischen *Konflikte* ein unvorhersehbares Abfallprodukt der neuen Struktur dar. Sie sind es nun, die den Befürwortern gesellschaftlicher und den Bekämpfern familiärer Kleinkinderziehung häufig wichtige Argumente liefern. Diese von den zuvor genannten Leistungen untrennbaren Konflikte – wie Frauenunterdrückung, Gehorsamserzwingung gegen die Söhne, sexuelle Unausgeglichenheit usw. – haben immer schon Bearbeitungsformen gefunden – etwa Ödipus-Drama, Verlorener-Sohn-Gleichnis, Feindliche-Brüder-Gleichnis, Mystifikationen von Mann und Weib usw. –, wurden aber nicht zum Ansatzpunkt einer *gegen* die Familie gerichteten gesellschaftlichen Bewegung. Die Konfliktbearbeitung erfolgte gerade familienbefestigend. Die Konflikte wurden nicht bestritten, jedoch als unausweichlich schicksalhaft erfahren. Sie waren sinnvoll, da sie inzwischen existenzsichernde Eigentumsverhältnisse verbürgten.

Erst die in der bürgerlichen Gesellschaft durch die *notwendige* Konzentration des Kapitals sich vollziehende Enteignung tendenziell aller Männer von ihren Produktionsmitteln, die in der Bundesrepublik z. B. inzwischen fast 90% lohnabhängig gemacht hat, läßt die spezifischen Konflikte einer Familienform, deren Basis männliches Produktionsmitteleigentum gewesen ist, nicht mehr unvermeidlich, sondern sinnlos werden. Erst nun kann ein Denk- und Forschungsprozeß einsetzen, an dessen Ende die patriarchalische Familienstruktur als hergestellte und ersetzbare erkannt wird. Erst nun kann von der Familie als einem zu bekämpfenden ›Terrorzusammenhang‹ gesprochen werden. Als Form noch intakt, gerät die Familie unter das Urteil der Verlogenheit, weil Männer Macht über Ehefrauen beibehalten, obwohl deren materielle Basis exi-

übermächtigen Mutter durch das Bündnis mit dem Vater über Angst reduzierende Distanzsetzung zu schützen, zugleich den Abstand produziert, der Voraussetzung furchtloser »Realitätsdurchdringung« und damit auch von Wissenschaft wird.

stenzsichernden Eigentums geschwunden ist und weil Frauen – zur Erlangung versorgungswilliger Ehemänner – die bereits vorhandenen Rechte der freien unverheirateten Lohnarbeiterin preiszugeben bereit sind.[8]

Zugleich werden die Folgen der typischen Familienkonflikte nicht mehr als Schicksal, sondern als behandelbare Krankheit gekennzeichnet. Noch ist auch diese Kennzeichnung unzulänglich, da sie als individuelle Störung nimmt, was die Folge eines Strukturzerfalls ist. Unbegriffen entwerfen aber die Therapeuten all der vielen Krankheiten, die der Familie anzulasten sind, in der Therapiesituation selbst für jeweils kurze Zeit bereits eine neue Lebensstruktur und erweisen damit ihre Lehre von der individuell zu verantwortenden Krankheit als unzureichend.[9]

Unter die Familienform geraten nun aber auch die einfachen Lohnarbeiter, die in vorbürgerlicher Zeit als nur beschränkt rechtsfähige Subjekte einem Eheverbot unterlagen[10], da die Familie ja an Produktionsmitteleigentum gebunden war. Erst die Erlangung der allgemeinen Vertragsfreiheit und die Abwerfung aller persönlichen Fesseln als notwendige Voraussetzung der freien Marktwirtschaft machten den Lohnarbeiter auch für die Ehe frei. Die Verehelichung der noch unter feudalen Fesseln stehenden Lohnarbeiter erfolgte zuvor lediglich zum Zwecke vermehrter Nachwuchsproduktion, wenn diese z. B. nach Kriegen, Seuchen etc. oder für den Arbeitskräftebedarf des Herrn erforderlich war, änderte aber nichts an der prinzipiellen Ehelosigkeit. Die übliche Ersatzbeschaffung für solche Lohnarbeiter erfolgte teilweise auch durch diese selbst – mittels unehelicher Kinder –, im Normalfall aber durch nicht erbende Kinder von Produktionsmitteleigentümern wie Bauern, Handwerkern etc., die zur Erbengewinnung auf die Familienform existentiell angewiesen waren.

Die einfachen Lohnarbeiter sind anfänglich nicht einmal imstande, die Familie als Form intakt zu halten. Ihre Existenz

8 Vgl. ausführlich G. Heinsohn, R. Knieper, a.a.O., Kap. I-IV.

9 Indem Therapeuten z. B. nervöse Ehefrauen zur Kur verschicken, versuchen sie Heilung mit alternativen – außerfamiliären – Lebensstrukturen, für die Moorbäder und Gesundheitswasser bloß die unbegriffene Legitimation abgeben.

10 Vgl. zur Erlangung der Ehefähigkeit von Lohnarbeitern in Deutschland, G. Heinsohn, R. Knieper, a.a.O., Kap. I u. III.

als Lohnempfänger enthält keinerlei Zwang zum Unterhalt einer Familie, weshalb auch die Bemessung ihres individuellen Lohnes lediglich auf *ihren* Lebensunterhalt zugeschnitten war. Das führte dazu, daß Frauen und Kinder ihren eigenen Lohn verdienen mußten und noch nicht erwerbstätige Kleinkinder nur durch gesellschaftliche Einrichtungen vor dem Tode bewahrt werden konnten: »Die naturwüchsige Familie wird durch das künstliche Leben beeinträchtigt, die Bildung wird ungleicher, nach verschiedenen Richtungen in der Gesellschaft vertheilt, für ganze Klassen wird das Familienleben zerstört, indem Keiner weder selbst eine Familie gründen, noch als untergeordnetes Glied einer beitreten kann. So ist die Lage unserer Proletarier, die nur beschäftigt werden, um Anderen die Mittel zur Bildung herbeizuschaffen, während sie körperlich und geistig darben. Sie haben wohl Familie, aber kein Familienleben. Diese Zerlegung des menschlichen Wesens in der Gesellschaft muß auf dem Wege der Vernunft auf eine Einheit zurückgeführt, die großen Vortheile, die aus der künstlichen Theilung der Arbeit im Ganzen entspringen, aber sehr ungleich vertheilt sind, müssen durch vernünftige Einrichtungen – durch die freie Gemeindeordnung und Erziehung – jedem Einzelnen zugänglich gemacht werden.«[11]

Es entsteht also eine historisch neue Struktur menschlichen Aufwachsens, die nicht aus pädagogischen und psychologischen Theorien abgeleitet wird, sondern der ökonomischen Notwendigkeit zur Ersatzbeschaffung von Lohnarbeitern entspringt. Die Kennzeichnung ›Kleinkinderbewahranstalt‹[12] für erste solche Einrichtungen in Deutschland zeigt noch deutlich, daß die gesellschaftliche Kleinkindererziehung nicht deshalb aufkommt, weil mit ihr eine terroristische oder unzulängliche Familienerziehung vermieden werden soll, sondern weil Familienerziehung nicht zur Verfügung stand.

Der wenige Jahre nach den Bewahranstalten aufkommende

11 Siehe K. Fröbel und J. Fröbel, *Hochschule für Mädchen und Kindergärten . . .*, Hamburg 1849, S. 61. Wir verweisen hier pauschal zugleich auf das für die deutsche Entwicklung klassische Werk des Engländers S. Wilderspin, *Über die frühzeitige Erziehung der Kinder und die englischen Klein-Kinder-Schulen oder Bemerkungen über die Wichtigkeit, die kleinen Kinder der Armen im Alter von anderthalb bis sieben Jahren zu erziehen*, Wien 1828 (1. Auflage 1826).

12 Zur Herausbildung der Bewahranstalt vgl. Kap. 2 in G. Heinsohn, *Vorschulerziehung in der bürgerlichen Gesellschaft*, Frankfurt 1974.

Kindergarten[13] entwickelte sich aus einem Versandhandel für didaktisches Spielzeug, das solchen Bürger- und Mittelschichtfamilien angeboten wurde, in denen die Kinder nicht mehr direkt mit den wirtschaftlichen Verrichtungen der Erwachsenen in Berührung kamen und in ihren Kinderzimmern einen eindrucksarmen Raum vorfanden, so daß ihre Entwicklung zum pädagogischen Problem wurde. Dafür wollte das Fröbelsche Beschäftigungsmaterial Lösungen anbieten; dieses konnte aber in den Häusern und Gärten der Familien selbst verwendet werden und machte den »Bürgerkindergarten« außerhalb der Familieneigenheime statistisch irrelevant. Die Bezeichnung »Kindergarten« bezieht sich also ganz überwiegend auf Bewahranstalten für die Kinder der einfachen Lohnarbeiter, die unabhängig von ihrem Geschlecht ihren jeweils eigenen Lebensunterhalt verdienen mußten.

Die Bewahranstalt (im weiteren sprechen wir von Kindergarten) hat einen doppelten Effekt für die patriarchalische Familie. Sie verweist auf ihre Ablösung und ruft zugleich die Sorge hervor, ob in ihr die bis dahin relativ unreflektierte Kleinkindererziehung überhaupt qualitätsgerecht erfolgen könne, ob ihre Struktur also die Sozialisationspotenzen enthalte, die der patriarchalischen Familie eigen sind. Die beobachtbare Sozialisationsleistung des Kindergartens (Bewahranstalt also) ist dabei so gering, daß die Familie, von der über die Diskrepanz zum Kindergarten nun ein besonderes pädagogisches Bewußtsein erlangt werden kann, als die bessere von zwei scheinbar frei wählbaren Strukturalternativen erscheint und dadurch als ein sozialpolitisches Ordnungsprinzip formulierbar wird.

›Die Familie‹ ist nun nicht mehr die selbstverständliche Existenzform des Produktionsmitteleigentümers, sondern *ein* politisches Konzept, das gegen andere – von politischen Gegnern vertretene Konzepte – als das überlegene zu verteidigen ist. Tatsächlich wird diese Verteidigung der Familie eine gute Weile geschichtsmächtig, bringt also massenhaft Lohnarbeiterehen, in denen dann Kinder gezeugt werden, zustande.[14]

13 Vgl. dazu G. Heinsohn, a.a.O., S. 51 ff.
14 Der Höhepunkt der Lohnarbeitereheschließungen war bereits 1973 überschritten, als die wenigsten Heiraten seit 23 Jahren im Bundesgebiet geschlossen wurden (Statistisches Bundesamt). In den USA und Schweden hat die Eheschließungsquote einen sehr viel deutlicheren Rückgang erfahren. (Vgl. *Daily American*, Rom,

Unterdes ergreift aber die private Unangewiesenheit auf die Familienform immer größere Bevölkerungsteile. Immer mehr Männer werden lohnabhängig und damit von einem Erben bzw. der dafür nötigen Mutter und Ehefrau unabhängig. Ihre Existenz wird durch Kinder und Ehefrau nicht gesichert, sondern ökonomisch belastet und in Krisensituationen gefährdet. Selbst diejenigen Lohnarbeiter, die noch unter der Familienform Nachwuchs zeugen, sind in ihrer politisch geformten Familien*privatheit* nicht imstande, *gesellschaftliche*, ihnen unbekannte Anforderungen an ihre Kinder zu vermitteln. Der ökonomischen Gefährdung durch Unterhaltspflichten für Ehepartner oder Kinder können die Lohnabhängigen durch Schwangerschaftsverhütung[15], also die geplante Vermeidung von Erziehungsarbeit für die Gesellschaft, zunehmend begegnen. Diese Verhütungsfähigkeit läßt alle staatlichen Strafgesetze gegen Homosexualität, Unzucht, Abtreibung, Kindestötung, Unterhaltspflichtverletzung usw. – Gesetze[16] also, die

---

7. 1. 1975, und G. Simson, *Die Erleichterung der Eheschließung und Ehescheidung in Schweden (Juristenzeitung, 1974, S. 404.)*

15 Zum Zwang des Staates, Schwangerschaftsverhütung zulassen zu müssen, und ihren zugleich staatlich unerwünschten Folgen vgl. G. Heinsohn und R. Knieper, a.a.O., S. 95 ff.

16 Selbstverständlich bringen nicht Strafgesetze allein die Lohnabhängigen unter die patriarchalische Familienform. Der Ausschluß von Familie bedeutete – in Deutschland teilweise bis 1900 – zugleich die Auferlegung eines Zwangszölibats, dessen Einhaltung vorrangig mit den Unzuchtstrafgesetzen gegen außereheliche Geschlechtsverkehr erreicht werden sollte. Die Öffnung der Familienform für Personen ohne Produktionsmittel stellte sich mithin für diese als Legalisierung ihres Geschlechtslebens dar. Ist die Familie des Lohnabhängigen aber einmal mit staatlicher Gewalt und in Anknüpfung an seine eigenen Interessen geschaffen, dann produziert sie Persönlichkeiten, die nun selbst nach Familie – als einem Bestandteil ihrer Identität – verlangen. Dennoch bleiben diejenigen Tatbestände, gegen die familienstiftende Gewalt erforderlich ist – also um den Lohn in gnadenloser Konkurrenz, in der ein Ungebundener Vorteile hat, kämpfen zu müssen –, vorhanden und tendieren zur Familienauflösung, wenn Schwangerschaften vermieden werden können. Die folgenlose individuelle Geschlechtsliebe – die Befreiung vom Zwangszölibat ohne den Preis der Kettung an die patriarchalische Familienform – als dem Begriff des freien Lohnarbeiters angemessene Intimbeziehung kann sich nun – mit dem Ergebnis massenhafter Identitätskrisen – frei herausbilden. In ihrer schnell sich ausdehnenden homosexuellen Variante gewinnt sie den größten Abstand von der patriarchalischen Familienform und zeigt zugleich exemplarisch die Beeinträchtigung der biologischen Gattungs-Produktion durch Kinderlosigkeit. Vgl. auch G. Heinsohn, R. Knieper, a.a.O., Kap. III.

17 Vgl. G. Heinsohn und R. Knieper, a.a.O., S. 216 f.

zur politischen Schaffung ›der Familie‹[17] beitrugen – tendenziell leerlaufen.

Aus dieser Tendenz nun muß eine staatliche Bevölkerungspolitik erwachsen, die nicht nur die schlichte Fortpflanzung durch Geld anreizt, sondern dem fortpflanzungswilligen Lohnabhängigen garantieren muß, daß seine dann vorhandenen Kinder ihn nicht in seiner Konkurrenzfähigkeit beeinträchtigen, also nicht von ihm, sondern vom Staat erzogen werden. Das Angebot eines allgemeinen Kindergartens – d. h. die Vorverlegung der staatlichen Erziehungspflicht auf das 3. Lebensjahr – wird so auch zur geburtenpolitischen Maßnahme. Diese Maßnahme greift nur, wenn eine 100%ige Versorgung mit Kindergartenplätzen gewährleistet ist, »weil der einzelne Lohnarbeiter sein Konkurrenzrisiko durch Kinderaufzucht kalkulieren kann, also Nachwuchs und potentielle Gratiserziehung für die Gesellschaft zu vermeiden sucht. Solange nicht die absolute Garantie besteht, daß er – wie seine Konkurrenten – Erziehungslohn und einen Platz in staatlicher Erziehung bekommt, hält er in der Nachwuchsproduktion ein. Diese Garantie besitzt er erst bei staatlicher Vorschul*pflicht*, da er auch bei nur 99%iger Versorgung immer noch fürchten muß, mit seinem Kind zu dem letzten Prozent zu gehören, für das keine Plätze in staatlicher Erziehung vorhanden sind.«[18]

Die Verstaatlichung der Kleinkinderziehung läßt sich mithin systematisch unabhängig von der erforderlichen Qualität des lebendigen Arbeitsvermögens bestimmen. Diese müssen wir betrachten, wenn wir uns mit den inneren Verhältnissen des staatlichen Kindergartens auseinandersetzen, weil in dem Moment, da der Staat aus Zwängen der Verallgemeinerung der Lohnarbeit die Kleinkinder aufziehen muß, er auch für die Qualität der Kindererziehung und damit für das gesamte lebendige Arbeitsvermögens die Verantwortung übernimmt. Nur der Staat vermag die Befriedigung des gesellschaftlichen Bedarfs an Qualifikationen zu gewährleisten, da der einzelne Lohnarbeiter nur die eigene Reproduktion, nicht aber die gegenwärtiger oder zukünftiger Konkurrenten im Auge haben muß. Fehler bei der Erziehung seiner Kinder bleiben für ihn gänzlich ohne materielle Nachteile. Der Staat muß sich daher bemühen, alle privaten Unterschiede in den Sozialisationsbe-

18 Vgl. G. Heinsohn und R. Knieper, a.a.O., S. 216.

dingungen aufzuheben (zu kompensieren), weil ihm privat verursachte Begabungsunterschiede nur als Friktionen *seines* Erziehungsprozesses erscheinen. Er übernimmt die Aufgabe, Leistungsbereitschaft, logisches Denkvermögen und Anpassungsfähigkeit herzustellen – die wesentlichen geistigen Bestimmungen des Arbeiters hochentwickelter, arbeitsteiliger und in dauernder Veränderung begriffener Gesellschaften, entspringe diese Veränderung nun aus kapitalistischer Konkurrenz oder aus bewußter Planung.[19]

Die hier herausgearbeiteten Zwänge für die Verstaatlichung der Kleinkinderziehung werden von der staatlichen und gesellschaftlichen Bewegung für die Vorschulreform und die Vermehrung von Kindergartenplätzen jedoch in der Regel nicht durchschaut. Diese Bewegung übersieht also, daß die Möglichkeit privat organisierter Gattungsreproduktion tatsächlich ökonomisch überholt ist, und bleibt angesichts der empirisch noch bemerkenswerten Familienerziehung in der Vorstellung befangen, daß ›beliebige‹ Sozialisationsmodelle vorhanden sind, von denen eine aufgeklärte Gesellschaft aus Vernunftgründen das bessere zu verwirklichen habe.[20] Dies führt dazu, daß das ›Modell Familie‹ einer kritischen Untersuchung unterzogen wird, seine Fehler minutiös benannt werden und die Verwirklichung eines anderen Modells gefordert wird, das jene Fehler nicht aufweise.

Tatsächlich wird zunehmend das ›Kindergarten-Modell‹ eingeführt, und es scheint sich zu bestätigen, daß die Gesellschaft wirklich dabei ist, aus Vernunft das bessere Sozialisationsmodell zu wählen. Es siegt aber nicht ein ›besseres‹ Modell, sondern es muß pädagogisches Neuland betreten werden, weil die alte Struktur tendenziell nicht mehr zur Verfügung steht. Deshalb kann es keineswegs als gesichert gelten, daß dieses Neuland fruchtbarer ist als die patriarchalische Familie. Dies muß aber behauptet werden, da die von pädagogischen Überlegungen ganz unabhängigen Zwänge zur Ersetzung privater Erziehung nicht erkannt werden, sondern dieser Ersetzungsprozeß unter einem politischen – jeweils

19 Vgl. G. Heinsohn und R. Knieper, a.a.O.,S. 216 f.
20 Vgl. als typisch zuletzt *Bericht über die Lage der Familie in der Bundesrepublik Deutschland – zweiter Familienbericht vom 16. 4. 1975*, BT Drucksache 7/3502, S. 121.

wissenschaftlich legitimierten – Kampf um das scheinbar frei wählbare bessere Modell verborgen bleibt.

In erheblichem Umfang hat dieses Mißverständnis auch in sozialistischen Gesellschaften Fehlentwicklungen bewirkt. Diese Gesellschaften haben die im Kapitalismus angelegte Verallgemeinerung der Lohnarbeit bewußt beschleunigt: in noch kürzeren Zeiträumen also auch die Frauen zu Lohnarbeiterinnen gemacht und deshalb die Kinder ebenso schnell kasernieren müssen. Anstatt nun diese *notwendige* Kasernierung zu problematisieren, was schwierig war, weil der politische Gegner sie als böse Willkürtat denunzierte, wurde sie immer auch als überlegen, als entscheidende Voraussetzung der Bildung des neuen Menschen durch das Kollektiv gepriesen. Die Kollektiverziehung wurde nicht mehr nur als unvermeidliche Folge der Vergesellschaftung gesehen, sondern erschien schließlich als von Sozialisten aus pädagogischen Gründen immer schon gewollt. Noch in der Einschätzung der Chinesischen Revolution scheint sich das Mißverständnis, gesellschaftliche Erziehung entspringe pädagogisch-psychologischem Kalkül – also freier politischer Entscheidung und nicht etwa ökonomischer Notwendigkeit – in großem Maßstab zu wiederholen. Entschiedener als von den Chinesen selber, deren nichtfamiliale Kleinkinderziehung sich außerordentlich schnell ausdehnt, ohne daß ein erprobtes Konzept schon zur Verfügung steht, wird von politischen Anhängern außerhalb Chinas erklärt, daß man so erziehen müsse, wie die Chinesen es machen, denen die Herstellung der allseitig entwickelten Persönlichkeit schon deshalb gelinge, weil sie dort nach bewußter Abwägung zuungunsten der Familie gesellschaftlich erfolge. Insbesondere die vielzitierte Anordnung produktiver Arbeit für Kleinkinder scheint nicht so sehr als Beispiel bereits gelungener Entfremdungsaufhebung herangezogen werden zu können denn vielmehr als *ein* Beispiel für die *Suche* nach brauchbaren Lösungen in einem Erziehungsfeld, mit dem die Chinesen noch viel weniger Erfahrungen haben als die hochindustrialisierten Gesellschaften.

Jede Gesellschaft, deren ökonomische Entwicklung – politisch beschleunigt oder sich selbst überlassen – die Familienbasis zerstört, steht also vor dem Problem, die Nachwuchs-*Erziehung* gewissermaßen neu erlernen zu müssen. Die Einrichtungen, die sie vorerst naturwüchsig hervorbringt – die Kinderkasernen –, müssen erst erweisen, ob ihre Leistungsfähigkeit diejenige der überkommenen patriarchalischen Familie nicht nur erreicht, sondern übertrifft. Familienüberlegen muß die staatliche Struktur ja sein, weil nun – für die Herstellung gleicher Konkurrenzbedingungen – die Kinder aller Schichten universelle Lern-, Leistungs- und Kommunikationsfähigkeiten ausbilden sollen: Fähigkeiten, die bisher am erfolgreichsten von Einzelkindern oder Erstgeborenen in Familien erworben wurden.[21]

Es ist also vorab nicht entschieden, ob die ökonomisch produzierten neuen Sozialisationsfelder gerade das leisten, was pädagogisch gefordert werden muß. Die Erziehungswissenschaft verfehlt deshalb ihre Aufgabe, wenn sie sich – begriffen oder unbegriffen – dazu hergibt, ökonomisch verursachte Veränderungen als pädagogisch gewollte auszugeben; sie hat vielmehr die ganz unabhängig von ihr entstehenden Strukturen daraufhin zu analysieren, wie sie produzieren und sich in Persönlichkeitsstrukturen umsetzen.

Dazu bedarf es eines begrifflichen Instrumentariums, das nicht familialistisch verkürzt ist, also nur angeben kann, was z. B. im Kindergarten anders ausfällt als in der Familie. Konsequent verfällt eine so belastete Analyse immer wieder auf den Ratschlag, man solle doch lieber das ›Modell Familie‹ beibehalten. Sie nährt damit die Illusion der freien Alternative zwischen verschiedenen Erziehungsmodellen. Auch die Vertreter des neuen ›Modells Kindergarten‹ müssen sich dem Problem stellen, daß »ihre« als überlegen verkündete Struktur beispielsweise zur Neurotisierung von Kindern beiträgt. Bestenfalls durch das späte Nachschieben von Gedanken über versteckte Curricula nähern sie sich dann der fälligen Strukturanalyse. In der Zwischenzeit können jedoch die Vertreter des alten ›Modells Familie‹ – mit dem Triumph über das Mißlingen des gegnerischen Modells – Positionen zurückgewinnen und die notwendige Strukturanalyse und Konzeption einer Strukturalternative aufs neue verzögern.

Da unter der Ökonomie der gegenwärtigen Lohnarbeiterge-

21 Vgl. zum Zusammenhang von Familienzusammensetzung und Intelligenzentwicklung zuletzt – dort auch weitere Literatur – R. B. Zajonc, *Birth Order and Intelligence: Dumber by the Dozen*, in: *Psychology today*, Jan. 1975, S. 37 ff.

sellschaften nicht ohne weiteres zur sozialisationspotenten Familie zurückgekehrt werden kann, erweisen sich die an der Familienstruktur gewonnenen Theorien und Resultate der Sozialisationsforschung erst nach ihrer – Verkürzungen aufhebenden – Kritik als brauchbar für die Analyse nichtfamilialer Strukturen oder die positive Konstruktion neuer Strukturen. Solange aus diesen Theorien – unkritisiert – Anweisungen für die Erziehung in Kindergarten und Schule formuliert werden, gelangt man lediglich zu moralischen Appellen, da in der Familie als brauchbar beobachtete Verhaltensweisen nicht einfach als Verhaltensanforderungen einer durch Kinderkollektive mit Lohnerziehern gekennzeichneten Struktur, der sie völlig äußerlich sind, übergestülpt werden können. Diese Form der Anleitung des Kindergartens ist seit seinen Anfängen im 19. Jahrhundert zu beobachten und bereits 1849 formuliert worden: »Die Möglichkeit einer solchen Bildung [des Geistes – d. V.] gewährt allein die *ideale Familie*, ein geselliger Kreis, in welchem alle schönen Elemente des naturwüchsigen Familienlebens mit den vorzüglichsten Bildungsmitteln der Gesellschaft auf vernünftige Weise, also mit Absicht, vereinigt sind. *Eine solche ideale Familie ist das, was eine Erziehungsanstalt sein soll.*«[22]

Solcher Umgang mit den Sozialisationstheorien dürfte daher rühren, daß sie als ewig gültige auftreten und man ihnen nicht ohne weiteres ansieht, daß sie Theorien sind, die Sozialisationsleistungen der Familie in dem Moment erfassen, in dem ihre Zersetzung beginnt und die Gefahr real wird, daß sie ihre besonderen Leistungen nicht mehr erbringen kann, sondern massenhaft Krankheit und Dummheit hervorbringt oder wegen Kinderlosigkeit schlicht verschwindet.

Sozialisationsforschung kommt also nicht deshalb auf, weil man auch etwas über Sozialisation wissen will, sondern weil diese am überkommenen Ort – der Familie – zum Problem wird. Wenn sie über die Familienprozesse etwas erkennt, so heißt das keineswegs, daß sie etwa eine Krippe oder einen Kindergarten bereits anleiten kann. Es ist irreführend, was in den Präambeln – etwa – von Vorschulprogrammen über die zitierten Autoren und Theorien, auf die man sich zu stützen

22 Siehe K. Fröbel, a.a.O., S. 7 f.

vermeint, zu lesen ist. Die Nennung dieser Autoren und Theorien gleicht eher einer Beschwörung[22a] alter, ehemals starker Mächte und drückt vorerst nur die Hilflosigkeit bei der Erziehungsanleitung in einem neuen Sozialisationsfeld aus, von dem nicht einmal bekannt ist, warum es plötzlich entsteht.

Da die Kindergartenerziehung, ebensowenig wie die in der patriarchalischen Familie, aus pädagogischen und psychologischen Theorien entwickelt wurde, kann sich die wissenschaftliche Befassung mit dem Kindergarten auch nicht auf die Aneignung der Theorien beschränken, von denen behauptet wird, daß aus ihnen die Kindergartenerziehung abgeleitet sei, sondern sie muß sich auf die spezifische Wirkungsweise des neuen Feldes konzentrieren.

Insofern verhält es sich mit dem Kindergarten wie mit dem Fernsehen, von dem ja auch niemand behauptet, es sei zum Zwecke besserer Kleinkinderziehung erfunden worden. Wenn es inzwischen als pädagogischer Störenfried oder als dankbar angenommener Kinderwärter funktioniert, so sind doch seine Auswirkungen auf die Kinder so lange unbekannt, bis es einer speziellen Forschung gelingt, seine Anteile an der Persönlichkeitsformung zu bestimmen.

Zum Verständnis der Sozialisationsprozesse in Kleinkinderkollektiven haben deshalb auch an Kollektiven gewonnene Resultate die wichtigsten Aufschlüsse gebracht. So entstand forschung – trotz aller familialistischen Begrifflichkeit – angesichts der Tatsache, daß für modern und perfekt gehaltene sowie sehr kostspielige Heime total versagten und Kleinkinder zu Tode psychotisierten.

Die Aufgabe der Erziehungswissenschaft, die ja – einmal entstandene – gesellschaftliche Erziehung anleiten können muß, besteht somit darin, *vor* der Entwicklung immer neuer

22a Unseres Wissens ist diese Mystifikation im schwedischen Vorschulbericht von 1972 am weitesten getrieben worden. Dort wird vorrangig aus den Ansätzen von J. Piaget und E. H. Erikson ein fast perfekter Systemablauf für die ersten Lebensjahre – einschließlich eines netzwerkähnlichen Schaubilds – entworfen und noch ganz ungebrochen auf seine Machbarkeit gesetzt. Vgl.: *Statens offentliga utredningar* – SOU 1972: 26 – Socialdepartemetet, Förskolan, Del I und 2, Stockholm 1972, insbes. S. 47-62, Del 1 (Öffentliche Gutachten des schwedischen Staates – Sozialministerium, Die Vorschule Teil 1 und 2 – Übers.: Otto Steiger).

Curricula und der Suche nach Theorien, aus denen diese abgeleitet werden können, ein Verständnis davon zu gewinnen, was in den Kinderkasernen durch die meist unbefragt hingenommene Struktur derselben an Persönlichkeitsentwicklung allemal schon geschieht und sich von pädagogischen Ratschlägen und raffinierten Curricula relativ unbeeindruckt zeigt. Insofern ist ein 1913 gezogenes Resümee nach mehr als siebzigjähriger Geschichte des deutschen Kindergartens immer noch gültig: »Aus all den bisherigen Erörterungen geht hervor, daß die Kleinkinderpädagogik noch ganz am Anfang ihrer Entwicklung steht. Weder ihre wissenschaftliche Fundierung, noch ihre praktische Anwendung kann auch nur annähernd als genügend bezeichnet werden [...]. 1. Die Kleinkinderpädagogik muß auf wissenschaftliche Basis gestellt werden, damit ihre einzelnen Maßnahmen der Willkür und Zufälligkeit enthoben werden.«[23] Ähnlich fällt eine Einschätzung des sowjetischen Kindergartens aus dem Jahre 1974 aus: »Infolgedessen ist die Theorie der Vorschulerziehung von Anfang an eine Theorie der Sollensbestimmung. Die Praxis hat ihr zu folgen. Sie wird daran gemessen, ob sie die gestellten Aufgaben erfüllt. Ob sie überhaupt dazu in der Lage ist und auf welchen Voraussetzungen sie aufbauen muß, wird erst in jüngster Zeit mit dem Ausbau einer empirischen Forschung zum Problem.«[24] Und auch das verantwortliche Amt für die U. S.-amerikanischen Kindergärten muß 1971 erklären: »Tatsächlich haben wir keine Forschungsergebnisse über gesellschaftliche Kleinkinderziehung außer einigen Beschreibungen aus anderen Nationen [...]. Und wir haben wenig Wissen über die Auswirkungen der gesellschaftlichen Kleinkinderziehung auf die Kinder. Diese Wissenslücke ist besonders schwerwiegend für Kinder im Alter bis zu drei Jahren.«[25]

Die U. S.-amerikanische Aussage bezieht sich auch auf die europäischen Länder, deren vorschulische Entwicklung man

23 Vgl. J. Prüfer, *Kleinkinderpädagogik*, Leipzig 1913, S. 236.
24 Vgl. E. Eichberg, *Vorschulerziehung in der Sowjetunion*, Düsseldorf 1974 S. 76. Zur noch längst nicht erfolgreichen Suche nach einem gelungenen Konzept staatlicher Kleinkinderziehung in der Sowjetunion vgl. exemplarisch: Z. Jankova, J. Rjurikov, *Der Hebel des Archimedes*, in: *Literaturnaja gazeta*, Moskau, 16. 4. 1975, S. 13.
25 Vgl. Office of Economic Opportunity, *Daycare: Ressources for Decisions*, o.O., o. J. (1971; Übersetzung: die Verfasser).

genau analysiert hatte; sie kann inzwischen nicht mehr ganz aufrechterhalten werden. So hat man etwa in der Deutschen Demokratischen Republik – dem Land mit dem relativ größten System gesellschaftlicher Kleinkinderziehung der Erde – zwar bisher nicht herausfinden können, *wie* die Einrichtungen für Kinder bis zu drei Jahren wirken; man hat aber feststellen müssen, daß die Krippen, die bald – ebenfalls unerreicht in der Welt – von jedem zweiten Kinde besucht werden, schlechtere Sozialisationsresultate aufweisen als die noch verbliebene frühe Familienerziehung.[26]

1. Warum von der Spielpädagogik die Lösung der Probleme gesellschaftlicher Kleinkinderziehung erhofft wird

Die Abtrennung der Kinder von den existentiellen wirtschaftlichen Verrichtungen der Erwachsenen und von der persönlichen Zukunftsbewältigung ihrer Eltern und Erzieher, die bereits in der lohnabhängigen Familie einsetzt, jedoch erst im Kindergarten ihre extreme Ausprägung erfährt, macht die Erziehung des Nachwuchses zu einem pädagogischen Problem. Die Abtrennung folgt daraus, daß der erziehende Staat die Kinder als für ihn unterschiedslose, gleichberechtigte Staatsbürger behandeln muß. Dafür muß er die verschiedenen Herkunftsmilieus der Kinder durchbrechen und sie während des Pflichtbildungszeitraums in prinzipiell gleich ausgestatteten Institutionen versammeln. Da der Staat also gleiche Konkurrenzbedingungen für die Staatsbürger garantieren und deshalb von den privaten Arbeiten der Eltern und möglichen zukünftigen der Kinder absehen muß, schafft er unausweichlich die von den produktiven Verrichtungen abgetrennten Einrichtungen bloßer Erziehung.

Diese Abtrennung nun läßt die kindlichen Verhaltensweisen für die von ihnen *materiell* ganz unabhängigen Erzieher zu fremdartigen Verhaltensweisen werden, von denen man nicht recht weiß, was sie eigentlich bedeuten: Solange die Kinder direkt mit den Erwachsenen zusammenlebten, deren Gewerbe sie einmal erben sollten, tauchten in ihren Spielen Elemente solcher Verrichtungen auf, mit denen die Erwachsenen ihren

26 Vgl. Inge Mann, *Einen großen Schritt vorankommen*, in: *humanitas*, Berlin, Heft 8, 1975.

Lebensunterhalt sicherten. Den Erwachsenen mochte es scheinen, als »übten« ihre Kleinkinder sich bereits in die Tätigkeit ein, derentwegen man sie aufzog – in Tätigkeiten also, die zur Übernahme des elterlichen Gewerbes erforderlich waren und welche die Existenz der Eltern bei Krankheit und Alter sicherstellen sollten. Die Spiele erschienen trotz der unübersehbaren Abwandlung der Verrichtungen von Erwachsenen sinnvoll und konnten leichter respektiert werden. Jedoch nicht nur die Spiele konnten respektiert werden, sondern auch das direkte Mitmachen bei den Verrichtungen der Erwachsenen war – zumindest teilweise – erträglich. Wenn die Kleinkinder auch mit den nützlichen Gerätschaften der Erwachsenen noch falsch und zeitraubend umgingen, so tröstete doch die Erwartung, daß das Kind einmal um so sicherer – gerade im Interesse der Erwachsenen – beherrschen werde, was es jetzt spielerisch (kindlich) betreibe, über die aktuelle Behinderung der Erwachsenen hinweg. Gerade diese spielerische Beteiligung der noch nicht 5jährigen Kinder an den Verrichtungen der Erwachsenen hat immer wieder zu der Behauptung verführt, daß dort, wo Arbeit und Erziehung noch zusammenfallen, eben auch nur Arbeit existiert habe und Spiel noch nicht aufgetreten sei.

In dem Moment, da die Zukunftsbewältigung der erwachsenen Lohnabhängigen von eigenen Kindern unabhängig wird und zugleich das spätere Gewerbe dieser Kinder von den Erwachsenen nicht mehr bestimmt werden kann, erscheinen die Inhalte der kindlichen Spiele nicht mehr als direkt mit dem Interesse der Erwachsenen verbunden, sondern als ›bloßes Spiel‹, von dem nicht recht einzusehen ist, warum man es respektieren sollte. Und gar die Teilnahme der Kleinkinder an den im Reproduktionsbereich der Lohnabhängigen verbliebenen Verrichtungen kann nun zur bloßen Störung werden, derer man sich erwehrt mit Ermahnungen wie ›Spiel hier nicht rum!‹ oder ›Das ist doch kein Spielzeug!‹ usw.

Das Kleinkind erscheint also zu einem Wesen reduziert, das hauptsächlich spielt und dabei Inhalte offenbart, die den Erwachsenen überflüssig vorkommen mögen, da den Spielen ein Zusammenhang mit der materiellen Zukunft der Erwachsenen – ihrem zentralen Interesse – nicht mehr anzusehen ist. Damit ist natürlich nicht gesagt, daß ein persönliches ökonomisches Interesse am Kind ohne weiteres zu einer freudigen Akzeptierung seines Spielverhaltens führt. Die vielfältigen Neidregungen der Erwachsenen gegenüber Kindern, die noch Verhaltensweisen zeigen dürfen, die beim Erwachsenen eben als kindisch diskriminiert sind, wirken auch beim am Kinde Interessierten.[27] Die Aggressionsbereitschaft gegenüber den Kindern ist also nicht gebannt, wenn man ökonomisch ihrer bedarf, da sie psychischen Strukturen entspringt, die von der Ökonomie zwar bestimmt, aber nicht mit der ihr eigenen Interessenstruktur identisch sind.

Erscheint also dem einen das Kinderspiel als eine bloße Störung, die er beseitigt, so kann sie dem anderen als ein Übel erscheinen, das er als ein für ihn notwendiges jedoch zu akzeptieren bereit ist, das ihn also dazu bringt, psychischen Aufwand – Verschleiß – in Kauf zu nehmen. Erst wenn deutlich wird, daß auch der am Kind Interessierte einen Preis für dessen Entwicklung zahlt, wird einsichtig, warum der aufs Kind nicht Angewiesene tatsächlich durch das Bestreben, keinen Preis zahlen zu wollen, zu einem gänzlich anderen Erziehungsverhalten bestimmt wird.

Gerät nun das Kleinkind in die Obhut von Menschen, deren Beruf darin besteht, das zu machen, was für den einzelnen Lohnabhängigen ökonomisch sinnlos geworden ist – nämlich zu erziehen –, dann wissen sie vom Kleinkind nicht viel mehr, als daß es ein ›Spielmensch‹ ist. Für den Lohnerzieher sind die Spiele der Kinder vorerst nicht weniger sinnlos – genauso unverbunden mit seiner gegenwärtigen und zukünftigen materiellen Lage – wie für ihre leiblichen Eltern. Ihm mangelt sogar ihr spezifisches Interesse, mit Kindern dem eigenen Leben Sinn zu geben und in ihnen wenigstens so etwas wie eine ›seelische‹ Alterssicherung zu sehen, da seine Verbindung mit den Kindern in der Regel beendet ist, wenn sie seine Gruppe oder Klasse verlassen haben. Aber auch die Identität einer ›professionellen Mutter‹, die lange Zeit für das Zuwendungsklima der Kindergärten eine gewisse Rolle gespielt haben

27 Zum immer wieder behandelten Problem der unbewußten Prozesse zwischen Kind und Erwachsenen verweisen wir lediglich auf seine inzwischen klassische Bearbeitung bei S. Bernfeld, *Sisyphos oder die Grenzen der Erziehung* (1925), Frankfurt 1967.

dürfte[28], scheint sich in Auflösung zu befinden und einem vorrangigen Job-Interesse zu weichen.[29] Diese mütterliche Identität hatte ihre materielle Basis ja darin, daß sie nicht nur in einer Kindheit erworben wurde, die selber durch eine von Erwerbsarbeit freigestellte Mutter bestimmt war[30], sondern auch darin, daß diese Erzieherinnen selbst mit hoher Chance wieder von Erwerbsarbeit freigestellte Mütter und Ehefrauen werden konnten. Im Erzieherberuf ›Mütterlichkeit‹ üben zu können, hing also auch davon ab, daß man diesen Beruf auf Dauer gar nicht ausüben wollte.[31] Ausbildung zur und relativ kurze Berufstätigkeit als Erzieherin erwiesen sich zugleich als Vorbereitung auf die Ehe und Verbesserung der Chancen, von einem Manne versorgt zu werden. In dem Maße wiederum, wie die objektive Unangewiesenheit der lohnabhängigen Männer auf Kinder und die dafür notwendigen Mütter ins Bewußtsein tritt und der Zwang für die Frau praktisch wird, sich ihren eigenen Lebensunterhalt zu verdienen, wird der mütterlichen Identität ein Stück Basis entzogen. Es macht also einen Unterschied aus, ob man für wenige Jahre mit kleinen Kindern arbeitet, um dann in einer Ehe Unterhalt zu finden, oder ob man sich auf eine vierzigjährige Existenzsicherung durch eigene Lohnarbeit im Kindergarten einstellen muß.

Der lohnabhängige Erzieher unterscheidet sich von den leiblichen Eltern der Kinder aber immerhin darin, daß er die Erziehung als bezahlten Beruf betreibt. Er muß sich deshalb auf einen so ›sinnlosen‹ Arbeitsgegenstand, wie er im ›Spielmenschen‹ vorliegt, einlassen. Der Lohnerzieher teilt zwar das ökonomische Desinteresse an privaten Kindern, das der individuellen Wahrnehmung von Kindern als von persönlich nutzlosen und aktuell sogar störenden Wesen entspringt; er hat aber die definierte Aufgabe, das abstrakte Wissen, eine Lohnarbeitergesellschaft könne als Ganzes ebenfalls nicht ohne Nachwuchs existieren, so umzusetzen, daß sich die

28 S. dazu G. Kietz, *Die Kindergärtnerin*, Freiburg 1966.

29 S. dazu Projektgruppe Kleinkindforschung an der PH Rheinland, *Vorklasse oder Kindergarten – Der Modellversuch in NRW aus der Sicht der beteiligten Erzieher. Zusammenfassung der Erzieherbefragung*, uv. Man., o.J.

30 Siehe dazu G. Kietz, a.a.O.

31 Zur hohen Fluktuation der frisch ausgebildeten Erzieherinnen aus dem Beruf in die Ehe vgl. G. Heinsohn, *Vorschulerziehung . . .*,a.a.O., S. 170, und G. Kietz, a.a.O.

nutzlosen ›Spielmenschen‹ später auch wie die anderen Menschen verwerten lassen. Ist das Kleinkind einmal als ein ›Spielmensch‹ akzeptiert und zeichnen sich seine Spiele im Kindergarten durch ausgesprochene Sinnlosigkeit aus – indem es z. B. Kindergarten spielt, ohne daß doch das spätere Leben mit einem Kindergarten etwas zu tun hat –, dann drängt sich eine Pädagogik, die Kleinkinderziehung als die Herbeiführung sinnvoller Spiele definiert, förmlich auf.

Insofern kann eine typische Kennzeichnung des Kindergartens aus dem 19. Jahrhundert auch heute noch von allen Gesellschaften, die außerfamiliale Kleinkinderziehung organisieren müssen, geteilt werden: »Das Thun für diese [Kinder – d. V.] ist das kindliche Spiel. Diese Tätigkeit bildend zu leiten ist die Aufgabe des Kindergartens oder der Spielschule.«[32] Wer immer nun Kleinkinderziehung mit bestimmten Vorstellungen darüber betreibt, welche Erwachsenen er herausbekommen möchte, wird sich bemühen, diese Vorstellungen wenigstens als gespielte schon von den Kindern verwirklichen zu lassen. Unwillkürlich ist man so zu einer Spielkorrektur oder Spieleingriffspädagogik gelangt, ohne geprüft zu haben, ob man denn im Spiel diejenige Erscheinung zu fassen hat, deren Veränderung den gewünschten Erwachsenen liefert. Eine solche Kindergartenkonzeption weiß sich allerdings mit den von ihr bereits vorgefundenen Theorien des kindlichen Spiels darin einig, daß es in der Entwicklung des Kindes eine hervorragende Bedeutung hat.

Diese Übereinstimmung drückt sich zwar in so verschiedenen Vorstellungen wie derjenigen der psychischen Stabilisierung durch Spiel und derjenigen der Wissensaneignung durch Spiel aus, kann aber in der empirisch gesicherten Kenntnis zusammengefügt werden, daß differenziertes Spielverhalten positiv mit einem hohen Intelligenzquotienten korreliert, die Spielentwicklung somit als Intelligenzentwicklung ausweisbar ist.[33]

Zugleich erweist sich differenzierte Spielfähigkeit nicht nur aktuell als hohe intellektuelle Fähigkeit, sondern als Fähigkeit,

32 Vgl. K. Fröbel, a.a.O., S. 21
33 Vgl. Ivan Toličič, *Die wechselseitige Beziehung zwischen Spielverhalten und geistiger Entwicklung von Kindern*, in: *Schule und Psychologie*, 1963, insbesondere S. 229.

die – und dies ist pädagogisch entscheidend – langfristig stabil bleibt. Wer als Vorschulkind differenziertes Spielverhalten ausgebildet hat, wird mit hoher Prognosesicherheit auch als älteres Kind[34] und als Erwachsener[35] überdurchschnittliche Problemlösungsfähigkeiten bekunden. Die besondere Qualität dieser Spielfähigkeit bekundet sich darin, daß die mit ihr versehenen Kinder Konstruktions-Aufgaben, für deren Lösung sie *keine* Anleitung erhielten, genauso gut oder besser ausführten als andere Kinder, denen die gleiche Aufgabe gestellt und zugleich ihre Lösung vorgemacht wurde.[36] Die Kinder, die ohne Lösungsvorgabe das Problem spielerisch bewältigt hatten, erbrachten in Wirklichkeit eine größere Leistung, da sie ja *selbständig* eine Handlung vollzogen, in die bei den anderen Kindern zusätzlich noch das Wissen der Erwachsenen einging. Sie hatten aber nicht nur den Vorsprung, ohne Erwachsene die Aufgaben lösen zu können, sondern zugleich den entscheidenden Gewinn, Spannung abzubauen und so mehr Kraft zur Überwindung von Hindernissen bei der Lösung der Aufgaben einsetzen zu können. Sie waren besser befähigt, Frustrationen zu bearbeiten.[37]

Die Herstellung dieser Spielfähigkeit wiederum gelingt nicht schon dadurch, daß man die Kinder ohne Kontakt zu den Lebensprozessen der Erwachsenen spielen läßt.[38] Bloß zu fragen: ›Was wollt ihr spielen?‹ und selbst nichts zu unternehmen kann als interesselose ›Laissez-faire-Pädagogik‹ charakterisiert werden und ist bei weitem schädlicher als ein professioneller Erzieher, der mit Angeboten an die Kinder herantritt. Ein solcher Erzieher gibt immerhin den Eindruck eines Erwachsenen ab, der selbst etwas ernst nimmt – nämlich die Darbietung seines vorhergeplanten Angebotes, also seine ›pädagogische Qualifikation‹. Das Angebot nötigt immer noch zu einer Befassung mit den Kindern, die sich so an dem

34 S. dazu auch C. Hutt, *Exploration And Play In Children*, in: *Play, Exploration and Territory in Mammals. Symposia of the Zoological Society of London*, Number 18, London, 1966, S. 61 ff.

35 So E.H. Erikson nach Bruner, J.S., *Play Is Serious Business*, in: *Psychology today*, Jan. 1975, S. 82.

36 Siehe Bruner, J.S., a.a.O.

37 Siehe, C. Hutt, *Exploration . . .*, a.a.O., S. 74 f.

38 Vgl. U. Bronfenbrenner, *Wie wirksam ist kompensatorische Erziehung?*, Stuttgart 1974, S. 140.

Erwachsenen abarbeiten können. Die pädagogische Darbietung ist aber demjenigen Erwachsenen unterlegen, der unabhängig von den Kindern Verrichtungen auszuführen hat und sie, wenn er an ihrer Entwicklung interessiert ist, dann intervenieren läßt.

Die Herstellung von Spielfähigkeit erweist sich so als Resultat eines eindrucksreichen, durch handlungsaktive Erwachsene bestimmten Lebensprozesses. Die im weiteren vorzunehmende Analyse des Kindergartens wird zeigen, wie sehr die Organisierung eines solchen Lebensprozesses behindert ist. Festzuhalten bleibt jedoch, daß die Hochschätzung des Kinderspiels in der Kindergartenpädagogik sich gegen die Alltagsvorstellung von ›bloßem Spielkram‹ und der Erzieherin als einer ›nichtsnutzigen Spieltante‹ wissenschaftlich gut fundiert absetzen kann.

Die Theorien über das kindliche Spiel zeigen überwiegend den Mangel, daß sie die Bedingungen, die kindliche Spiele zum Resultat haben, nicht zureichend bestimmen. Wer also bei der Anleitung von Erziehung im unbekannten Feld des Kindergartens mit dem Kinderspiel etwas erreichen will, steht vor Theorien von solchen Kinderspielen, die nicht im Kindergarten entstanden sind, also vor Erklärungen, die nicht ohne weiteres Auskunft darüber geben können, wie man denn im Kindergarten zu den entwicklungsträchtigen Spielen kommt, die z. B. in den Familien vorgefunden werden. Zugleich sind im Kindergarten intensiv und differenziert spielende Kinder häufig nicht seiner Erziehung zu verdanken, sondern dem Anregungspotential der noch verbliebenen Familienumwelt.[38a] Es bleibt mithin über die vorfindlichen Theorien hinausgehend erst zu bestimmen, *wie* die Kindergartenstruktur sich auf das Spielverhalten auswirkt.

Unter den Theorien, die beanspruchen, bei der Entwicklung einer Spielpädagogik für den Kindergarten am weitesten vorangeschritten zu sein, ist die als »materialistisch« gekennzeichnete Spieltheorie, die in den sozialistischen Staaten Osteuropas und der Sowjetunion vertreten wird, die verbreitetste.

38a Vgl. dazu etwa Crandall/Preston/Rabson, *Maternal reactions and the development of independence and achievement behavior in young children*, in: *Child Development*, 1960, 31, S. 243-251.

Nach ihr werden nicht nur etwa 15 Millionen Kleinkinder[39] in diesen Ländern erzogen, sie hat eine erhebliche Ausstrahlung in bürgerliche Gesellschaften und wird auch in der Bundesrepublik seit einigen Jahren rezipiert. Bei der auch hier nicht mehr abweisbaren Notwendigkeit, ein gesellschaftliches System zureichender Kleinkinderziehung schaffen zu müssen, liegt es nahe, Anregungen von solchen Gesellschaftssystemen zu erwarten, die von vornherein und nun schon mehr als ein halbes Jahrhundert damit befaßt sind, Kleinkinderziehung außerhalb der Familien aufzubauen, um die – wie es heißt – allseitige Entwicklung der menschlichen Persönlichkeit zu verwirklichen. Insbesondere die gesellschaftliche Erziehung in solchen Ländern Osteuropas, die – wie etwa die DDR – teilweise bereits ähnlich industrialisiert sind wie die BRD, scheinen am ehesten als Vorbild für die hiesige Kleinkinderziehung dienen zu können. So wird die sowjetische Kleinkindpädagogik, die von fast allen ihren sozialistischen Partnern übernommen wurde, in der Bundesrepublik nicht mehr nur von Kräften vertreten, die sich politisch mit dem sowjetischen System identifizieren, sondern erfreut sich insgesamt einer wachsenden akademischen Erörterung. Die ihr zugrunde liegenden theoretischen Arbeiten und pädagogischen Anleitungen werden auf dem Buchmarkt vertrieben, dienen als Lehrbücher an Erzieherausbildungsstätten und befördern eine neue Schulenbildung in wissenschaftlichen Disziplinen wie Psychologie und Pädagogik.

An der sowjetischen Psychologie und Pädagogik des Kinderspiels, die wir als wichtigsten Vertreter einer Pädagogik des Spieleingriffs und der Spielkorrektur in den Vordergrund stellen, wollen wir untersuchen, ob es ihr gelungen ist, die Strukturanalyse des Kindergartens so weit zu treiben, daß die gewählte Form der Spielpädagogik tatsächlich den formulierten Erziehungszielen zuarbeitet, oder ob ein der Struktur äußerlicher Umgang mit dem Kinderspiel nicht gerade gegen diese Erziehungsziele schlägt.

39 Siehe dazu: *Statistical data on Preschool Education in the USSR, 1922-1972*, in: *Soviet Education*, Vol. XVI, No. 8, June 1974 S. 4 f. Dazu müssen noch die Vorschulkinder in den anderen sozialistischen Staaten hinzugerechnet werden.

II. Wie die bewußt vorangetriebene Kindergartenerziehung sozialistischer Länder bei einer Spieleingriffspädagogik anlangt

Wenn auch im nachrevolutionären Rußland die Produktivkräfte zu gering entwickelt waren, also die ökonomische Basis der Familie noch zu mächtig war, um eine totale gesellschaftliche Kleinkinderziehung notwendig und möglich zu machen, so hat doch ihre theoretische Postulierung ausgereicht, das Bewußtsein von ihrer hervorragenden Bedeutung allgemeiner zu machen, als es in bürgerlichen Gesellschaften geschehen ist, die zum Teil einen höheren Prozentsatz der Kleinkinder gesellschaftlich erziehen, dies aber als peinliche Verletzung ihrer privatwirtschaftlichen Prinzipien lange zu verdrängen suchten. Die Geringschätzung einer Kindergärtnerin als ›Spieltante‹, wie sie in der Bundesrepublik häufig anzutreffen ist, kommt unter Verhältnissen, in denen von den Kleinkinderziehern das gesellschaftliche Ganze mittelbar abhängt, nicht so leicht auf.

Die Beschäftigung mit dem Kinderspiel, das aus dem Kinde den ›Menschen‹ macht und dessen psychischer Mechanismus dem späteren Erwachsenen die Lebensführung erst ermöglicht, steht im Zentrum der sowjetischen Kinderpsychologie. Überlegungen zur Ausnutzung des Kinderspiels sind beherrschend für die sowjetische Kleinkindpädagogik.

Außerhalb der Familienzusammenhänge erzogene Kinder müssen erst systematisch beobachtet werden, bevor optimale Varianten ihrer Entwicklung bestimmt werden können. Dabei stellte sich heraus, daß das Spiel »zur dominierenden Tätigkeit«[1] wird, wenn das Kind ein Alter von gut zwei Jahren erreicht hat. Aus dieser Beobachtung wurde der Schluß gezogen, daß die planmäßige Erziehung der Kinder an ihrem Spiel nicht vorbeikommt und deshalb »das Interesse der Kinder am Spiel, seine Bedeutung im kindlichen Leben [. . .] zu pädago-

---

1 Vgl. Dazu A.N. Leontjew, *Psychologische Grundlagen des Spiels im Vorschulalter*, in: ders., *Probleme der Entwicklung des Psychischen*, Berlin 1971, S. 308.

gischen Zwecken genutzt« wird.² Die Nutzung des Spiels kann jedoch nur dann gelingen, wenn es sich dabei um eine formbare und nicht naturgegebene Aktivität handelt. Vorfindliche Theorien, die das Kinderspiel auch als Manifestation von instinktiven Trieben deuten oder sie als inhaltslose Lust am Funktionieren kennzeichnen, werden kritisiert³, weil sie keine Richtung für die pädagogische Beeinflussung des Spiels angeben könnten. Dazu bedürfe es einer Theorie, die die Historizität des Spiels aufdeckt und ihre je besondere gesellschaftliche Bedingtheit offenlegt.

Zu fragen ist nun, ob die sowjetischen Theoretiker ihren Anspruch auf »ein konkretes historisches Herangehen an die Frage nach dem Entstehen und dem Wesen des Spiels«⁴ einlösen. Es wird zu prüfen sein, wie die Formel, daß »das Spiel das Kind der Arbeit«⁵ sei, zu verstehen ist. Eine weitere theoretische Bestimmung der sowjetischen Psychologie, daß das Spiel »durch die gesellschaftliche Praxis bedingt ist«⁶, scheint vorerst nur gegen biologistische Deutungen des Kinderspiels gewendet zu sein, ohne bereits selbst zeigen zu können, warum denn gesellschaftliche Praxis zu Kinderspielen führt.

Stellt das Spiel die dominante Tätigkeit des Kleinkindes dar und werden auf dieser Altersstufe Fähigkeiten erworben, die das gesamte Leben fortwirken und relativ stabil bleiben, so liegt es nahe, das Spiel so einzusetzen, daß die für notwendig gehaltenen Fähigkeiten *in* ihm selbst erworben werden. Diese pädagogische Absicht scheint um so mehr gerechtfertigt, als in der herrschenden sowjetischen Theorie behauptet wird, daß das Kind spielt, weil es »regelmäßig das Bedürfnis hat, gerade diejenigen Handlungen spielend zu vollziehen, die ihm zwar neu, aber noch nicht zur Gewohnheit geworden sind.«⁷

Aus dem Bildungs- und Erziehungsplan für den Kindergar-

---

2 Vgl. dazu A.P. Ussowa, *Unterricht im Kindergarten*, Berlin 1973, S. 71.

3 Vgl. dazu etwa die Einschätzung vorliegender Spieltheorien durch D.B. Elkonin, *Psychologie des Spiels im Vorschulalter*, in: *Zur Psychologie der Persönlichkeit und Tätigkeit des Vorschulkindes*, Berlin 1971, S. 48 f.

4 Vgl. D. B. Elkonin, a.a.O., S. 42.

5 Diese Formulierung von Plechanow übernehmen die sowjetischen Theoretiker; vgl. etwa D.B. Elkonin, a.a.O., S. 51, und S.L. Rubinstein, *Grundlagen der allgemeinen Psychologie*, Berlin 1971, S. 727.

6 Vgl. dazu etwa A.P. Ussowa, a.a.O., S. 71.

7 Vgl. dazu S.L. Rubinstein, a.a.O., S. 734.

ten der DDR, der wie die sowjetische Pädagogik sich ausschließlich auf die sowjetische Spielpsychologie stützt, wollen wir belegen, daß im Kindergarten tatsächlich versucht wird, pädagogische Absichten ins Spiel hineinzutragen – ein Verfahren, das wir in Zukunft als Spieleingriffspädagogik bezeichnen werden.[8]

»Die Spieltätigkeit der Kinder in den verschiedenen Spielarten [ist] von der Erzieherin unterschiedlich zu lenken.«[9] Im Spiel »müssen die Kinder lernen, rücksichtsvoll zu sein und sich freundschaftlich zu verhalten«.[10] »Sie wählen sich mit Hilfe der Erzieherin Spielzeug aus; – werden angehalten, das Spielzeug sinnvoll zu verwenden; – äußern Spielwünsche und ahmen kurze Handlungsabläufe der Erwachsenen nach; – übernehmen einfache Rollen und benennen sie; – lernen, mit Hilfe der Erzieherin mehrere Handlungen einer bestimmten Rolle zuzuordnen; – verständigen sich untereinander kurz über einfache Handlungen ihnen bekannter Rollen; – lernen, für kürzere Zeit eine Rolle beizubehalten und sinnvolle Verbindungen zwischen einzelnen Spielhandlungen herzustellen. Die Kinder lernen, ihre Spielwünsche mit denen anderer Kinder zu verbinden und in kleinen Gruppen für eine kurze Zeit gemeinsam zu spielen. – Sie gewöhnen sich daran, sich beim Spielen in die Kindergruppe einzufügen; – lernen, miteinander zu spielen und Rücksicht zu nehmen; – bitten andere Kinder um Spielzeug oder um Mitspiel; – gewöhnen sich daran, auf Bitten anderer Kinder einzugehen; – bitten bei Unstimmigkeiten die Erzieherin um Hilfe; – nehmen an Spielen älterer Kinder teil«.[11] Die vierjährigen Kinder »spiegeln die Beziehung der Menschen in ihren Rollen richtig wider; [...] werden so weit entwickelt, daß sie sich gegenseitig auf die Einhaltung bekannter Verhaltensregeln aufmerksam machen (Höflichkeit, Rücksichtnahme, Hilfsbereitschaft); [...] – nehmen die Hilfe der Erzieherin bei der Durchsetzung der gültigen Normen an [...]; beachten weiterführende Hinweise der Erzieherin zur Gestaltung der Spiele«.[12] Das Handpuppenspiel

8 E. Eichberg bestätigt die häufige Aufforderung zur Spiellenkung für den sowjetischen Kindergarten, a.a.O., S. 64.

9 Vgl. *Bildungs- und Erziehungsplan für den Kindergarten*, Berlin 1968, S. 17.

10 A.a.O., S. 17.

11 A.a.O., S. 17 f.

12 A.a.O., S. 74.

»aktiviert ihre Bereitschaft, sich für das Gute zu entscheiden«.[13] Im Stegreifspiel werden Kinder befähigt, »negative und positive Gestalten zu unterscheiden«.[14] In den Bewegungsspielen legen die Kinder »Wert auf die genaue Einhaltung der im Spiel enthaltenen Regel; – spielen ehrlich«.[15] Zugleich erwerben sie »die Elemente des Wettbewerbes«.[16]

Alle angegebenen erwünschten Verhaltensweisen der Kinder werden also nicht für naturgegeben, sondern für zu erwerbende gehalten; sie sind deshalb prinzipiell dem formenden Eingriff des Erziehers zugänglich und fordern, da das zu beeinflussende Kind vorrangig als spielendes wahrgenommen wird, Eingriffe in die verschiedenen Formen des Kinderspiels geradezu heraus. Der Erwerb der Regeln, die das Verhalten der Erwachsenen beherrschen sollen, wird vorzüglich durch den Eingriff in das Spiel erhofft. Als Königsweg der Erziehung wird dabei ein Verfahren vorgeschlagen, das bisher für eine pädagogische Todsünde galt. Dies war bereits Jean Paul bewußt, der seine Kleinkinderziehungslehre mit der Mahnung beschloß: »Es regle und ordne der Lehrer nur nicht nach den Arbeiten wieder auch die Spiele! – Überhaupt ists besser, gar keine Spielordnung zu kennen und zu machen – nicht einmal die meinige –, als sie ängstlich zu halten und die Zephyretten der Freude durch künstliches Gebläse und durch Luftpumpen den kleinen Blumen zuzuschicken.«[17] Der in der sowjetischen Spieltheorie heftig attackierte[18] Groos resümierte 1899 diese und ähnliche in der Literatur vorgefundenen pädagogischen Einschätzungen des Spiels: »Ein völlig verfehlter Weg ist es, wenn man ethische Reflexionen in irgendeiner Form [. . .] in das Spiel einzuschmuggeln sucht«.[19] Es ist also nach den theoretischen Grundlagen zu fragen, die einen Eingriff in das Spiel nicht nur unschädlich, sondern geradezu förderlich erscheinen lassen. Die wichtigsten Hinweise gibt L. S. Wygotski in seiner Arbeit *Das Spiel und seine Rolle für die psychische*

13 A.a.O., S. 76.

14 A.a.O., S. 76.

15 A.a.O., S. 143.

16 A.a.O., S. 143.

17 Vgl. Jean Paul, *Levana oder Erziehungslehre*, in: *J. Pauls Sämtliche Werke*, Erste Abteilung, 12. Band, Weimar 1937, S. 159.

18 Vgl. dazu etwa D.B. Elkonin, a.a.O., S. 49.

19 Vgl. K. Groos, *Die Spiele der Menschen*, Jena 1899, S. 524.

Entwicklung des Kindes. Diese Schrift war in der Sowjetunion lange nicht zugänglich, da sie einen »Nachklang zur psychoanalytischen Theorie des Spiels«[20] aufwies und daher von der Psychoanalyseverfolgung mitbetroffen war. Sie enthält aber u. a. Bestimmungen, auf die auch in der herrschenden sowjetischen Spielpsychologie ausdrücklich zurückgegriffen wird und auf die wir uns vorerst beziehen wollen: »Die Entwicklung von einer deutlich fiktiven Situation und von verborgenen Regeln zu einem Spiel mit deutlich zutage tretenden Regeln und einer verborgenen fiktiven Situation bildet die zwei Pole und umreißt die Evolution des kindlichen Spiels.«[21] Die verborgene Regel des ›Freispiels‹ (Rollenspiel in der sowjetischen Terminologie) ist dadurch gekennzeichnet, daß das Kind sich selbst sagt: »Ich muß mich in diesem Spiel so und so verhalten«[22], d. h., »wenn das Kind die Rolle der Mutter spielt, so besitzt es Regeln für das mütterliche Verhalten«.[23] Es muß »sich so benehmen, wie es die Regeln des mütterlichen Verhaltens erfordern«.[24] »Die Rolle, die das Kind ausführt, seine Beziehung zum Gegenstand, wenn dieser seine Bedeutung verändert hat, werden sich immer aus der Regel ergeben, d. h. die fiktive Situation enthält in sich immer schon die Regeln. Im Spiel ist das Kind frei, jedoch ist dies eine illusorische Freiheit«.[25]

Für die pädagogische Anwendung wird also angegeben, daß das Kind sich für die Rolle, die es spielen will, noch selbst entscheidet, im Spiel dann aber die Regeln befolgt, die das Verhalten der erwachsenen Person – etwa der Mutter – bestimmen, die es kennt und nachspielt. Für die Absicht des Erziehers ergäbe sich somit nur das Problem, das Kind zum Spiel einer bestimmten Rolle anzuregen. Die Ausführung dieser Rolle braucht er nicht vorzuschreiben, da die nachgespielte Person das Kind gewissermaßen in seinem Verhalten kommandiert, ohne daß ihm ein besonderes Kommando gege-

20 Vgl. dazu S. L. Rubinstein, a.a.O., S. 733.

21 Vgl. L. S. Wygotski, *Das Spiel und seine Rolle für die psychische Entwicklung des Kindes*, russisch 1933, in: *Ästhetik und Kommunikation*, Heft 11, April 1973, S. 16 ff.

22 A.a.O., S. 24.

23 A.a.O., S. 23.

24 A.a.O., S. 21.

25 A.a.O., S. 23.

ben werden müßte. Das Kind zahlt automatisch bei Übernahme der Rolle den Preis der gewünschten Regeleinhaltung. Es glaubt sich frei und ist doch vom Erzieher, der es zu einer bestimmten Rolle verlockt hat, schon überlistet.

Entsprechend wurden in der Sowjetunion Experimente unternommen, mit denen »die Steuerung des Verhaltens beim Spiel und bei direkten Aufträgen des Erwachsenen«[26] geprüft wurde. »Wie ihre Ergebnisse zeigen, entsteht diese im Spiel früher als bei direkten Aufträgen. [. . .] Zugleich fällt es dem Kind leichter, sich unterzuordnen, wenn es eine bestimmte Rolle übernimmt. Das Kind ordnet sich einer in einer Rolle enthaltenen Regel leichter unter, als einer vorher formulierten außerhalb der Rolle bestehenden, weil die mit der Rolle zusammenhängende Regel gleichsam eine innere Berechtigung hat. *Die Regel braucht nicht besonders angeeignet zu werden*, es gibt keine Umwandlung einer ›äußeren‹ in eine ›innere‹ Regel, und es gibt auch *keine Trennung zwischen der moralischen Vorstellung und der Moral im Handeln*. Deshalb werden moralische Normen im Spiel leichter erworben. [. . .] In keiner anderen Tätigkeit als im Spiel kann das Kind moralische Normen, die dem Heldentum der sozialistischen Einstellung zur Arbeit und dem gesellschaftlichen Eigentum zugrunde liegen, Motive der gegenseitigen Hilfe und der Sorge um den Menschen besser erkennen und erwerben. [. . .] Das Spiel ist eine Schule der Moral, und zwar nicht einer Moral in der Vorstellung, sondern einer Moral im Handeln«.[27]

Falls es richtig ist, daß das Kind in der *Wahl* seines Spiels frei ist und erst in der *Durchführung* des Spiels von Regeln, die das Leben der Erwachsenen bestimmen, gleichsam zwanglos kommandiert wird, reduziert sich die Kunst des Erziehers darauf, das Kind mit dem vorbildlichen Leben der Erwachsenen bekannt zu machen und es dann dahin zu bringen, eines dieser Vorbilder für sein Spiel zu wählen. Der pädagogische Unterschied zwischen der selbstgewählten Rolle des jüngeren Kindes mit seiner eingebauten Regel und den äußerlich vorgegebenen Regeln für die Spiele der älteren Kinder reduziert sich für die sowjetische Theorie auf einen reinen Altersunterschied. Muß dem jüngeren Kind die unentrinnbare Regel mit

26 Vgl. D.B. Elkonin, a.a.O., S. 73.
27 A.a.O., S. 73 ff.

List unterschoben werden, so wird sie dem älteren frontal auferlegt. In beiden Fällen wird der Erfolg, d. h. das Gelingen der Normenvermittlung, unterstellt.

Erst die pädagogische Anwendung dieser Theorie kann erweisen, ob sie ein bewußtes Erziehungskonzept zu tragen vermag. An ihr ist zu prüfen, ob die Freiheit der kindlichen Spielwahl tatsächlich existiert, ob sie nicht etwa von den Lebensbeziehungen des Kindes determiniert wird. Jedes Verlocken zu einem vom Erzieher gewählten Spiel könnte sich dann bereits als Versuch herausstellen, die das Kind wirklich beschäftigenden Probleme zurückzudrängen. Die Überprüfung muß ebenfalls erweisen, ob im Spiel tatsächlich umstandslos »die Logik einer realen Handlung«[28] nachvollzogen wird oder ob nicht gerade die Bedürfnisse des Kindes die reale Handlung im Spiel abändern. Das müßte keineswegs bedeuten, daß diese Abänderung frei ist. Sie selbst scheint – wie noch zu zeigen ist – determiniert zu sein, was aber nur verständlich wird, wenn die Gründe, die ein Kind zum Spielen bringen, zureichend erklärt werden und damit das jeweils einzelne Spiel gedeutet werden kann.

Aus der bisherigen Darstellung geht nicht ohne weiteres hervor, ob der in der sowjetischen Kleinkinderziehung praktizierte Spieleingriff von der dafür herangezogenen Theorie auch wirklich gedeckt wird und begründbar ist. Zwar finden sich in den theoretischen Aufsätzen Hinweise, daß die Erzieher das Kinderspiel zu lenken haben; diese scheinen aber mit den allgemeinen theoretischen Aussagen nicht vermittelt. Dennoch ist zu fragen, ob die allgemeinen theoretischen Aussagen den Pädagogen zumindest nahelegen, ins Kinderspiel einzugreifen, und ihnen die Sicherheit geben, daß dieser Eingriff genauso ›harmlos‹ für die Kinder ist wie die Verkündung einer Spielregel für ein Gruppenspiel älterer Kinder. Diese Versicherung findet sich bei Wygotski, der erklärt, daß »das Spiel mit einer fiktiven Situation im wesentlichen nichts anderes darstelle als ein Spiel mit Regeln«.[29] Ähnlich meint später Elkonin: »Bei jüngeren Vorschulkindern gibt es keinen prinzipiellen Unterschied zwischen den Rollen- und Regelspielen. Die Aneignung der Regelspiele wird innerhalb der

28 Vgl. D.B. Elkonin, a.a.O., S. 70.
29 Vgl. L.S. Wygotski, a.a.O., S. 21.

Rollenspiele vorbereitet«.[30]

Dieses Beharren auf der Gleichartigkeit von Freispiel und Regelspiel, das von den beobachtbaren Unterschieden prinzipiell absieht, verhindert zu klären, ob das Freispiel nicht auch ein Ausdruck des Konfliktes mit den Regeln der Erwachsenen ist. Es verstellt zugleich die Frage, warum im späteren Regelspiel die Kinder schließlich doch auf die Vorschriften der Erwachsenen überschwenken. In der sowjetischen Psychologie hat das Freispiel also nicht den Charakter der Bewältigung eines Konfliktes mit den gültigen Normen; deshalb werden beobachtbare Kinderspiele theoretisch – nicht pädagogisch – vernachlässigt, in denen etwa ein die Mutterrolle spielendes Kind seine Spielkinder verstümmelt oder tötet.

So geschieht es auch in der pädagogischen Praxis der DDR, daß z. B. einer Puppe das Bein ausgerissen wird[31] oder andere Spielgegenstände nicht der pädagogischen Absicht entsprechend verwendet werden. Dieses kindliche Verhalten wird aber nicht problematisiert. Vielmehr wird in Termini des Alltagsbewußtseins gefordert, daß Spielzeug sinnvoll zu handhaben sei, und die ›sinnlose‹ Handhabung wird zum moralischen Problem, nicht aber als Konflikt der Kinder erklärt.

1. Welche praktischen Folgen für die Kinder sich aus den Annahmen der sowjetischen Spielpsychologie ergeben können

Aus einem DDR-Standardwerk zur Spielerziehung, das auch in der BRD weit verbreitet ist, wollen wir ein Beispiel wiedergeben, aus dem hervorgeht, wie und warum ein Spieleingriff erfolgt: »Wir wollten, daß die Kinder mit einer bestimmten Spielabsicht ihr Spiel begannen und danach das Spielzeug und das Material auswählten und nicht umgekehrt. Sind die Kinder gezwungen, ihr Spielvorhaben sprachlich zu formulieren, so hilft ihnen das, sich über ihre Absichten klarzuwerden. [. . .] In den Verlauf des Spiels schalteten wir uns gewöhnlich mit dem Ziel ein, den Kindern zu helfen, ihre Spielidee zu verwirklichen. Durch Mitspielen und sprachliche Hinweise nah-

30 Vgl. D.B. Elkonin, a.a.O., S. 69.
31 S. Franz, *Beurteilen wir unsere Dreijährigen richtig?* Berlin 1973, S. 112.

men wir Einfluß auf die Organisation des Spiels, vor allem auf die Gestaltung der gegenseitigen Beziehungen, entsprechend der Rolle, die die Kinder übernommen hatten. Wir vermieden es, den Kindern fertige Lösungswege anzubieten und versuchten, ihnen die Folgen ihres positiven oder negativen Verhaltens im Spiel bewußt zu machen. So sagten wir einer Verkäuferin, die einen Kunden unfreundlich abfertigte, nicht nur ›so verhält sich eine Verkäuferin nicht‹, sondern führten mit den ›Kunden‹ ein Gespräch darüber, daß die Bedienung früher, als die nette Verkäuferin noch arbeitete, viel besser war u. ä. Es kam uns darauf an, ein positives ideelles Handlungsvorbild wachzurufen, nach dem die Kinder selbst ihr Verhalten regulieren sollten. Kurz gesagt, wir versuchten auf die inneren Bedingungen Einfluß zu nehmen, über die inneren Mechanismen des Spiels die Kinder zu richtigem Verhalten zu führen.«[32]

Dieses Vorgehen entspricht der sowjetischen Spieltheorie insoweit, als die Normenvermittlung tatsächlich in der Weise geschieht, daß dem Kind nur eine bestimmte Spielabsicht nahegebracht wird und es sich gewissermaßen durch Einhalten dieser Absicht selbst erzieht. Es geht über die Theorie jedoch hinaus, wo auch in die Durchführung der Spielabsicht, also ins Spiel selbst, eingegriffen wird, indem die Rolle einer unfreundlichen Verkäuferin als nicht wünschenswert korrigiert wird. Durch die verbale Vermittlung eines ideellen Handlungsvorbildes wird das von der Theorie noch gedeckte pädagogische Vorgehen erweitert, indem das Kind nun nicht mehr *beobachtete* Beziehungen nachspielt, sondern auch vom Erzieher *benannte Wunschvorstellungen* über solche Beziehungen widerspiegeln soll.

Diese Abweichung von der Theorie könnte nun damit gerechtfertigt werden, daß die wirklichen Beziehungen einer sozialistischen Übergangsgesellschaft mit Mängeln behaftet sind, die den Kindern zwar noch sichtbar, aber doch generell im Verschwinden begriffen sind. Es kann also dort ein ideelles Handlungsvorbild formuliert werden, wo die Realität den

32 I. Launer, *Persönlichkeitsentwicklung im Vorschulalter bei Spiel und Arbeit*, Berlin 1970, S. 99. In dieser Arbeit wird – wie in allen wesentlichen Stücken der sowjetischen Psychologie – die fundamentale These der Widerspiegelung verwendet, mit der grundsätzlich uns auseinanderzusetzen der Rahmen dieser Arbeit nicht zuläßt.

gesellschaftlichen Idealen noch nicht entspricht. Hätte das Kind in der Realität eine freundliche Verkäuferin angetroffen, so könnten die DDR-Pädagogen sagen, dann hätte es – nach der Theorie – auch diese freundliche Verkäuferin im Spiel nachgestaltet, sich ein positives Verhalten angeeignet und den pädagogischen Eingriff überflüssig machen können.

Ähnlich könnten Versuche verstanden werden, die Hochachtung vor der Arbeiterklasse herauszubilden und dafür Spielen entgegenzuarbeiten, in denen die Kinder mit Vorliebe »Meister«[33] oder »Leiter einer Fabrik«[34] sind: »Indem wir betonten, was die Arbeiter alles wissen und können und mit Bewunderung von ihnen sprachen, entwickelten wir die Achtung der Kinder gegenüber der Arbeit und den Arbeitern.«[35] Theoretisch wird in diesem Vorgehen davon ausgegangen, daß die Kinder alles spielen, was sie erleben. Erleben sie ›positive‹ Menschen, so spielen sie diese, erleben sie ›negative‹, dann diese.

Nun könnte es aber sein, daß das Kind die Verkäuferin nicht gespielt hat, um eine Verkäuferin zu spielen, sondern daß es eine ihm zugefügte Unfreundlichkeit, die nicht unbedingt von einer Verkäuferin ausgehen mußte, zu bearbeiten versucht. Ebenso könnte es sein, daß die Kinder nicht den Meister oder Direktor spielen, weil sie einen Meister oder Direktor gesehen haben, sondern weil sie Menschen begegnet sind, die Überlegenheit, Einfluß und Prestige ausstrahlten und obendrein Meister oder Direktor waren. Es könnte also sein, daß die Kinder im Spiel eine aus wirklicher Unterlegenheit entspringende Angst zu kompensieren, daß sie der Angst vor Liebesverlust zu entkommen suchen, indem sie sich spielend zu respektierten und geliebten Personen wandeln. Diese psychoanalytische Deutung des Kinderspiels stellt die sowjetische Widerspiegelungstheorie radikal in Frage und hat deshalb von ihr auch kompromißlose Kritik erfahren.[36] Dennoch finden wir in denselben Schriften, die eine psychoanalytische Spieldeutung verwerfen, zugleich Aussagen, mit denen sie bestätigt werden kann. Von einem Kind, das Arzt spielt, heißt es bei

33 I. Launer, a.a.O., S. 107.
34 S.L. Rubinstein, a.a.O., S. 737.
35 I. Launer, a.a.O., S. 98.
36 Vgl. dazu z. B.D.B. Elkonin, a.a.O., S. 54.

Rubinstein: »Natürlich kann es nicht wie der Arzt heilen, ihm ist all sein Wissen unbekannt, aber es weiß sehr gut, daß man überall auf die Worte des Arztes besonders aufmerksam hört, daß man ihn mit Spannung erwartet, wenn jemand im Hause krank ist, und von ihm Hilfe, Erleichterung und Rettung erhofft – wie sollte sich das Kind da nicht in der Position eines Menschen fühlen wollen, auf den alle, selbst die älteren, die Erwachsenen, hören und der helfen, heilen, von Schmerzen und Leiden befreien kann? Natürlich kann das Kind kein Flugzeug lenken, es beherrscht nicht die komplizierte Technik, aber wie sollte es ihm in den Tagen, in denen das ganze Land die Nordpolflieger ehrt, entgehen, daß die Flieger Menschen sind, auf die die allgemeine Aufmerksamkeit gerichtet ist, wie sollte das Kind nicht auch Lust bekommen, ein solcher Held und Volksliebling zu sein?«[37]

Auch bei I. Launer, deren Konzeption des Spieleingriffs wir vorgestellt hatten, finden sich Hinweise, daß die Kinder im Spiel nicht einfach widerspiegeln, was sie erleben. So heißt es z. B.: »Das Rollenspiel sollte eine erstrebenswerte Tätigkeit für sie sein, bei der ihre kindlichen Bedürfnisse voll befriedigt werden«[38], und weiter: »Es ist allgemein bekannt, daß die Kinder nur auf der Grundlage ihrer Vorstellung von der Umwelt über bestimmte Bereiche des Lebens und der Tätigkeit der Erwachsenen ein Spiel aufnehmen können. Sie spielen jedoch bei weitem nicht alles, was sie erlebt haben. Die Frage der Entstehung von Spielideen ist wenig untersucht. Welche Bereiche der Wirklichkeit im Spiel reproduziert werden, hängt entscheidend von den Interessen, von den Beziehungen der Kinder ab, die zu bestimmten Umwelterscheinungen entwickelt wurden.«[39] Ganz nebenbei finden wir aber doch eine Begründung, warum ein Kinderspiel entsteht: »Diese Rolle hatte er schon oft gespielt; in dieser war er Herr der Situation«.[40]

Deutlich wird schon an diesen leicht vermehrbaren Beispielen, daß die pädagogische Erfahrung ein reichhaltiges Material hervorbringt, das von der Theorie nicht integriert wer-

37 Vgl. S. L. Rubinstein, a. a. O., S. 729.
38 I. Launer, a. a. O., S. 67.
39 A. a. O., S. 97 f.
40 A. a. O., S. 110.

46

den kann. Deshalb werden pädagogische Maßnahmen ergriffen, derer man sich theoretisch nicht mehr versichern kann. Dennoch bleiben die von der Theorie ungedeckten Erscheinungen des kindlichen Spiels und des kindlichen Verhaltens nicht gänzlich ›unbegriffen‹, sondern werden mit außertheoretischen Formulierungen des Alltagsbewußtseins zu bändigen versucht.

Da es z. B. in der Theorie keinen *Konflikt* zur Realität gibt, den die Kinder im Spiel verarbeiten, weil im Spiel ja bloß wahrgenommene, äußerlich bleibende Realität widergespielt wird, werden Abweichungen von der Realität konsequent auf die schlechte Qualität des Widerspiegelungsapparates, gewissermaßen auf technische Mängel des Spiegels, zurückgeführt. Da dieser Spiegel mit dem menschlichen Organismus identifiziert wird, können seine Fehler rein physiologisch benannt werden. So erscheinen in Beurteilungsvorschlägen für das Verhalten von Dreijährigen im DDR-Kindergarten folgende Kennzeichnungen zur Erklärung des unterschiedlichen Verhaltens der Kinder: »schwacher Typ; starker leicht beweglicher, ausgeglichener Typ; starker, schwerbeweglicher, ausgeglichener Typ; starker, leicht beweglicher, unausgeglichener Typ«.[41] Wie in einem Spiegelkabinett die unterschiedlichen Verzerrungen zustande kommen, so werden die verschiedenen Kindertypen ihrer Widerspiegelungsfähigkeit entsprechend aufgeführt. So hat ein Kind »starke, ausgeglichene und leicht bewegliche Nervenprozesse«[42], ein anderes aber »starke, unausgeglichene und leicht bewegliche Nervenprozesse«[43], ein drittes weist »starke, ausgeglichene und schwerbewegliche Nervenprozesse«[44] auf, während wiederum ein anderes über »schwache Nervenprozesse«[45] verfügt. Diese Kategorisierung käme einer pädagogischen Unzuständigkeitserklärung für alle kindlichen Verhaltensweisen gleich, die vom Idealtyp abweichen. Das wird in den Deutungskategorien für Eintragungen in die Kinder-Beobachtungsbögen sichtbar: »Sie läßt sich von Michael ablenken« – »Aufgabe nicht gehört oder nicht ver-

41 S. Franz, a.a.O., S. 31.
42 A.a.O., S. 32.
43 A.a.O., S. 33.
44 A.a.O., S. 33.
45 A.a.O., S. 33.

standen? Kein Interesse?« – »Konzentrierte Aufmerksamkeit. Läßt sich nicht mehr ablenken. Jetzt Freude am Bauen? Baueifer?«[46] Ein solcher pädagogischer Offenbarungseid wäre zwar konsequent, schlösse aber eine mit wirklichen Veränderungsmöglichkeiten rechnende Pädagogik aus. Die Theorie wäre unfähig zur Anleitung, führt also in eine Sackgasse, aus der man sich nun mit einer Hilfskonstruktion befreit, die schließlich auch den Spieleingriff legitimierbar macht. Die Konstruktion besteht aus der knappen Bestimmung: »Kinder, bei denen in Folge einer *falschen Erziehung* die Tendenz zur Selbständigkeit nicht genügend entwickelt ist, können nicht spielen, oder sie spielen wenig und nicht einwandfrei.«[47]

Da die in der Spieltheorie verwendete Widerspiegelungskonzeption nicht in Frage gestellt wird, eine schlechte Realität, die als nicht einwandfreies Spiel wiedererscheint, nicht ins Blickfeld kommt, weil sie zur Kritik der gesellschaftlichen Verhältnisse führen müßte, und die physischen Mängel eine absolute Erziehungsschranke darstellen würden, bleibt nur der Ausweg, für alles, was die Theorie nicht erfaßt, »falsche Erziehung« verantwortlich zu machen. Wir können somit festhalten, daß die sowjetische Theorie wesentliche Spielerscheinungen außer Betracht lassen kann, da für Erscheinungen, die der Theorie nicht entsprechen, die Erziehung Zuständigkeit zugesprochen bekommt. Der in der Praxis herrschende Spieleingriff wird zwar theoretisch nicht gefordert, aber dem Erzieher, dessen falsche oder richtige Arbeit ja für nicht weiter erklärbare Spielerscheinungen verantwortlich gemacht wird, nahegelegt. Dem Erzieher wird die Verantwortung für das theoretisch geforderte Spielverhalten – die exakte Reproduktion der Verrichtung von Erwachsenen als Vorbereitung auf die eigene spätere Erwachsenenrolle – aufgebürdet. Für dessen Gelingen bleibt er jedoch theoretisch unangeleitet; er rettet sich in alltagspsychologische Vorstellungen. Diese laufen auf die Annahme hinaus, daß die geforderte Vorbereitung auf die Erwachsenenrolle durch sauberes Vorführen derselben bereits *im* Kinderspiel gelingen muß und dieses nur durch Korrektur und Lenkung *während* ihres Spiels zu erreichen ist.

Wenn die Theorie den Eingriff nicht explizit anleitet, weil er

46 A.a.O., S. 102.
47 D.B. Elkonin, a.a.O., S. 60 (Hervorhebung durch die Verfasser).

außerhalb ihres Erklärungsinteresses liegt, dann kann sie auch über die möglichen schädlichen Folgen des Eingriffs nichts vermitteln. Hieraus werden Rezeptionen der Theorie verständlich, die – wie bei einer Gruppe westdeutscher Marxisten-Leninisten – dazu geführt haben, eine Erziehungskonzeption zu entwickeln, in der zwei bis drei Jahre lang der psychische Entlastungsmechanismus des Freispiels unbedenklich unterbunden[48] und durch gelenkte Tätigkeit ersetzt wird, um so sozialistische Charakterzüge zu produzieren.

Wenn jedoch zutrifft, was auch mit dem Material von sowjetischen und DDR-Wissenschaftlern belegt werden kann, daß die Kinder im Spiel Konflikte bewältigen, dann ist der Spieleingriff nicht die pädagogische Vollendung der Kleinkinderziehung, sondern eine schwerwiegende Beeinträchtigung der kindlichen Entwicklung.

Warum der Spieleingriff zur Zerstörung eines notwendigen Mechanismus der gelingenden Persönlichkeitsentwicklung führt, wollen wir mit Hilfe *nicht* reflektierter Aussagen der sowjetischen und DDR-Wissenschaftler sowie psychoanalytischer Deutungsversuche des Kinderspiels darzustellen uns bemühen.

Ganz unabhängig von der Erarbeitung einer sowjetischen Psychologie des Kinderspiels resümierte S. Freud 1920 die Deutung des Spiels eines 1½jährigen Knaben, das in der bis dahin gängigen Terminologie als Beispiel bloßer Funktionslust abgetan worden wäre[49]: »Man sieht, daß die Kinder alles im Spiele wiederholen, was ihnen im Leben großen Eindruck gemacht hat, daß sie dabei die Stärke des Eindruckes abreagieren und sich sozusagen zu Herren der Situation machen.«[50] Damit wird »die Annahme eines besonderen Nachahmungstriebes als Motiv des Spielens überflüssig.«[51] In derselben Schrift wird auch eine Erklärung dafür versucht, warum die Kinder im Wiederholungsfalle auf detailgerechter und exakter Einhaltung ihres Spieles bestehen. In der sowjetischen Psy-

48 Claus/Heckmann/Schmidt-Ott, *Spiel im Vorschulalter*, Frankfurt 1973. Zur Kritik daran s. G. Heinsohn/Barbara Knieper, *4-Phasen-Modell*, in: *betrifft: erziehung*, Heft 8/1974.

49 Vgl. die gesamte Darstellung bei S. Freud, *Jenseits des Lustprinzips*, in: *Gesammelte Werke* XIII, S. 11 ff.

50 A.a.O., S. 14 f.

51 A.a.O., S. 15.

chologie ist gerade dieser Tatbestand als entscheidender Beweis[52] für die These von der Widerspiegelung der Realität im Spiel herangezogen worden. Freud schreibt: »Beim Kinderspiel glauben wir es zu begreifen, daß das Kind auch das unlustvolle Erlebnis darum wiederholt, weil es sich durch seine Aktivität eine weit gründlichere Bewältigung des starken Eindruckes erwirbt, als beim bloß passiven Erleben möglich war. Jede neuerliche Wiederholung scheint diese angestrebte Beherrschung zu verbessern, und auch bei lustvollen Erlebnissen kann sich das Kind an Wiederholungen nicht genug tun und wird unerbittlich auf der Identität des Eindruckes bestehen.«[53] Die unbestreitbare Tatsache, daß bestimmte Realitätseindrücke im Spiel exakt reproduziert werden, wird nun nicht als Nachahmungsabsicht interpretiert, sondern als Bearbeitung eines Eindruckes, welche nur gelingen kann, wenn auch dieser Eindruck exakt reproduziert wird und nicht irgend etwas anderes, das keinen Eindruck hinterlassen hat.

Häufig wird in der Exaktheit der Reproduktion aber etwas Entscheidendes verändert. Hat das Kind ein Erlebnis mit einem Erwachsenen gehabt, so übernimmt es im Spiel nicht die eigene Realitätsrolle, die gern einem Spielpartner zugewiesen wird, sondern die des Erwachsenen. Die Umwandlung der passiven Realitätsrolle in eine aktive Spielrolle dient der Absicht, das Unterlegenheitserlebnis in der Weise zu überstehen, daß das Kind zeitweilig selbst der Überlegene ist.[54] Insofern findet die sowjetische Kritik an der psychoanalytischen Spieldeutung, der vorgeworfen wird, daß sie »das Spiel als funktionelle Zufriedenheit«[55], als Versuch des Kindes, »ein Gefühl der Schwäche und Minderwertigkeit [. . .] durch erhöhte Aggres-

---

52 Vgl. dazu etwa A.N. Leontjew, a.a.O., S. 312 f, und D.B. Elkonin, a.a.O., S. 68.

53 S. Freud, *Jenseits des Lustprinzips*, a.a.O., S. 36; vgl. auch R. Wälder, *Die psychoanalytische Theorie des Spiels*, in: *Zeitschrift für psychoanalytische Pädagogik* 1932, S. 184 ff.

54 Vgl. S. Freud, *Hemmung, Symptom und Angst*, 1926 GW XIV, S. 200. Die umfassendste Fortentwicklung dieses Deutungsmusters auf die verschiedenen Typen von Kinderspielen findet sich bei Lilli Peller, die viele auf den ersten Blick nicht leicht deutbare Spiele ebenfalls als Versuch des Kindes begreift, psychisch gesund zu bleiben und den Sozialisationsprozeß zu meistern. a) Vgl. L.E. Peller, *Modelle des Kinderspiels*, in: A. Flitner, Hg., *Das Kinderspiel*, München 1973, S.. 62 ff.

55 Vgl. D.B. Elkonin, a.a.O., S. 54.

sivität und Boshaftigkeit«[56] zu kompensieren, auslege oder daß für sie das Spiel statt »einer Vorbereitung für das Leben [...] zu einer Flucht daraus wird«[57] in den Freudschen Schriften kaum eine Grundlage.

Bereits 1908 – zehn Jahre vor der Revolution der Bolschewiki – formulierte Freud: »Jedes spielende Kind benimmt sich wie ein Dichter, indem es sich eine eigene Welt erschafft oder, richtiger gesagt, die Dinge seiner Welt in eine neue, ihm gefällige Ordnung versetzt. Es wäre dann Unrecht zu meinen, es nähme diese Welt nicht ernst; im Gegenteil es nimmt sein Spiel sehr ernst, es verwendet große Affektbeträge darauf. Der Gegensatz zu Spiel ist nicht Ernst, sondern – Wirklichkeit. Das Kind unterscheidet seine Spielwelt sehr wohl, trotz aller Affektbesetzung, von der Wirklichkeit und lehnt seine imaginierten Objekte und Verhältnisse gerne an greifbare und sichtbare Dinge der wirklichen Welt an. Nichts anderes als diese Anlehnung unterscheidet ›das Spielen‹ des Kindes noch vom ›Phantasieren‹.«[58]

Wenn das Kind also zum Spiel kommt, weil ihm etwas großen »Eindruck« macht, so ist zu fragen, um was für einen Druck es sich dabei handelt und was im Kinde unter diesen Druck gerät, also unterdrückt wird. Beeindruckend für das Kind ist alles, was seine – im engen Beziehungskontakt der ersten Lebensmonate fortgebildeten – Bedürfnisse an der Realisierung hindert, verschiebt oder auch nur einer Regel unterwirft. Ob es sich dabei um Bedürfnisse bei der Nahrungsaufnahme, der Ausscheidung, des Hautkontaktes, der Bewegung, des Einschlafens oder Aufwachens handelt: jede Versagung aus der Lebenswelt des Kindes, die sich als Erziehung in seinem besten Interesse verstehen mag, erscheint dem Kind selbst als vorerst unverständliche Beeinträchtigung, gegen die es sich zur Wehr setzt. Seine Abwehr in Form von Geschrei oder anderen Akten, die den Erwachsenen als Störung erscheinen, geraten nun wiederum in den Machtbereich der Erziehung. Wo das Kind also gegen Erziehung sich wendet, muß es das Risiko weiterer Erziehung, die nun ihm wiederum als Störung und Aggression erscheint, in Kauf nehmen. Da es

56 Vgl. a.a.O., S. 42.
57 Vgl. S.L. Rubinstein, a.a.O., S. 733.
58 S. Freud, *Der Dichter und das Phantasieren*, GW VII, S. 214.

aber als abhängiger und schwächerer Partner in die Erziehungssituation gestellt ist, muß es zur Vermeidung ununterbrochener Frustrationen einen Weg suchen, der es zwar nicht aus der Erziehung herausführt, aber die mit ihr gegebene Bedrohung vermindert und erst so die kulturerforderliche Information aufzunehmen erlaubt.

Die permanente Angst vor Sanktionen würde eine solch hohe psychische Sensationierung bedeuten, daß psychische Energien für die Aneignung des umgebenden kulturellen Niveaus nicht mehr erübrigt werden könnten. Im Spiel nun kann die Aktivität, die der Erwachsene als Aggression verfolgt, ausgeübt und so an der Erhaltung des psychischen Gleichgewichts gearbeitet werden. (Im Spiel kann auch die Zärtlichkeit und offenere Sexualität ausgedrückt werden, die im Umgang mit dem Erwachsenen zunehmend abgeblockt wird.) Das Spiel entlastet von zu starken Vergeltungsängsten, die bei tatsächlichem Widerstand gegen die Erziehungswelt sich einstellen müssen, und ermöglicht erst das immer neuerliche Eintreten in die geregelten Beziehungen. Je unentwickelter und ohnmächtiger das Kind ist, desto stärker muß es die Realität als Bedrohung erfahren und desto intensiver müssen seine Abwehrversuche ausfallen. Da die körperlichen Abwehrkräfte, die bei älteren Kindern als handfeste Aggressionen erscheinen, noch schwach ausgebildet sind, müssen sie um so ausschließlicher im Schreien und Phantasieren zum Zuge kommen. Deshalb lag die Annahme einer phantasierten Realitätsbemächtigung, die einer vordergründigen Betrachtung als ›Widerspruch in sich‹ gelten mag, nahe.[59]

59 Vgl. dazu die Arbeit von M. Klein, *Die Psychoanalyse des Kindes*. II. Teil, *Frühe Angstsituation und ihre Auswirkungen auf die Gesamtentwicklung*, Wien 1932. Bei Erwähnung der Kleinschen Theoriebildung ist zugleich darauf hinzuweisen, daß sie nur als kritisierte für das Verständnis der frühesten Kindesentwicklung fruchtbar gemacht werden kann. Diese Kritik hat sich vorrangig auf adultomorphe und biologistische Verzerrungen der Kleinschen Theorie zu konzentrieren. Insbesondere die parallele Verwendung Freudscher Begrifflichkeit – wie Todestrieb, Sexualtrieb etc. – und der Konzepte von bösen und guten Objekten ist dabei aufzulösen (einen Versuch hat G. Mendel in seiner Arbeit, *Generationskrise*, Ffm. 1972, S. 15-58, gemacht). Unseres Erachtens erlauben gerade die Kleinschen Untersuchungen, die Herstellungsprozesse dessen, was dann in der Psychoanalyse als Trieb oder psychische Instanz (Ich etc.) aufgefaßt wird, zu analysieren. Der Kleinschen Theorie selbst mißlingt das vor allem deshalb, weil die vorliegende psychoanalytische Erklärung für spätere kindliche Entwicklungsstufen umstandslos auf

Die These, daß Aggression erst dann auftritt, wenn sie sich in einschlägigen Handlungen auszudrücken vermag und folglich beim ganz kleinen Kind fehle, widerspricht der Tatsache, daß sie gerade bei diesem wegen seiner Hilflosigkeit am größten sein muß. Die Annahme lebt davon, daß kleine Kinder lediglich Geschrei als Waffe zur Verfügung haben, die andere zu schädigen vermag. Alle Beschädigungen – wie Allergien, Durchfall, Wundsein, hospitalistische Symptome usw. –, die an ihm selbst zutage treten, wenn es starken Versagungen unterliegt, werden nicht als kindliche ›Aggression‹, sondern als übliche – naturwissenschaftlicher Behandlung zuzuführende – Krankheit gedeutet.

Der Eingriff in das Spiel eines Kindes stellt sich dementsprechend als gewaltsame Verhinderung seines Versuches dar, die pädagogischen Normen in der Weise aufzunehmen, daß es die mit ihnen verbundene Frustration verarbeitet. Die konträre Bestimmung, daß ein Spiel ausgelöst wird, damit das Kind Vernichtungsängste bearbeiten kann, in dem es wie die mächtigen Erwachsenen handelt und damit den Unterlegenheitsabstand ihnen gegenüber für die Spieldauer durchbricht[59a], soll am von uns beobachteten Spiel des 2jährigen C. demonstriert werden. Dieses Spiel eignet sich unseres Erachtens besonders gut als Beleg für die These, daß dem agierenden Spiel frühere Formen der Frustrationsbearbeitung vorausgehen, die etwa in der Kleinschen psychoanalytischen Schule als phantasiemäßige behauptet werden. C. ist ein äußerst schmerzunempfindliches Kind, selbst erhebliche Verletzungen mit starken Blutungen werden fast niemals mit Schreien oder Weinen bearbeitet.

frühere projiziert wird und damit die jeder Theoriebildung zusetzenden Schwierigkeiten, deren Inhalte zu präzisieren, nicht zu lösen vermag. Auf diese Gefahr hat vor allem E. Glover in *Psychoanalytic Study of the Child*, 1945, S. 75 f., aufmerksam gemacht. (Siehe zur Klein-Debatte auch D. Wyss, *Die tiefenpsychologischen Schulen von den Anfängen bis zur Gegenwart*, Göttingen 4. Auflage, 1972, S. 138 ff.)

59a Wiederum von ihrer affektiven Bedeutung entblößt, finden wir auch in der sowjetischen Theoriebildung Formulierungen, die sich mit unserer Bestimmung sehr gut vereinbaren lassen: »Wir wissen bereits, wie die Spielhandlung des Kindes entsteht: Sie entspringt dessen Bedürfnis, nicht nur mit den ihm zugänglichen Dingen umzugehen, sondern in den viel größeren Bereich der Gegenstände einzudringen, mit denen sich die Erwachsenen beschäftigen. Das Kind wünscht, wie ein Erwachsener fähig zu sein und Handlungen zu vollziehen, die es bei erwachsenen Menschen gesehen oder von denen man ihm erzählt hat.« Vgl. A.N. Leontjew, a.a.O., S. 312.

Die häufigste Situation, die Weinen und Schreien auslöst, ist bei dem rein körperlich schmerzlosen Vorgang des Zubettlegens gegeben, der damit endet, daß der Erwachsene ihn allein in einem verdunkelten Zimmer zurück läßt. Es kann bereits als eine Bearbeitung dieses extremen und typischen Ausgeliefertseins gelten, daß der erste selbständig gebildete Satz dieses Jungen lautete: »Kind weint.« Er bildete diese Wortkombination im Alter von 24 Monaten bei der Beobachtung eines fremden weinenden Kindes. An diese Beobachtung schloß sich ein Spiel an, das meistens – mangels anderer Gelegenheit – auf Spazierwegen abläuft. C. macht sich an ein fremdes Kind heran, schaut ihm durchaus freundlich ins Gesicht, versucht es dann plötzlich umzuwerfen (hinzulegen), um dann auf jeden Protest des betroffenen Kindes mit dem freudigen Ausspruch »Kind weint« zu reagieren. Eine Episode aus der Zeit, in der dieses Spiel häufig auftrat, kann als Indiz für die These der Bearbeitung eigener Vernichtungsängste herangezogen werden. Bei einem Spaziergang an der See mit Mutter und Großmutter hatte der kleine C. nach dem Passierenlassen zweier Kinder, die ihm offensichtlich zu kräftig erschienen, wieder ein Spielopfer ausgemacht, war auf diesen Jungen zugerannt, hatte ihn angerempelt und auf dessen Erschrecken hin ausgerufen: »Kind weint!« Die Mutter fand das Spiel ihres Sohnes – trotz seiner Ungehörigkeit drollig und griff es durchaus unbedacht in der Weise auf, daß sie ihrem schmerzunempfindlichen Sohne mit zwei Fingern auf den Kopf tippte und anschließend sagte: »Kind weint.« Die Reaktion des kleinen C. bestand in einem langen anklagenden Geschrei und Gejammer, er flüchtete sich in die Arme der Großmutter, wiederholt die Worte ausstoßend: »Mama haun«, was bedeutete: die Mama hat mich gehauen. Da der Junge niemals geschlagen wird und auch vom Antippen des Kopfes allein seine dramatische Reaktion nicht ausgelöst sein kann, wird hier deutlich, daß die Vernichtungsängste nicht aus tatsächlicher Vernichtungsdrohung stammen und damit völlig manipulierbar wären, sondern aus der Unterlegenheitskonstellation erwachsen. Diese ist sofort präsent, wenn er in der Aufnahme des Spiels durch die Mutter in eben die Lage gerät, die im Spiel dadurch verarbeitet wird, daß er ganz handfest andere Kinder in diese Lage bringt.

Diese Interpretation läßt sich untermauern mit einer Beobachtung bei einem vergleichbaren ›Kind-weint‹-Spiel mit der 5jährigen Schwester. Dieser wird ins Auge geschlagen. Sie weint. C. beobachtet sie interessiert und sagt: »Kind weint.« Nun tritt die Mutter hinzu und beginnt die Schwester zu trösten. In diesem Moment verändert C. seinen interessierten Beobachterstatus zu einem lauten, die Schwester noch übertönenden Schreien und Wehklagen, das nur durch intensive Tröstung seiner Person gewendet werden kann und schließlich dazu führt, daß er die Schwester streichelnd zu versöhnen trachtet. Erst das Auftauchen der in seiner Wahrnehmung übermächtigen Mutter, die seinem Handeln dadurch Bedeutung verleiht, daß das Opfer besorgt getröstet wird, löst die Vergeltungsängste aus, die ja gerade aus anderen Zusammenhängen stammend mit dem »Kind-weint«-Spiel bewältigt werden wollen. Die Tröstung des Opfers erweist sich mithin als ein Spieleingriff für den kleinen C., der zwar im Interesse der Schwester gerechtfertigt ist, aber den Spielmechanismus natürlich nicht außer Kraft setzen kann.

An diesem Beispiel wird deutlich, daß die Bearbeitung der aus Unterlegenheit rührenden Vernichtungsängste dann erleichtert wird, wenn das Kind selbst wiederum ihm Unterlegene als ›Opfer‹ zur Verfügung hat. Soll sich ein Kind optimal entwickeln, dann zahlen oft andere Kinder dafür den Preis in Form eigener Spielbeeinträchtigungen und daraus erwachsender Entwicklungsbehinderung. Die empirischen Forschungen über den Zusammenhang von intellektuellen Fähigkeiten und den Beziehungen eines Kindes zu anderen Menschen belegen recht deutlich, daß ein Kind, welches mit mehreren Erwachsenen Kontakt hat, von denen es informationsreiche Eindrücke erhält, und das zugleich – ohne selbst Opfer anderer Kinder zu sein – über ein schwächeres Kind verfügt, welches es für die Bearbeitung der Eindrücke instrumentalisieren kann, relativ günstige Entwicklungschancen hat.[60] Leben nun die Kinder – wie im Kindergarten – in einem Kollektiv von Gleichaltrigen, dann reduzieren sich nicht nur für alle die informationsreichen Eindrücke von Erwachsenen, sondern die allgemeine Verschlechterung der Entwicklungs-

60 Vgl. R.B. Zajonc, a.a.O., S. 43.

chancen verschärft sich noch für diejenigen Kollektivmitglieder, die zu Opfern der stärkeren Spieler des Kollektivs werden.[61] Der Erzieher steht nun in dem Dilemma, allen Kindern Gerechtigkeit widerfahren lassen zu müssen und dennoch der Forderung nach der bestmöglichen Entwicklung jedes einzelnen Kindes zu genügen. Die bloße Herstellung von Gerechtigkeit stellt dabei zweifellos einen hoch akzeptierten Wert dar. Sie ist aber keineswegs identisch mit der günstigsten Entwicklung jedes einzelnen Kindes. Um dieser gerecht zu werden, müßte der Erzieher selbst versuchen, sich als unterlegenes ›Opfer‹ anzubieten. Diese Möglichkeit ist allerdings nicht nur durch die Größe des Kollektivs und den enormen psychischen Aufwand, den die Opferposition vom Erwachsenen fordert, sondern auch durch die unaufhebbare Überlegenheit des Erwachsenen immer erschwert.

An der weiteren Fortführung des »Kind-weint«-Spiels, das außerhalb eines Kollektivs und mit einem pädagogisch Unterwerfungsbereiten abläuft, wird dies ganz deutlich. Der $2^{1}/_{3}$ Jahre alte C. stößt auf einmal die Großmutter an, wie er es sonst mit kleineren Kindern getan hat. Die Großmutter macht aus dieser ernsten Attacke ein Spiel, indem sie sich hinfallen läßt. Offensichtliche Vergeltungsängste hindern C. aber daran, sich dieses Erfolges zu erfreuen. Mit erschrecktem Gesichtsausdruck über die hingefallene Großmutter wirft er sich in gleicher Haltung zur Erde und produziert noch einige Verlegenheitsgesten. An diese Episode schließt er ein Spiel an: Er tippt die Großmutter an, sie läßt sich – nun aber von ihm erwartet – fallen, und er geht sogleich in identischer Haltung ebenfalls zu Boden.

Wenn wir nun zur Spieleingriffspädagogik sowjetischer Prägung zurückkehren, so können unsere Beispiele auf den Preis verweisen, den eine solche Pädagogik – entgegen ihren Intentionen – zahlen muß. Sie verweisen aber auch darauf, daß der bloße Eingriffsverzicht, wie wir ihn querstehend zur herrschenden sowjetischen Theoriebildung ebenfalls – allerdings ganz unvermittelt – gefordert finden, noch als Verharmlosung der Probleme einer Kollektiverziehung erscheint. So heißt es bei Ussowa: »Die sowjetische Pädagogik und Psychologie

61 Ein typisches, aber unproblematisiertes Beispiel für die Sanierung eines Kindes auf Kosten anderer findet sich bei I. Launer, a.a.O., S. 108.

betrachten das Spiel als eine Tätigkeit, in der sich nicht nur die Persönlichkeit des Kindes äußert, sondern auch entwickelt. Hierbei sind diejenigen Spiele gemeint, die keine fertige Form, keinen fertigen Inhalt und keine fertigen Spielregeln haben. Die Kinder denken sich selbst den Inhalt solcher Spiele aus und entwickeln sie selbst.«[62]

Bemerkenswert an dieser Formulierung, die sehr viel jüngeren Datums als die anderen behandelten spieltheoretischen Arbeiten und vielleicht aufschlußreich für die Veränderung in der aktuellen sowjetischen Pädagogik – so wird von »freien Spielen« gesprochen – ist, erscheint die Tatsache, daß an der gleichen Stelle Makarenko zustimmend resümiert wird: »Die Spiele der Kinder [sind] so zu leiten, daß dabei arbeitsmäßige Anstrengungen gemacht werden, physische und psychische, ohne die das Spiel keine echte Erziehungsbedeutung haben kann. Das Spiel bleibt Spiel, doch dabei werden diejenigen verschiedenen Fertigkeiten anerzogen, die für die Arbeit notwendig sind.«[63]

Diese auffällige Versammlung einander widersprechender Einschätzungen des pädagogischen Umgangs mit dem Kinderspiel – obwohl Makarenko in Wirklichkeit ältere Kinder gemeint haben dürfte – kann u. E. als Ausdruck der noch in Gang befindlichen Suche nach einer zureichenden Spielerklärung gelten. Selbst bei Leontjew, der gern als Vertreter einer fertigen richtigen Theorie bemüht wird, lesen wir die Deutung eines von Tolstoi berichteten Spieles, die ebenfalls auf die Funktion des Spieles als Dennoch-Realisierung kindlicher Bedürfnisse verweist: »Für die Kinder ist nur das von ihnen geschaffene Phantasiebild von Wert; es ruft aufregende und angenehme Gefühle hervor und wird dieser inneren Erlebnisse wegen entfaltet. Das Motiv liegt nun im Produkt; aus dem Spiel ist das Traumbild entstanden.«[64] Und bei dem häufig zitierten Spieltheoretiker Elkonin heißt es: »Während des Spiels entstehen Wünsche. Diese sind hauptsächlich auf verlockende Gegenstände gerichtet, die dem Kind nicht zur Verfügung stehen«.[65] Bei Rubinstein finden wir – ganz gegen

62 A.P. Ussowa, a.a.O., S. 70.
63 A.a.O., S. 69.
64 A.N. Leontjew, a.a.O., S. 324.
65 D.B. Elkonin, a.a.O., S. 73.

verkürzte Widerspiegelungskonzepte – das mit Phantasietätigkeit verbundene Spiel von Kindern und Erwachsenen, welches eine Tendenz und Forderung nach Umwandlung der umgebenden Wirklichkeit ausdrückt: »Die Fähigkeit, in den Bereich der Phantasie überzugehen und darin die Handlung aufzubauen, die [. . .] Voraussetzung des Spiels ist, ist gleichzeitig auch sein Ergebnis. Diese Fähigkeit, die für die Entwicklung des Spiels notwendig ist, formt sich auch im Spiel. [. . .] Die Frage nach der Realität der Gefühle, Wünsche und Absichten im Spiel ruft naturgemäß Zweifel hervor. Sind es nicht Gefühle, Wünsche, Absichten, die nur einer Rolle zukommen, die der Spielende ›aufführt‹ und nicht seine eigentlichen, sind es für das Kind nicht eingebildete, unreale, unechte Gefühle? Die Gefühle, Wünsche und Absichten, die der Rolle entsprechen, die der Spielende durchführt, sind *seine* Gefühle, Wünsche und Absichten, insofern, als er sich mit der Rolle, in der er sie unter neuen, phantasiemäßigen Bedingungen erlebt, identifiziert. Eingebildet sind nur die Bedingungen, unter die er sich in Gedanken stellt, aber die Gefühle, die er unter diesen Phantasiebedingungen erlebt, sind *echte* Gefühle, die er *real* erfährt.«[66]

Wygotski kommt in seinem lange unzugänglichen Text der psychoanalytischen Spieldeutung am nächsten. Insofern kann er nicht in jeder Aussage mit der herrschenden sowjetischen Psychologie gleichgesetzt werden. Er erklärt, »daß das Schaffen der fiktiven Situation kein zufälliges Faktum im Leben des Kindes darstellt, es bewirkt vor allem die Emanzipation des Kindes aus der Befangenheit in der Situation. Das erste Paradoxon des Spiels besteht darin, daß das Kind mit einer losgelösten Bedeutung operiert, jedoch in einer realen Situation; das zweite darin, daß das Kind im Spiel auf der Linie des geringsten Widerstandes handelt, d. h. es tut das, wozu es am meisten Lust hat, so daß das Spiel mit Vergnügen verbunden ist.«[67]

Wir sehen, daß die vorherrschende Position der sowjetischen Spieltheorie das Freispiel und das von äußeren Regeln gelenkte Spiel prinzipiell miteinander zu identifizieren sucht und

66 Vgl. S.L. Rubinstein, a.a.O., S. 731.
67 Vgl. L.S. Wygotski, a.a.O., S. 30.

deshalb die Regelung auch des Freispiels nicht ausdrücklich abweisen kann. Wir finden aber auch fast alle Einsichten, die das Freispiel als notwendige Verarbeitung der psychischen Beeinträchtigung bei der Realitätsaneignung ausweisen. Während also der Spieleingriff der sowjetischen und der DDR-Pädagogik kaum besser begründet ist als mit der alten Formel »Kind, so spielt man nicht«, liegen doch unsystematisiert schon die Kenntnisse vor, die es erlauben, den Spieleingriff als Beschädigung des Kindes zu werten.

An einem typischen Kinderspiel – dem Arztspiel – wollen wir zeigen, wie die sowjetischen Autoren gezwungen sind, wirkliche Spielmomente zu vernachlässigen, um mit ihrer theoretischen Grundannahme, daß das Kind spiele, um die Verrichtungen der Erwachsenen korrekt nachzuahmen und so sich anzueignen, recht zu behalten. Dieses Beispiel ist bei fast allen Spieltheoretikern erörtert worden und erlaubt deshalb nachzuvollziehen, wie der Anlaß des Kinderspiels – nämlich beeindruckt oder bedroht zu sein – aus der theoretischen Darstellung verschwindet und schließlich die Pädagogik des Spieleingriffs nicht mehr abgewiesen werden kann. Der Nachweis dieser Realitätsunterschlagung in der Theorie könnte auch damit geführt werden, daß von den sowjetischen Autoren bestimmte Spiele nie erwähnt werden, die jedem Beobachter von Kindern bekannt sind. Dem könnte allerdings entgegengehalten werden, daß sowjetische Kinder »andere Themen«[68] spielen, als sie in »ausländischen Konzeptionen«[69] zur theoretischen Erörterung gelangen.

1920 deutet S. Freud ein Arztspiel: »Man macht auch die Beobachtung, daß der Unlustcharakter des Erlebnisses es nicht immer für das Spiel unbrauchbar macht. Wenn der Doktor dem Kind in den Hals geschaut oder eine kleine Operation an ihm ausgeführt hat, so wird dies erschreckende Erlebnis ganz gewiß zum Inhalt des nächsten Spieles werden, aber der Lustgewinn aus anderer Quelle ist dabei nicht zu übersehen. Indem das Kind aus der Passivität des Erlebens in die Aktivität des Spielens übergeht, fügt es einem Spielgefährten das Unangenehme zu, das ihm selbst widerfahren war, und

68 Vgl. D.B. Elkonin, a.a.O., S. 43.
69 A.a.O., S. 42.

rächt sich so an der Person dieses Stellvertreters«.[70]

Wygotski (1933) verzichtet zwar auf eine Kennzeichnung wie »erschreckendes Erlebnis«, berichtet das Arztspiel aber ähnlich wie Freud: »Kaum hat der Doktor seinen Hals angeschaut, ihm wehgetan, es aufgeschrien, der Doktor sich entfernt, so nimmt es schon den Löffel, um mit ihm in den Mund der Puppe zu fahren«.[71] Dieses Spielmaterial ist mithin nicht überinterpretiert, wenn man sagt, das Kind bewältigt eine angstmachende Situation.[72]

Leontjew (1944) berichtet ebenfalls das dem Arztspiel vorausgehende Erlebnis, vermeidet aber einen Anklang an kindliche Ängste: »Beeindruckt durch die Pockenschutzimpfung spielen die Kinder ›Impfen‹. Sie reiben die Haut mit Spiritus ab, machen einen ›Einschnitt‹ und tragen den ›Impfstoff‹ auf. Sie handeln, wie das in Wirklichkeit geschieht.«[73] Hier wird schon so formuliert, daß die These von der nüchternen Realitätsaneignung durchs Spiel gestützt werden kann. Immerhin ist noch zugestanden, daß die Kinder durch die Pockenschutzimpfung »beeindruckt« sind. Da aber ihre Reaktionen beim Geimpftwerden nicht mitberichtet werden, kann der Leser annehmen, daß die Kinder das Impfen z. B. nur beobachtet haben und aus einem reinen Lerninteresse nachspielen. Die Darstellung des Spiels ist mithin so unscharf gehalten, daß sie der Theorie nicht auf den ersten Blick widerspricht.

Bei Elkonin (1965) schließlich ist von einem Erlebnis, das dem Arztspiel vorangeht, keine Rede mehr. Bei ihm heißt es nur noch: »Identifiziert sich ein Kind mit einem Arzt, dann muß es unbedingt einen Patienten abhorchen, in seinen Hals schauen oder ihm eine Spritze verabreichen. Ein Kind, das die Handlungen eines Erwachsenen nachgestaltet, braucht dabei

70 S. Freud, *Jenseits des Lustprinzips,* a.a.O., S. 15. Es könnte sein, daß bei dem Arzt-Spiel auch Kinder eifrig mittun, die nicht geimpft oder gespritzt oder operiert wurden – ihr Spielgewinn wäre dann nicht die Angstbewältigung aus dem ärztlichen Eingriff, sondern müßte anders gedeutet werden. Für sie könnte sich das Arzt-Spiel als »typisches Doktorspiel« darstellen, in dem Verrichtungen beim Arztbesuch (Ausziehen, Anziehen etc., Spritze geben) der Deckmantel für das Ausleben sexueller Bedürfnisse sind, die in der Nicht-Spiel-Realität keine Zulassung finden.

71 L.S. Wygotski, a.a.O., S. 35.

72 Diese Aussage darf nicht als prinzipielle Bestimmung, daß ein Arztbesuch angstmachend sein müsse, genommen werden. Die Begegnung eines Kindes mit einem Arzt läßt sich durchaus so organisieren, daß sie ihren Schrecken verliert.

73 Vgl. A.N. Leontjew, a.a.O., S. 312 (Hervorhebung durch die Verfasser).

einerseits seine Spielpartner und andererseits bezieht es Gegenstände in sein Spiel ein. [...] Um die Handlungen eines Arztes nachzugestalten, sind ein Thermometer und ›Spritze‹ erforderlich.«[74] An anderer Stelle wird dieser Vorgang resümiert: »Das Kind übernimmt im Spiel allgemein die Rolle z. B. eines Arztes. Die allgemeine Art der Rolle und demzufolge auch die allgemeine Art der Regel tragen dazu bei, diese bewußt zu erfassen.«[75] Hier finden wir nun die Bestimmungen vereint, die den Spieleingriff nahelegen. Eine Rolle ist beliebig, wird z. B. gewählt und kann durch eine andere einfach ersetzt werden. Das Spiel dient exakter Nachahmung, dem bewußten Aneignen einer nützlichen Erwachsenentätigkeit. Lediglich das Wörtchen »identifiziert« verrät noch, daß irgend etwas passieren muß, damit ein Kind eine bestimmte Rolle ergreift. Es schließt aber nicht aus, daß dies durch Zureden des Erziehers geschehen kann.

Bei der Umsetzung der Theorie in die pädagogische Praxis durch I. Launer wird denn auch nur noch der reine Spielablauf berichtet: z. B. »nahmen die Kinder die Schachteln mit den Spielattributen für das Doktorspiel, gingen damit in den Erker, zogen sich einen weißen Kittel an, legten die Instrumente auf den Tisch und warteten darauf, daß irgendein Patient kommt, um sich behandeln zu lassen.«[76] Es kann der Eindruck entstehen, als werde das Kinderspiel durch einen Koffer mit Arztutensilien ausgelöst: also durch ›Spielzeug‹. Eine Konzeption, die durch Darreichen von Spielzeug und Vorschreiben seiner ›sinnvollen‹ Verwendung die kindliche Persönlichkeit höchstmöglich zu entwickeln glaubt, erscheint dann nur konsequent. Lediglich der Hinweis, daß »eine Reihe von Spielthemen [...] immer wiederkehrten«[77], und daß es sich dabei um »traditionelle Spielthemen [...] wie Verkäuferin, Friseur, Arzt u. ä.«[78] handelt, kann den Leser noch auf den Gedanken bringen, daß die Spiele an wirkliche Erlebnisse der Kinder anknüpfen. Diese Verknüpfung lebt aber bereits von der Erfahrung, wie beeindruckend Ärzte, Friseure und Ver-

74 D. B. Elkonin, a.a.O., S. 44 f.
75 A.a.O., S. 74.
76 I. Launer, a.a.O., S. 80.
77 A.a.O., S. 87.
78 A.a.O., S. 101.

käufer mit kleinen Kindern umgehen können: eine Annahme von berechtigten kindlichen Ängsten, die in der sowjetischen und der DDR-Theorie des Kinderspiels fehlt und nur in Termini des Alltagsbewußtseins zugestanden wird. So finden sich in Beobachtungsbögen für Kindergartenkinder Fragen wie: »Hat sie Angst?«[79]

2. Warum für die sowjetischen Autoren eine vollendete Spielpädagogik erst mit Kindern der ›Regelspielphase‹ gelingen kann

Wir können resümieren, daß die sowjetische Theorie des Freispiels (Rollenspiels) die zugleich herrschende Pädagogik des Spieleingriffs nicht als schädlich zurückweisen kann, weil ihre Konzeption der Realitätsaneignung durch Nachspielen von Verrichtungen der Erwachsenen lediglich zur Wissensvermittlung etwas aussagt, die psychische Bedeutung des Freispiels aber nicht einschätzen kann.

In den theoretischen Aufsätzen fanden wir dennoch Hinweise darauf, daß die Freispiele affektive Qualität[80] haben, und sogar vereinzelt[81] Warnungen vor ihrer Manipulation. Als zentrale theoretische Aussage zur Legitimation einer Regelung der Freispiele diente die behauptete prinzipielle Gleichartigkeit der Frei- und Regelspiele, die den Kindern auferlegt, von ihnen aber auch gerne angenommen werden. Eine theoretisch wirklich abgesicherte Spiellenkung gibt es also nur für Regelspiele. Diese waren ja durch eine äußere Regel definiert, d. h. der Spielablauf schien – als den Kindern äußerlicher – ihnen vorgegeben werden zu müssen. Vom Freispiel war erst herauszufinden, daß es ebenfalls einer Regel folge, die zwar von innen wirke, also dem Kind nicht vorgeschrieben werden müsse, aber doch mit den Regeln, die das nachgespielte Erwachsenenverhalten kennzeichnen, identisch sei.

Der Pädagoge kann dann schließen: Wenn ohnehin eine Regel da ist, dann ist es meine Aufgabe, ihre Richtigkeit zu überwachen. Da der Erzieher die innere Regel nicht beobach-

79 Vgl. S. Franz, a.a.O., S. 100.
80 Vgl. etwa D.B. Elkonin, a.a.O., S. 57.
81 Vgl. A.P. Ussowa, a.a.O., S. 70.

ten kann, jedoch die theoretische Versicherung erhalten hat, daß sie mit der ihm bekannten Regel des Erwachsenenverhaltens identisch sein muß und Nichtidentität Resultat »falscher Erziehung« ist, also in seine Kompetenz fällt, sorgt er durch Spieleingriff für diese Identität.

Der Spieleingriff erscheint als stark reduzierte Variante der voll legitimierten Regelvorgabe und lebt theoretisch selbst vom Abglanz dieser Legitimation. Wie wir noch sehen werden, ist aber auch die volle theoretische Legitimation der Vorgabe von Regelspielen nicht vorab Ausdruck eines zureichenden Verständnisses des Spiels wenigstens auf seiner Regelstufe, sondern nicht viel mehr als das erleichterte Aufatmen über das aus der Erfahrung stammende Wissen, daß Kinder ab einem bestimmten Alter Spielregeln leichter einzuhalten bereit sind; und tatsächlich wird der Übergang auf diese Stufe biologistisch aus der Alterszunahme der Kinder erklärt. Das Sichbegnügen mit dieser Korrelation verstellt eine weitere Möglichkeit der Erklärung des Regelspiels. Dennoch finden sich sogar in den Aussagen über das Regelspiel wiederum unberücksichtigte Hinweise darauf, daß der Übergang vom Freispiel zum Regelspiel nicht ein schlichtes Resultat des Alters, sondern ein affektiv bedeutsamer Vorgang ist, dessen Verständnis die von uns herausgestellte Bestimmung des Spiels als unerläßliches Mittel psychischer Stabilisierung, als Verfahren zur agierenden Bearbeitung von Vernichtungsängsten, bestätigt. Schauen wir uns nun die auch beim Regelspiel auftretenden Uneinheitlichkeiten der sowjetischen Theoriebildung an. Bei Elkonin finden wir noch – entsprechend der Auffassung einer Veränderung des Spielverhaltens durch Alterszunahme – eine Tabelle, aus der hervorgeht, daß Spiele mit Regeln ohne Thema und Sportspiele nur von 7% der 3- bis 4jährigen, aber von 68% der 7jährigen Kinder gespielt werden.[82] Auch Leontjew vermag zum Regelspiel nicht mehr zu sagen, als daß seine Voraussetzung in der Fähigkeit des Kindes besteht, »sich der Regel unterordnen [zu] können.«[83] Seine Frage: »Warum entstehen Regelspiele erst auf einer bestimmten Entwicklungsetappe?«[84] vermag er nur tautologisch zu

82 Vgl. D.B. Elkonin, a.a.O., S. 69.
83 Vgl. A.N. Leontjew, a.a.O., S. 322.
84 A.a.O., S. 319.

beantworten, nämlich damit, daß »in diesen Spielen [. . .] nicht die Rolle und nicht die Situation, sondern die Regel und die Aufgabe festgelegt«[85] sind. Woher die Fähigkeit, also auch die Bereitschaft der Kinder rührt, »sich bestimmten Bedingungen unterzuordnen«[86], bleibt unproblematisiert. Lediglich bei Wygotski finden wir Hinweise, daß die Kinder auf einer bestimmten Entwicklungsstufe sich nicht nur einer Regel unterordnen können, sondern dies mit Lust tun: »Gewöhnlich erfährt das Kind die Unterordnung unter die Regel als Verzicht darauf, wozu es Lust hat, während hier die Unterordnung unter die Regel und der Verzicht auf eine Handlung nach dem unmittelbaren Impuls den Weg zum höchsten Vergnügen darstellen.«[87] »So erscheint als das Wesensmerkmal des Spiels die zu Affekt gewordene Regel. ›Die zu Affekt gewordene Idee, der in Leidenschaft verwandelte Begriff‹ – lautet der Prototyp dieses Ideals von Spinoza im Spiel, der das Reich der Willkür und Freiheit ist. Die Befolgung der Regel erscheint als Quelle von Vergnügen. Die Regel siegt als stärkster Impuls.«[88]

Hier ist zumindest angedeutet, daß Regelspiele für die Kinder eine Lösung affektiver Konflikte bringen können, die durch »Leidenschaft« gekennzeichnet sind, und daß diese Konfliktlösung selber mit Lustgewinn gelingen kann. Welche Leidenschaft wird nun zu einer solchen Bedrohung, daß sie durch die Unterwerfung unter eine Regel ersetzt werden muß? Die Antwort, die in psychoanalytischen Deutungsversuchen gegeben wird, stimmt prinzipiell mit derjenigen überein, die auch für die Aufnahme von Freispielen gegeben wird: die Frustration von Bedürfnissen, die inzwischen eine solche Stärke erreicht haben, daß die Aufnahme eines Lebens, wie es die Erwachsenen führen, möglich scheint und dennoch versagt wird. Das Kind z. B., dessen Sexualität weit entwickelt ist, kann im engen Umkreis der Familie ihre Befriedigung nur mit den erwachsenen Familienpartnern anstreben. Dabei gerät es in die Konkurrenz mit dem jeweiligen erwachsenen Partner des angestrebten Liebesobjektes, der allemal überlegen bleibt.

85 A.a.O., S. 322.
86 A.a.O., S. 322.
87 L.S. Wygotski, a.a.O., S. 31.
88 A.a.O., S. 31.

Die auf seine Beseitigung gerichteten kindlichen Wünsche, die häufig als offene Vernichtungsabsichten formuliert werden, verwandeln sich in der Projektion – daß ihm vom Konkurrenten eben das geschehen könne, was diesem zugedacht ist – in ebenso starke Vernichtungsängste. Ohne daß der als Konkurrent empfundene Partner des erwachsenen Liebesobjektes das Kind wirklich bedroht, steigert sich über den Projektionsmechanismus seine Angst, je stärker es dessen Beseitigung wünscht, um die Liebesbeziehung realisieren zu können. Die Stärke seiner Angst ist also eine Folge seiner eigenen bis dahin erworbenen Triebstärke sowie der daraus resultierenden Stärke der Beseitigungswünsche und ist deshalb von den Erwachsenen durch bloße Freundlichkeit nicht zu besänftigen.

An der Lösung der Angst muß das Kind selber arbeiten. Das wird in der Weise versucht, daß es sichtbar zum Ausdruck bringt, in eine geregelte Beziehung gar nicht einbrechen zu wollen, überhaupt jemand zu sein, der Regeln tadellos einhält, und den man deshalb ungeschoren davonkommen lassen kann. Wiederum über den Mechanismus der Projektion zeigt das Kind: Nun, da ich keine Regel verletzte, wird auch an mir niemand Regelverletzungen vornehmen. Daß dabei die Angst vor Regelverletzung im wahrsten Wortsinne verspürt wird als Verletzung der eigenen körperlichen Intaktheit, die man ja beim Konkurrenten beeinträchtigen will, erklärt erst die Entschlossenheit, die Regel nicht zu verletzen. Das von Wygotski gesehene Vergnügen bei der Einhaltung der Regel erscheint daher als das Vergnügen, von einer schweren Angst befreit zu sein, also ›unbeschwert‹ weiterleben zu können. Vor allem Peller hat in ihrer Deutung der Regelspiele, die sie in psychoanalytischer Terminologie »postödipale« nennt, zu zeigen gesucht, wie der Schutzmechanismus des Regelspiels funktioniert, und insbesondere die Rolle der Altersgenossen, mit denen dann »gespielt« wird, für die Gewinnung eines neuen Sicherheitsgefühls hervorgehoben.[89]

Das Regelspiel kann allerdings nicht nur in seiner Verteidigungsfunktion gesehen werden. Da die Regel außerhalb der

89 Vgl. dazu L.E. Peller, *Das Spiel im Zusammenhang der Trieb- und Ichentwicklung*, in: Günther Bittner und E. Schmid-Cords (Hg.), *Erziehung in früher Kindheit*, München 1968.

Individuen festmachbar ist, erlaubt sie auch einen Kontrollzuwachs der Kinder gegenüber den Erwachsenen. Können diese die Regeleinhaltung fordern, so kann das Kind eine Regelverletzung durch den Erwachsenen gegenüber all denjenigen denunzieren, denen diese Regel bekannt ist, und hat so – wenigstens teilweise – den mächtigen Erwachsenen in seine Schranken verwiesen. Insofern bleibt auch für das Regelspiel die allgemeine Bestimmung des Spiels als ein Weg der Angstbewältigung und der Verringerung von Übermacht erhalten.

Im gesamten Kulturkreis, in dem die Sozialisation durch patriarchalische Familien erfolgt, hat man sich der im Regelspiel sich ausdrückenden Anpassungsbereitschaft durch das gleichzeitige Einsetzen des organisierten Lernens (Schulpflicht etc.) bedient. Zugleich ist die Formel ›verspielt‹, also noch nicht auf der Höhe des gruppenorientierten Regelverhaltens zu sein, zum Unterscheidungskriterium für »schulreif« oder »noch nicht schulfähig« geworden. Daß die Kinder diese Stufe nur um den Preis der Verdrängung von Phantasien, die sie zum Zweck der Erlangung der Liebespartner zu größtem Einfallsreichtum beflügelt haben, erreichen, ist fast niemals bewußt geworden. Im Gegenteil hat man sich der Bereitwilligkeit der Kinder, sich gegenseitig ohne Eingriff des Erziehers zu kontrollieren, stets gern bedient. Was als Disziplin gerühmt wird, erscheint nun als Ausdruck der unbewußten Angst, mitgefährdet zu sein, wenn einer aus der Gruppe Regeln bricht und den psychischen Schutzwall einzureißen droht.

Erst der doppelte Prozeß der Familienauflösung durch Verlohnarbeiterung und des Bedarfszuwachses an nur frühkindlich erwerbbaren Fähigkeiten wie Kreativität und Flexibilität nötigt zum planmäßigen Ausdenken von Sozialisationsformen, die zur Regelüberschreitung, zum »Ungehorsam« und zum Einfallsreichtum führen, wofür bisher allerdings kein zureichendes Modell gefunden worden ist. Zwar gibt es Vorstellungen, wie der ödipale Konflikt, der schließlich zu rigider Regelbefolgung gewendet wird, zu entschärfen wäre; fraglich ist aber, ob die in der patriarchalischen Familie herstellbare Triebstärke als ›ökonomische‹ Voraussetzung späterer Konfliktstärke und ihrer kulturträchtigen Bearbeitung durch gesellschaftliche Lohnerziehungsinstitutionen wie Krippen etc.[90] ebenfalls zureichend geschaffen werden kann.

3. Wie man über die Spielzerstörung an Erwachsenen die Beeinträchtigung der Kinder durch die Spieleingriffspädagogik besser verstehen kann

Bevor wir dazu übergehen, nach einer Erklärung zu suchen, weshalb die Pädagogik des Spieleingriffs, die wir in der publizierten Form als Spielzerstörung werten müssen, aufkommen kann, wollen wir an exemplarischen Verhaltensweisen, die beim Erwachsenen die psychischen Funktionen des Spiels übernehmen, die Wirkungen des Spieleingriffs verständlich machen.

Wenn wir unsere eigene Frustration und Betroffenheit, die uns ununterbrochen begegnet, ebenfalls als Spielzerstörung aufklären können, werden wir eine Pädagogik des Spieleingriffs bereits beim Kleinkind vielleicht sehr viel zurückhaltender befürworten, als wir es im Umgang mit Kindern, die wir für von uns so sehr verschieden halten, zu tun geneigt sind. Wälder, der als erster 1932 die verstreuten Aussagen psychoanalytischer Autoren zum Kinderspiel in einem Aufsatz versammelt hat, führt mehrere Beispiele auf, wie der Erwachsene ›spielt‹, ohne sich deswegen an Gegenstände oder bestimmte dramatische Konstellationen anlehnen zu müssen. Die Freudsche Bestimmung, daß das Spiel Phantasietätigkeit in Aktion sei, kommt dabei deutlich zum Ausdruck: »Das einfachste Beispiel mag sein, wenn ein Erwachsener, der etwas zu Schweres erlebt hat, durch eine Zeit hindurch – manchmal auch dauernd – sich immer wieder in Gedanken mit dem Erlebnis beschäftigen oder immer wieder davon sprechen muß. [. . .] Auch die Trauer [. . .] vollzieht sich [. . .] unter der Herrschaft des Wiederholungszwangs, das verlorene Objekt kehrt in

90 Zur Beeinträchtigung der Triebstärke durch frühkindliche Kontaktreduzierung in Form kollektiver Heimerziehung vgl. R.A. Spitz, *Hospitalismus I* und *Hospitalismus II*, sowie *Die anaklitische Depression*, in: Günter Bittner und E. Schmid-Cords, *Erziehung in früher Kindheit*, München 1968. Allgemeiner zur Herausbildung derjenigen Triebstärke, die Sublimierung erst möglich macht, vgl. R.A. Spitz, *Ein Nachtrag zum Problem des Autoerotismus*, in Psyche XVIII. Jahrgang, 5. Heft, August 1964.

Gedanken immer wieder, erneute Anfälle unbefriedigter Sehnsucht sind immer erneut schmerzvoll. Und in dieser sich ständig wiederholenden Wiederkehr des schmerzlichen Erlebens spielt sich zugleich beim Ablauf der normalen Trauer eine allmähliche Assimilation ab. Der Affekt klingt allmählich ab.«[91]

Auch die Beeinträchtigung der Redefreiheit – gleichgültig, welchen politischen Zielen sie dient – wird immer als Unterdrückung gespürt, deren psychische Folgen meist noch verschärft werden, wenn das ›Spiel‹, in dem die politische Unterdrückung der Redefreiheit verarbeitet wird – der politische Witz –, ebenfalls verfolgt wird.

Solche phantasiemäßigen Verfahren der Konfliktbewältigung, die dem Wiederholungsspiel ähneln, sind teilweise vor dem Eingriff geschützt, da sie von außen nicht wie ein Spiel beobachtet werden können. Der Wiederholungstraum ist ebenfalls ein Freispiel-Nachfolger, in dem Konflikte bearbeitet werden. Das wiederholte Wecken und damit die Traumunterbrechung als Mittel der Folter, insbesondere um politische Häftlinge zum Reden zu bringen, zeugen von der Kenntnis der Funktion des Traumes als Garant des psychischen Gleichgewichts. Überhaupt stellt die dauerhafte Zerstörung der Traumfunktion mit der Folge von Wahnsinnserscheinungen wohl am extremsten und deutlichsten dar, was die Spielzerstörung bewirken kann.[92]

Wir kennen jedoch auch sehr viel harmlosere Varianten der Spielzerstörung, die uns allen als unangenehm bekannt sind, ohne gleich die ernsten Folgen einer Traumzerstörung nach sich zu ziehen: Wenn uns aus dem Unbewußten eine Melodie in den Sinn kommt, die an ein besonderes Erlebnis gemahnen mag, und wir sie zu pfeifen oder zu singen anfangen, so können wir beobachten, wie wir Pfeifen und Singen abbrechen, sobald ein Mensch in der Nähe unaufgefordert einstimmt. Wir empfinden das als eine Beeinträchtigung, ohne sie dem anderen mit Gründen vorwerfen zu können.

Ähnlich ergeht es mit einer Privatsprache, die wir uns im intimen Umgang angewöhnt haben und in die sich plötzlich

91 Vgl. R. Wälder, a.a.O., S. 191.
92 Vgl. D. Foulkes, *Die Psychologie des Schlafs*, und S. Freud, *Die Traumdeutung*, GW II/III.

einer, der sie mitanhören durfte, kumpanenhaft einhängt. Wir versuchen dann, vor diesem Dritten solche Privatsprache zu meiden. Wir wissen aber auch, wie oft wir uns selbst taktvoll hüten, uns in eine fremde Privatsprache einzuschleichen, und geben damit ein schönes Beispiel für den Verzicht auf einen Spieleingriff, für die ungestörte Gewährung eines Freispiels.

Auffällig ist, daß in der sowjetischen Spieltheorie keine zureichende Vorstellung darüber besteht, was beim Erwachsenen das Kinderspiel beerbt. Lediglich der Schauspieler gilt als eine Person, die das Kinderspiel bewahrt, obwohl doch gerade er sich meist sklavisch an die Vorschriften des Dichters zu halten hat, dessen Produktion dem Kinderspiel allerdings verwandt sein kann. So heißt es bei Rubinstein: Nur die Schauspieler »bewahren das Privileg, das in der Kindheit alle genossen hatten, und erheben es auf eine höhere Ebene, um alle möglichen der Phantasie zugänglichen Rollen zu übernehmen und in ihrer eigenen Tätigkeit ein vielgestaltiges Leben zu verkörpern«.[93] Immerhin erscheint dem Theoretiker hier, da es nun so weit zurückliegt, das Kinderspiel plötzlich als ein Privileg. Vielleicht wird die Pädagogik des Spieleingriffs dadurch verständlicher, daß man sie auch als Beseitigung von Privilegien durch Erwachsene, die sie nicht mehr genießen dürfen, als schlichte Neidreaktion zu deuten versucht.

93 Vgl. S.L. Rubinstein, a.a.O., S. 740.

III. Warum die sowjetische Psychologie und Pädagogik des Kinderspiels sich in den sozialistischen Ländern durchgesetzt haben könnte

Die Kritik einer Theorie und praktischen Pädagogik wäre unzulässig, versuchte sie nicht zu verstehen, warum das Kritisierte und gar das für schädlich Gehaltene vorhanden ist, versuchte sie also nicht, das scheinbar Sinnvolle des Fehlers zu erfassen, um ihn nicht selbst zu wiederholen. Schließlich muß jede Gesellschaft, die angetreten ist, ihre Entwicklung bewußt zu planen, wissen, wie die menschlichen Träger dieser Entwicklung entwickelt werden müssen, soll nicht der ganze Plan scheitern.

In ihrem kindlichen Zustand zeigen diese Träger der gesellschaftlichen Entwicklung Spielinhalte und Verhaltensweisen, die häufig wenig Ähnlichkeit mit denjenigen Tätigkeiten und Verhaltensweisen haben, die man sich vom erwachsenen Erbauer einer sozialistischen – also durchweg mit Bewußtsein zu gestaltenden – Gesellschaft erwartet. Was liegt nun näher, als diesen langen und entwicklungsmäßig bedeutungsvollen kindlichen Lebensabschnitt, der ja getrennt ist von der Welt der Erwachsenen, so zu planen, daß die zur Verfügung stehende Erziehungszeit nicht ›sinnlos‹ vertan wird? Die Vorstellung, daß diese Zeit tatsächlich ›sinnvoll‹ genutzt wird, drängt sich oberflächlich dann am ehesten auf, wenn die Kinder in Absichten und Verhaltensweisen ihres Tuns dem bewußten, planvollen, erwachsenen Sozialisten ähnlich werden. Was liegt also näher, als die Kinder dahin zu bringen, möglichst exakt das zu spielen, was die Großen tun, und dabei zugleich die Charakterzüge an den Tag zu legen, die den solidarischen, aufopferungsvollen, zielgerichteten und friedliebenden erwachsenen Sozialisten kennzeichnen sollen?[1] Um die Kinder dazu bewegen, kann z. B. versucht werden, all ihr Verhalten zu korrigieren, das mit dem Vorbild vom erwachsenen Sozialisten noch wenig Ähnlichkeit aufweist.

1 Vgl. zu diesem Bild des erwachsenen Sozialisten etwa *Pädagogische Studientexte zur Vorschulerziehung*, Berlin 1972, S. 163.

Da nun die Kinder diese Unähnlichkeit immer auch im Spiel zeigen, erscheint die pädagogische Korrektur der Spiele naheliegend. Ja, es scheint die Vollendung solcher Erziehung erst dann erreicht zu sein, wenn gar nicht erst Spiele korrigiert werden müssen, sondern wenn das Kind in einen vollständig kontrollierten Lebensprozeß gebracht wird, in dem es nicht mehr genötigt ist, vom gewünschten Verhalten des erwachsenen Sozialisten abzuweichen.

Eine Pädagogik, die sich nur dann erfolgreich glaubt, wenn bereits die Kleinkinder sich wie erwachsene Sozialisten verhalten, findet vor allem dort Nahrung, wo die Kinder aus dem naturwüchsigen Familienzusammenhang herausgelöst sind. Dessen Sozialisationspotenz steht ja nicht mehr ausreichend zur Verfügung, und obendrein hatte er den ›alten Menschen‹ hervorgebracht, den die neue Gesellschaft gerade überwinden muß.

Dennoch wird bei näherem Zusehen deutlich, daß solche Art von gesellschaftlicher Erziehung keineswegs als *bewußte* Planung, sondern lediglich als wissenschaftlich unbegründete Versammlung alltagspsychologischer Gemeinplätze, denen man das Etikett »Plan« aufgedrückt hat, zu kennzeichnen ist. Sie bleibt die mit einer sozialistischen Nomenklatur angereicherte Variante des familientypischen Erziehungsausspruchs: »Kind, so spielt man nicht!« Für den einzelnen Vater und die einzelne Mutter sind solche Erziehungsmaßnahmen verständlich, solange sie von ihren Kindern abhängig sind und nur begrenzt mit ihnen experimentieren können. Das Risiko einer ›neuen‹ Erziehung, deren Ausgang sie nicht kennen, bedeutet für sie zugleich ein persönliches Existenzrisiko, macht sie unflexibel und läßt sie tendenziell stets am Überkommenen haften. Bereits die Lohnarbeiter, die noch Kinder unter der Familienform aufziehen, werden in ihrem Erziehungsverhalten flexibler, da ein mögliches Mißlingen ihrer Erziehung ihnen zwar Sorgen bereiten, sie aber nicht mehr existentiell ruinieren kann.

Eine gesellschaftliche – nichtfamiliale – Erziehung kann nicht mehr am Überkommenen haften, da dieses – aufgrund struktureller Verschiedenheit von Familie und Krippe oder Kindergarten – kein Vorbild darstellt. Sie muß nach einer adäquaten Erziehungsvariante forschen und kann das auch tun, weil das

Risiko von Experimentierfehlern sozialisiert ist. Dieses Risiko des Experimentierens wiederum *muß* eingegangen werden, da eine ungeprüfte gesellschaftliche Erziehung, die ja unerkannte Fehler enthalten mag, dazu führen würde, daß sich dieser Fehler auf die gesamte nachwachsende Generation überträgt. Führt ein Staat, dem pro Jahr z. B. eine Million Kinder zuwachsen mögen, mit tausend Kindern einen Modellversuch durch, so geht er zwar das Risiko ein, daß mit diesen tausend Kindern Schwierigkeiten entstehen. Der Verzicht auf solche Modellversuche bedeutet aber keineswegs den Verzicht auf das Experiment, sondern vielmehr dessen unkontrollierte Ausweitung auf alle Kinder. Die Ablehnung von Modellversuchen wird mit dem Hinweis auf Erziehungsgrundsätze begründet, die doch nur in der Familienerziehung ›bewährte‹ sind. Der Kindergarten ist jedoch von der Familie strukturell ganz verschieden. Althergebrachtes muß, weil nur als liebgewordene Erinnerung existent, ebenso zum Experiment werden wie bisher noch nicht Dagewesenes und deshalb für inakzeptabel Gehaltenes.

In der jungen Sowjetunion wurde erkannt, daß für die nun forcierte gesellschaftliche Erziehung nach der bestmöglichen Variante erst zu forschen sei. Man hatte auch den Neuerungsvorteil des Staates gegenüber privatverantwortlichen risikoungeschützten Eltern erkannt und sich bis dahin nicht praktizierte Prinzipien der jungen psychoanalytischen Wissenschaft, die in der bürgerlichen Gesellschaft fast nur Feinde gefunden hatte, erstmals zunutze machen können. Das unter der Leitung von Vera Schmidt aufgebaute Moskauer Kinderheimlaboratorium hat mehrere Jahre die Umsetzung psychoanalytischer Erkenntnisse in ein nichtfamiliales Erziehungsmodell betrieben. Das Umwälzende dieser Pionierleistung wird auch daran sichtbar, daß sie in etlichen Ländern, die sehr viel später zur gesellschaftlichen Kleinkinderziehung gezwungen wurden, wiederaufgegriffen worden ist. Die äußerlichen Gründe für die Beendigung dieses Experiments – fehlende Finanzierung – werden von Vera Schmidt selbst berichtet und sollen hier nicht wiederholt werden.[2] Als Argumentation wäre denkbar, daß das Kinderheimlaboratorium und die Psychoanalyse

---

2 Vgl. dazu Vera Schmidt, Raubdruck (1924), *Drei Aufsätze*, o. J. S. 3-8.

selbst in der Sowjetunion schließlich verboten wurden, weil die Aufdeckung von Krankheitssymptomen und Arbeitstugenden aus Sexualitätsformen auf den gleichen erbitterten Widerstand stieß wie im Ursprungsland der Psychoanalyse selbst, und daß das Verbot als kollektive unbewußte Angstbewältigung diente. Es leuchtet ein, daß eine Gesellschaft, die mit der Folgenbeseitigung von Weltkrieg, Revolution und Bürgerkrieg und dem Aufbau einer bis dahin nicht praktizierten Wirtschaftsstruktur befaßt war, Hinweise auf den Preis an erotischer Befriedigung, der in solch gewaltiger Arbeit gezahlt wird, als Geringschätzung dieser Arbeit wertet und deshalb unterbindet. Bis heute wird ja – auch außerhalb der Sowjetunion und bei vielen ihrer Gegner – der Psychoanalyse die Aufdeckung von sexuellen Formierungen, die in anerkannten Tugenden stecken, als Lästerung oder gar Bekämpfung dieser Tugenden ausgelegt.

Dieser Abwehrmechanismus scheint allerdings die Bekämpfung der Pädagogik des Kinderheimlaboratoriums nicht zureichend erklären zu können. Die Ablehnung mußte selbst für die wenigen bewußt nach einer neuen Erziehung suchenden sowjetischen Kader naheliegen, da die den Kindern gewährten Verhaltensweisen oberflächlich zu sehr vom Ideal des erwachsenen Sozialisten abwichen und es nur schwer glaubhaft zu machen war, daß gerade die Zulassung ›egoistischer Neigungen‹ während der Kindheit ›altruistisches‹ Erwachsenenverhalten begünstigt, während das permanente Insistieren auf kollektiv-solidarischen Verhaltensweisen von frühester Kindheit an den Erwachsenen auf die ewige Suche nach den verpaßten Befriedigungen der Kindheit treibt und ihm den Vorwurf des Egoismus einträgt. Der Mut zur Unterstützung der Kinderheimlaboratoriums-Konzeption hätte wohl nur von Kennern der Psychoanalyse aufgebracht werden können, die in der sozialistischen Bewegung außerordentlich selten anzutreffen waren. Doch auch solche Kenner hätten nur das Experiment befürworten, seinen Ausgang – also die Entwicklung positiver erwachsener Sozialisten – keineswegs garantieren können. Eine solche Garantie ist auch auf der Grundlage irgendeiner anderen Theorie so lange undenkbar, wie ein Experiment – durch Langzeituntersuchungen gesichert – nicht erfolgreich zum Abschluß gebracht worden ist. Bis heute liegt ein solches Experiment nicht vor, was aber nichts daran ändert, daß es begonnen werden muß, da jede Verzögerung nur ein Fortwursteln mit Vorstellungen des alltagspädagogischen Bewußtseins bedeuten kann. Dieses Alltagsbewußtsein stammt ja aus der Familie und wird – auf den Kindergarten übertragen – selbst zur Anleitung eines Experiments, von dem jedermann annehmen darf, es sei gar keins.

Nun entstammt auch die Psychoanalyse der Erforschung von Familienprozessen und kann ebenfalls nicht umstandslos Erziehung in Strukturen anleiten, die – wie ein Kindergartenkollektiv mit Lohnerziehern – von der Familie ganz verschieden sind. Übliche Einwände von Marxisten gegen ideologische – familialistische u. ä. – Momente der Psychoanalyse haben allenthalben jedoch für ihre wirklichen Leistungen blind gemacht und das Niveau einer ernsthaften Kritik nur selten erreicht. Eine solche Kritik hätte herauszuarbeiten, wie die familialistischen ›Ursachen‹ der von der Psychoanalyse gezeigten Leistungen und Störungen auf Grundstrukturen zurückgeführt werden können, die über die Familie hinaus verallgemeinerbare Hypothesen psychischer Entwicklung zu formulieren erlauben. Wer der Psychoanalyse lediglich nachweist, daß sozial hergestellt ist, was ihr teilweise biologistisch als reiner Triebkonflikt erscheint, kann damit noch nicht angeben, wie dieser soziale Herstellungsprozeß konkret abläuft. Unter Umständen sieht er Herstellungspläne am Werk, wo zwar Herstellung geschieht, diese aber völlig planlos und häufig jenseits bewußter Absicht erfolgt. Welche unbewußten Mechanismen bei der Strukturierung von Persönlichkeitsmerkmalen zum Zuge kommen und selbst Eigenwirkung entfalten, kann bis heute wiederum nur mit der psychoanalytischen Methode, die einen Zugang zum Subjekt hat, aufgedeckt werden. Die marxistische Bestimmung vom sozialen Hergestelltsein des Menschen und die damit verbundene Polemik gegen die Psychoanalyse wird zu einer Theorie der Herstellung subjektiver Strukturen erst unter kritischer Verwendung der Psychoanalyse selbst. Bisher ist unseres Wissens über das Postulat von der »sozialen Bedingtheit« menschlichen Verhaltens hinaus in der sowjetischen Psychologie kein Beitrag zur Theorie der Persönlichkeit veröffentlicht worden, der eine wirkliche Rekonstruktion subjektiver Bildungsgeschichte ermöglicht.[3]

Wer also die Psychoanalyse nicht kennt und ihre zureichende Kritik nicht zu leisten vermag, wird trotz der historisch erforderlichen Suche nach einer neuen Erziehungskonzeption einer psychoanalytischen Variante gegenüber mißtrauisch bleiben. In ihrem gegebenen Zustand formuliert sie keine Erziehungsziele, die der sozialistischen Sache unmittelbar dienlich scheinen. – Noch lange nach dem Scheitern des Moskauer Kinderheimlaboratoriums formulierte Freud 1932: »Es ist [. . .] gesagt worden, jede Erziehung sei eine parteiisch gerichtete, strebe an, daß sich das Kind der bestehenden Gesellschaftsordnung einordne, ohne Rücksicht darauf, wie wertvoll oder wie haltbar diese an sich sei. Wenn man von den Mängeln unserer gegenwärtigen sozialen Einrichtungen überzeugt ist, kann man es nicht rechtfertigen, die psychoanalytisch gerichtete Erziehung noch in ihren Dienst zu stellen. Man muß ihr ein anderes, höheres Ziel setzen, das sich von den herrschenden sozialen Anforderungen frei gemacht hat. Ich meine aber, dies Argument ist hier nicht am Platz. Die Forderung geht über die Funktionsberechtigung der Analyse hinaus. Auch der Arzt, der zur Behandlung einer Pneumonie gerufen wird, hat sich nicht darum zu kümmern, ob der Erkrankte ein braver Mann, ein Selbstmörder oder ein Verbrecher ist, ob er verdient am Leben zu bleiben und ob man ihm es wünschen soll. Auch dies andere Ziel, das man der Erziehung setzen will, wird ein parteiisches sein, und es ist nicht Sache des Analytikers zwischen den Parteien zu entscheiden. [. . .] Die psychoanalytische Erziehung nimmt eine ungebetene Verantwortung auf sich, wenn sie sich vorsetzt, ihren Zögling zum Aufrührer zu modeln. Sie hat das ihrige getan, wenn sie ihn möglichst gesund und leistungsfähig entläßt. In ihr selbst sind genügend revolutionäre Momente enthalten, um zu versichern, daß der von ihr Erzogene im späteren Leben sich nicht auf die Seite des Rückschritts und der Unterdrückung stellen wird. Ich meine sogar, revolutionäre

3 Dazu L. Sève, *Marxismus und Theorie der Persönlichkeit*, Frankfurt/M. 1972. In einer heute unter Marxisten seltenen Differenziertheit hat der französische Kommunist L. Sève dieses Postulat erhoben, ohne allerdings an einem einzigen Beispiel menschlichen Verhaltens in eine zureichende Analyse übergehen zu können.

Kinder sind in keiner Hinsicht wünschenswert.«⁴

Diese Passage könnte so verstanden werden, als ob die Psychoanalyse nur *gegen* die Erziehungsziele einer sozialistischen Gesellschaft gerichtet sein könne. Sie bedeutet aber nur, daß die »revolutionäre« Haltung eines Kindes ebensowenig einen Schluß auf das spätere Erwachsenenverhalten zuläßt, wie die pädagogische Korrektur eines Arztspiels von Vierjährigen eine Gewähr dafür bietet, daß sie später zu guten Ärzten werden.

Die von Psychoanalytikern häufig wiederholte Weigerung, gesellschaftliche Erziehungsziele zu formulieren, hat Vorstellungen begünstigt, in der Psychoanalyse werde die Auffassung vertreten, Erziehungsziele seien überflüssig, der Mensch entwickle sich dadurch optimal, daß man seinen Trieben bisher versagte Befriedigungsformen endlich zubillige. In Wirklichkeit wird z. B. von Freud lediglich gesagt, daß die psychoanalytische Wissenschaft soziale Erziehungsziele genausowenig begründen könne wie die Atomphysik. Damit ist natürlich nicht ausgeschlossen, daß ein Psychoanalytiker ebenso wie ein Atomphysiker gesellschaftlichen Zielen verpflichtet sein kann, allerdings müssen sie sich von denen nicht unterscheiden, die jemand verfolgt, der von Psychoanalyse oder Atomphysik überhaupt nichts versteht. Nur wer von der Psychoanalyse erwartet, was sie gar nicht leisten kann, wird sie, indem er sie an dieser Erwartung mißt, ablehnen oder befürworten. Als Wissenschaft kann sie nicht angeben, welche Techniken man beherrschen muß, um eine sozialistische Gesellschaft aufzubauen; sie kann den zuständigen Pädagogen jedoch raten, die Kinder nach entsprechenden sozialistischen Belehrungen frei spielen zu lassen, statt mit der Belehrung das Freispiel zu zerstören. Sie kann also einen Weg weisen, ohne den die Belehrung nicht gut aufgenommen werden kann, einen Weg, der den Kindern immer wieder die psychische Kraft gibt, weitere Lehren sich anzueignen. Politische Ziele für eine Erziehung vermittelt sie nur in der Weise, daß dem, der politisch etwas erreichen will, gezeigt werden kann, welche psychischen Schwierigkeiten seine Anhänger daran hindern,

4 Vgl. S. Freud, *Neue Folge der Vorlesungen zur Einführung in die Psychoanalyse*, GW XV, S. 162.

das politisch als richtig erkannte rationale Verhalten auch subjektiv zu verwirklichen. Auch unsere Kritik der sowjetischen Spielpädagogik wendet sich mithin nicht gegen ihre Erziehungsziele – diese müssen einer gesonderten Untersuchung vorbehalten bleiben; sie versucht vielmehr zu begründen, daß die Erziehung gegen ihre Ziele schlägt, wenn psychische Energien, die durch Freispiele neu verfügbar werden, an die nicht verarbeiteten Konflikte geheftet bleiben.

Die sowjetische Theorie und Praxis des Spieleingriffs haben wir bisher als möglicherweise pädagogisch naheliegend zu würdigen gesucht: als Vorgehen einer Gesellschaft, die eine Erziehungsform schaffen muß, für die es kein Vorbild gibt und der es nicht gelingt, vorliegende Theorien sich zunutze zu machen, weil deren offensichtlich ideologische Bestandteile nach möglichem Nutzen gar nicht erst suchen ließen.[6]

Es könnten aber auch eher politische Gründe sein, die zum Eingriff ins Spiel verführen. Im Freispiel liegt ja eine Erscheinung vor, in der ›heimliche‹ aufrührerische Gedanken offen sichtbar werden, in der die Kinder taktlos zeigen, wie sie behandelt werden und wie sie behandelt werden möchten. Eine revolutionäre Gesellschaft wird daher im Kinderspiel Dinge zu sehen bekommen, die mit ihren Zielen nicht übereinstimmen, ja, die als gegen diese gerichtet gewertet werden – ebenso wie die noch aus der alten Gesellschaft herüberragenden Kräfte selbst. Das ›Konterrevolutionäre‹ ist im Spiel nicht konspirativ oder unsichtbar wie in der Phantasie und im Traum. So könnte vorgebracht werden, daß der pädagogisch schädliche Spieleingriff noch aus gutgemeinter Abwehr der Konterrevolution zu verstehen und sogar mit der verständlichen Hoffnung verbunden sei, die späteren nicht mehr wie ein Spiel kontrollierbaren antisozialistischen Phantasien und Träume gleich mit auszulöschen. Diese Absicht finden wir bei westdeutschen Marxisten-Leninisten, die, wie bereits gezeigt[7], jedes spätere Spielen mit ›kapitalistischen‹ Gedanken durch radikales Abschaffen des Freispiels schon bei den Kindern endgültig unmöglich machen wollen.

Allerdings kann sich die historisch berechtigte Abwehrbe-

6 Dies bestätigt für die Sowjetunion 1968 L. I. Boshowitsch, *Die Persönlichkeit und ihre Entwicklung im Schulalter*, Berlin 1970, S. 56 f. und S. 68 f.

7 Siehe Fußnote 48, Kap. II.

reitschaft gegen die Konterrevolution verselbständigen zur Niederhaltung aller Bestrebungen, die einer neuen privilegierten Schicht entgegenstehen. Die Beibehaltung einer Pädagogik des Spieleingriffs gerät dann zur politischen Zensur von Spielerscheinungen, die nicht in Übereinstimmung mit ›gültigen Normen‹ sind. Der Erzieher würde sich in diesem Prozeß vom Revolutionär zum schnöden Büttel der Obrigkeit zurückverwandeln.

1. Warum die Spieleingriffspädagogik im Zuge der gesellschaftlichen Entwicklung der sozialistischen Länder nicht mehr aufrechterhalten werden kann

Alle hier – keineswegs vollständig – erfaßten Beweggründe für eine Theorie und Praxis des Spieleingriffs dürften auf die Dauer nicht ausreichen, um sie beizubehalten. Die planmäßige Entwicklung der Produktivkräfte in den sozialistischen Ländern erreicht ein Niveau, auf dem eine Erziehung, die ihren Abrichtungscharakter für historisch zu relativierende Fabriktugenden nicht leugnen kann, mit den Anforderungen an »die Meister der wissenschaftlich technischen Revolution«[8] in Widerspruch gerät. Erste Anzeichen aus der neueren pädagogischen Literatur des sozialistischen Lagers deuten hierauf hin. Bereits die endlich erfolgte Veröffentlichung des hier besprochenen Wygotski-Aufsatzes über das Kinderspiel, der verklausuliert etliche psychoanalytische Einsichten noch enthielt, kann als eine Veränderung gewertet werden. Das 1968 vorgelegte Buch *Die Persönlichkeit und ihre Entwicklung im Schulalter* von Boshowitsch greift nicht nur nach psychoanalytischen Kenntnissen, es kritisiert auch die herrschende sowjetische Psychologie: »Eine lange Zeit waren in der Sowjetunion die Probleme der Affektivität des Menschen sowie Fragen des Unbewußten und seiner Beziehung zum Bewußtsein vergessen. Der Mensch wurde nur aus der Sicht bewußter psychischer Prozesse und Handlungen dargestellt. Die Erforschung der Persönlichkeit auf solche Art erwies sich als höchst einseitig. Auch die bewußte Tätigkeit des Menschen wurde falsch

8 Vgl. § 1, *Gesetz über das einheitliche sozialistische Bildungswesen der DDR von 1965.*

interpretiert, indem sie isoliert von seinen Bedürfnissen und Bestrebungen, von seinem Erleben, vom gesamten Bereich seiner unbewußten psychischen Prozesse untersucht wurde. [. . .] Erst jetzt [. . .] setzen in der sowjetischen Psychologie Untersuchungen zur Erforschung der unbewußten affektiven Erscheinungen ein, welche Freud auf seine Weise untersucht und gedeutet hat. Aber die Anzahl solcher Versuche ist immer noch sehr unbedeutend. [. . .] Diese Situation in der Psychologie hat sich negativ auf die pädagogische Theorie und Praxis ausgewirkt. Man begann der Einflußnahme auf das Bewußtsein des Kindes eine sehr große Bedeutung beizumessen. Die Rolle des Wortes und der verbalen Überzeugung wurde überbewertet und die Bedeutung der Organisation der Erfahrung des Kindes und der Entwicklung seiner Bedürfnisse, Strebungen und Erlebnisse unterschätzt.«[9] Bei aller Polemik und nur teilweise zureichenden Kritik der Psychoanalyse formuliert das Werk gegen die sowjetische Psychoanalysekritik, daß diese »bis heute in der Hauptsache vom Aspekt der abzulehnenden [. . .] Folgen geführt«[10] wird. Das Hauptverdienst Freuds ist nach dieser Meinung »sein Streben, die Dynamik der Triebkräfte menschlichen Verhaltens, ihre gegenseitige Abhängigkeit und die auftretenden Konflikte zu erschließen. Sehr bedeutsam ist auch sein Vordringen in den Bereich der unbewußten psychischen Prozesse und ihres Einflusses auf das Verhalten«.[11] Weiter heißt es: »Die systematische Überarbeitung aller genannten Probleme, die Zusammenfassung und Verallgemeinerung der dabei erhaltenen Angaben, die Entdeckung einer Reihe konkreter psychologischer Gesetzmäßigkeiten und, was das Wichtigste ist, der Versuch, aus der Sicht dieser Gesetzmäßigkeiten das alltägliche Leben des Menschen zu verstehen, all das ist zweifelsohne ein Verdienst Freuds. Und obwohl wir die psychoanalytische Konzeption kritisieren, so spielte doch die Lehre Freuds mit ihren konkreten psychologischen Leitsätzen auch eine positive Rolle bei der Suche nach einer wissenschaftlichen Methode zur Erforschung der Persönlichkeit und ihrer konkreten Erlebnisse.«[12]

9 L. I. Boshowitsch, a.a.O., S. 56 f.
10 A.a.O., S. 47.
11 A.a.O., S. 56.
12 A.a.O., S. 56.

Es dürfte von Bedeutung sein, daß es sich hier um ein *pädagogisches* Werk handelt, in dem die Lösungen für Schwierigkeiten der sowjetischen Schule gesucht werden, nicht um eine Auftragsarbeit, mit der der bürgerlichen Wissenschaft am Beispiel der Psychoanalyse eine Niederlage zugefügt werden soll.[13] Solche praktischen Probleme nötigen, nach bereits vorliegenden Einsichten zu suchen, die bisher – für die sowjetische Theorie – rätselhafte Verhaltensweisen der Kinder leichter aufzuklären erlauben. Daß dieses Werk mit dem Preis der Akademie der pädagogischen Wissenschaften der UdSSR erster Klasse ausgezeichnet wurde, mag ein Hinweis darauf sein, daß die in ihm angelegte Entwicklung fortgeführt und auch die Spielpädagogik nicht unberührt lassen wird.

2. Wie die fundamentale Kritik an der sowjetischen Psychologie und Pädagogik des Kinderspiels in den sozialistischen Ländern (Bulgarien als Beispiel) verfährt

Tatsächlich ist nicht nur die Psychoanalyserezeption, sondern auch die Diskussion um Spieltheorie und Spielpädagogik von neuem in Gang gekommen. So haben sich z. B. in der DDR die Zweifel an der bis dahin entschieden behaupteten Richtung der sowjetischen Theorie und Pädagogik mehrfach niedergeschlagen.[14]
Eine bedeutsame Neuorientierung stellt unseres Wissens eine Sammlung von Aufsätzen bulgarischer Autoren aus dem Jahre 1968 dar, die 1974 in der DDR übersetzt erschien. Auf den ersten Blick scheinen diese Aufsätze in der ungebrochenen Tradition von Wygotski, Leontjew, Elkonin usw. zu stehen. Immer wieder werden diese Autoren zitiert und nehmen einen umfangreichen Teil in der Literaturliste ein. Tatsächlich werden aus ihren Arbeiten aber vorzüglich solche Passagen herangezogen, die mit den expliziten theoretischen

13 Vgl. dazu die Vernichtung der Psychoanalyse durch: L. I. Anzyferowa und N. S. Mansurow, *Behaviorismus – Gestaltpsychologie – Tiefenpsychologie,* Berlin 1969, S. 126 ff.
14 Vgl. etwa W. Hasdorf, *Pädagogisch-psychologische Betrachtungen zum Spiel im Vorschulalter,* in: *Neue Erziehung im Kindergarten,* 27. Jahrgang, Juli 1974, Heft 7/8, und L. Schroeter, *Das Spiel für die allseitige Entwicklung unserer Vorschulkinder erschließen,* in: *Neue Erziehung im Kindergarten,* Heft 4/1974, S. 8 ff.

Aussagen ungenannt in Widerspruch stehen.[15] Wir konnten ja bereits zeigen, daß die sowjetischen Autoren gewissermaßen beiläufig Bemerkungen machten, von denen her die Kritik gegen ihre zentralen Positionen sich Beistand sichern kann.

Wir werden sehen, daß die entscheidenden Erkenntnisse der bulgarischen Autoren und ihre Veröffentlichung in der DDR gerade deshalb interessant sind, weil sie konträr zu den dort bisher gängigen Vorstellungen von Kleinkinderziehung und ihren spielpädagogischen Bestandteilen stehen.

Versuchen wir uns klarzumachen, was die bulgarischen Wissenschaftler über den scheinbar so gesicherten Stand ihrer Kleinkinderziehung hinaustreibt, was sie schließlich in Konflikt mit der Spieleingriffspädagogik bringt. Wir hatten dargelegt, daß die Annahme der Spieleingriffspädagogik, der Erwachsene könne das gut, was er als Kind gespielt habe, konsequent zu der Annahme führen muß, die Gestaltung der Spiele entscheide über Gedeih und Verderb der gesellschaftlichen Entwicklung und müsse daher zum zentralen Ansatzpunkt der bewußten Kleinkinderziehung werden. Unterstellt, daß diese These richtig ist, besagt sie, daß alle wichtigen Erwachsenenverrichtungen, die in der Kindheit nicht gespielt, später auch nicht gekonnt werden.

Obschon eine solche Vorstellung empirisch leicht zu widerlegen ist, bedürfte es nicht einmal einer solchen Widerlegung, um an der Spieleingriffspädagogik Zweifel zu setzen. Sie baut nämlich darauf, daß den heute Erwachsenen bekannt sei, was den 3jährigen Kindern etwa 20 oder 40 Jahre später abverlangt wird. Da indes alle sozialistischen Länder nach ihrem Selbstverständnis keine statischen, sondern zu entwickelnde Gesellschaften darstellen, müssen ihre Pädagogen in ihrer Erziehungstätigkeit schließlich an solchen Resultaten interessiert sein, die den Erzogenen später befähigen, nicht vorhersehbare und nicht planbare Anforderungen zu bestehen. Diese Erziehungsresultate können nicht als konkrete Verrichtung, sondern nur als abstrakte Fähigkeit beschrieben werden. Auch muß dann die bewußte pädagogische Verwendung des Kinderspiels daran gemessen werden, was es für die Ausbildung

15 Vgl. z. B. G. D. Pirjow, *Das Spiel als psychologisches Problem*, in: G. D. Pirjow, *Probleme des Spiels im Kindergarten*, Berlin 1974, *Psychologische Beiträge*, Heft 19, S. 7 f.

der abstrakten Fähigkeiten und nicht für das korrekte Nachmachen heute üblicher Arbeitsabläufe leistet. So finden die bulgarischen Autoren zu der Bestimmung: »Wenn wir uns die Besonderheiten der geistigen Entwicklung des Kindes vor Augen führen, muß die Erzieherin immer bestrebt sein, das Spiel so zu organisieren, daß es die *Selbständigkeit* der Kinder entwickelt und stimuliert. Häufig wird in der Praxis dieser an und für sich selbstverständliche Grundsatz übersehen, und die Erzieherin plant das Thema ohne die Teilnahme der Kinder und bereitet das Material vor. Echtes, *selbständiges* Spiel entfaltet sich nur, wenn es den Kindern Freude macht, unter dem Eindruck von erworbenem Wissen und starker Erlebnisse ein Thema zu finden und *schöpferisch* mit *eigener Initiative* den Spielverlauf und die Rollen zu gestalten.«[16] Am Maßstab Kreativität, Selbständigkeit und Eigeninitiative wird die scheinbar fest gesicherte Spielpädagogik neu aufgerollt. Nun erst kann an der Spieleingriffspädagogik wahrgenommen und kritisiert werden, was zuvor als selbstverständlich galt oder sogar als Erfolg dieser Pädagogik herausgestellt wurde. An einem Beispiel zeigen die Autoren, wie sich »eine *zerstörte* Spielsituation«[17] auswirkt: »Eine Gruppe Kinder aus dem Spiel ›Kindergarten‹ beschloß, die ›Grenzsoldaten‹ zu besuchen. Sie sprachen sich miteinander ab, bereiteten alles vor und machten sich auf den Weg. Die ›Grenzsoldaten‹ empfingen sie. Die gegenseitige Freude war groß. Das Spiel verlief voller Begeisterung, voller Initiative und bereitete allen Vergnügen. Doch plötzlich erhob die Erzieherin der Gruppe ihre Stimme und rief: ›Mitko, was machst Du denn da! Du bist doch kein richtiger Grenzsoldat, wenn Du so weiter machst, kannst Du nicht mehr mitspielen!‹ Er trennte sich von den ›Grenzsoldaten‹ und von seinem ›Wachhund‹, er war auf einmal herausgerissen aus der eingebildeten Spielsituation, aus seinem ganzen Zustand der Überzeugtheit und aus seinem ihm auferlegten Verantwortungsbewußtsein. Er kehrte in den wirklichen Kindergarten zurück, stellte sich wieder zur Erzieherin als ganz gewöhnlicher Zögling. Er ordnete sich unter,

16 Vgl. N. B. Witanowa, *Die Entwicklung des kindlichen Denkens beim schöpferischen Spiel*, in: Pirjow, a.a.O., S. 93 (Hervorhebung durch die Verfasser).
17 Vgl. S. S. Morewa, *Das Schöpfertum der Kinder bei den Sujet-Rollenspielen*, in: Pirjow a.a.O., S. 124 (Hervorhebung durch die Verfasser).

erfüllte die Forderungen der Erzieherinnen, zeigte sich als diszipliniertes Kind, doch von seiner schöpferischen Aktivität verblieb keine Spur. Und als er sich erneut der Gruppe zuwandte, verharrte er an der Seite, und bis zum Ende des Spieles lebte er sich nicht wieder in seine Rolle ein und erlebte die Welt der Illusionen nicht wieder.«[18]

Wir sehen, daß dem Theoretiker die Freude über Illusionslosigkeit, Disziplin, korrekte Verwirklichung der Forderung und Unterordnung der Kinder vergällt wird, wenn nicht mehr der einwandfreie Nachvollzug der Realität, sondern die Erziehung zur Kreativität im Vordergrund steht. Alarmiert von solchen Beobachtungen, sind die bulgarischen Autoren weitergegangen und haben sich für ihre – allerdings nicht offen formulierte – Abweichung von der herrschenden Theorie den Beistand überprüfbarer empirischer Untersuchungen zu sichern gesucht. Ihre Ergebnisse bestätigen die aus einzelnen Beobachtungen gewonnenen Annahmen: »In den Versuchs- und Kontrollgruppen wandten wir [. . .] zwei Varianten an. Den Kindern der ersten Gruppe wurde die Aufgabe gestellt, nach einem Hinweis der Erzieherin ein Häuschen für einen Spielhund zu bauen. Vorher unterhielten wir uns in einem Gespräch darüber, welches Material wir am besten dazu verwenden und welche Bauweise sich gut dazu eignen würde. Fast allen Kindern gelang der Bau des Häuschens. Auf die gleiche Weise wurde auch die Beschäftigung in der zweiten Gruppe durchgeführt; das Thema lautete: Bau einer Brücke und eines Hauses mit einem Zaun. In der dritten und vierten Gruppe sollten ein Krankenhaus und eine Fabrik gebaut werden. Da wir die konstruktiven Fähigkeiten der Kinder berücksichtigen mußten, waren wir bestrebt, ihnen Muster zu solchen Objekten und Details zu geben, die ihnen am wenigsten bekannt waren. Als die Kinder dann vor Schwierigkeiten standen, zeigte ihnen die Erzieherin, wie diese zu überwinden seien; sie half ihnen mittels Fotos und Illustrationen, die Spiele vielfältig zu gestalten.

Wir erhielten folgende Resultate: in der ersten und zweiten Gruppe wurde der schöpferische Charakter der konstruktiven Spiele zerstört. Die Kinder konnten sich lange Zeit nicht von

18 A.a.O., S. 124 f.

dem Muster, das ihnen die Erzieherin vorgegeben hatte, trennen und wiederholten es buchstäblich, trotz der Hinweise während des Spiels. Für die Kinder der dritten und vierten Gruppe, die schon über konstruktive Tätigkeiten verfügten, waren solche Beschäftigungen überflüssig; sie trugen nur dazu bei, eine gewisse Mannigfaltigkeit in der Thematik und dem Inhalt zu erzielen, der von der Erzieherin vorgegeben war. Es ist offensichtlich, daß in diesen Gruppen die angewandte Form des Unterrichts der Entfaltung von schöpferischen Fähigkeiten der Phantasie hemmend im Wege stand. Durch das Spiel wurden auch nur begrenzt Denkprozesse ausgelöst, da Problemsituationen fehlten.

Wird in einer Beschäftigung mit konstruktiven Materialien nach einem ausführlichen Muster und nach Hinweisen gebaut, so verlieren diese konstruktiven Aufgaben ihr unbekanntes Element, was nicht nur das Interesse hervorlockt, sondern auch die Grundlage für schwierige Denkoperationen bildet – für Analyse und Synthese, für den Vergleich und die Verallgemeinerung. Auf der Grundlage einer *freigewählten* und *interessanten* Tätigkeit bildet sich eine gewisse Organisiertheit im Handeln heraus.

Die Kinder haben größere Möglichkeiten, sich ihr Material auszuwählen, eine gewisse Ordnung aufrechtzuerhalten, die Aufgaben unter sich zu verteilen und diese in einer gewissen Zeit zu erfüllen.

Doch der wichtigste Umstand, welcher uns zu der Annahme veranlaßt, daß die konstruktiven Fähigkeiten innerhalb des Spieles aufgebaut werden können und müssen, ist die Tatsache, daß *jegliches direktes Einmischen* der Erzieherin in das Spiel die *Selbständigkeit* der Kinder, ihre *schöpferischen Einfälle* und ihre *Initiative* einschränkt, durch die in hohem Maße eine optimale Entwicklung der Denkprozesse erreicht wird.«[19]

Bestätigt wird dieses Forschungsresultat auch in anderen ›experimentell‹ durchgeführten Überprüfungen von Spielen, die ergaben, »daß in den Augenblicken stärkster Emotionen die Kinder die meisten Ergänzungen und Veränderungen durchführen. Dort ist ihre schöpferische Aktivität am

19 Vgl. R. P. Gjurowa, *Die Besonderheiten und die Entwicklung des Denkens bei konstruktiven Spielen*, in: Pirjow, a.a.O., S. 102 f. (Hervorhebung durch die Verfasser).

größten.«[20]

Die Tatsache, daß selbst an einem solchen Paradebeispiel der Spieleingriffspädagogik die Konstruktionsfähigkeit für nützliche gesellschaftliche Einrichtungen durch die pädagogische Vorgabe gerade nicht gefördert, sondern beeinträchtigt wird, nötigt auch zu neuen theoretischen Formulierungen übers Kinderspiel.

Dabei geraten die bulgarischen Autoren in Konflikt mit der Konzeption einer Widerspiegelungstheorie, wie sie in den spieltheoretischen Ansätzen der sowjetischen Autoren vorliegt. Ihre Kritik des Widerspiegelungskonzepts führt allerdings nicht zu seiner theoretischen Verwerfung, sondern zu einem unreflektierten Nebeneinander von, einerseits, Relativierungen der Widerspiegelungstheorie und, andererseits, Bestimmungen über die innere Logik von Kinderspielen, die in der Konsequenz selbst noch die Relativierung der Widerspiegelungstheorie überschreiten.

Wie wird nun der offensichtliche Unterschied zwischen der Logik der Realität und der Logik des Spiels, in dem Realität bearbeitet wird, mit der Widerspiegelungskonzeption in Einklang gebracht? Das geschieht dadurch, daß letztlich die Bestimmungen dessen, was Widerspiegelung eigentlich ausmacht, beliebig werden: »Es ergibt sich die Frage, ob sich das Kind nicht auf diese Art und Weise von der Wirklichkeit entfernt. Im Gegenteil, indem es sich in irgendeine Rolle hineinversetzt, und eine Sache *umgestaltet* spiegelt das Kind die Einwirkungen seiner Umwelt wider.«[21]

Gleich danach wird die Spiegelungsfähigkeit überhaupt bezweifelt, wenn vom Kind gesagt wird: »Es ist bestrebt, wie Erwachsene zu handeln, doch verfügt es noch nicht über genügend Kräfte, Können und Wissen.«[22] Und schließlich wird die Widerspiegelungskonzeption als unbrauchbar für die Erklärung *kindlicher* – noch nicht ›menschlicher‹ – Verhaltensweisen ganz beiseite geschoben: »Zugegeben, daß Kinder nicht immer ganz genau beobachten und in die Dinge einzudringen vermögen und die Wirklichkeit noch nicht genügend differenziert sehen können. Zugegeben, daß ihre Kräfte und

20 Vgl. S. S. Morewa, a.a.O., S. 137.
21 Vgl. Pirjow, a.a.O., S. 20 (Hervorhebung durch die Verfasser).
22 A.a.O., S. 20.

Möglichkeiten zu einer adäquaten Widerspiegelung der Wirklichkeit noch nicht ausreichend sind, doch wichtig ist, daß diese Wirklichkeit den Kindern nicht fremd ist, daß sie nicht losgelöst von ihr leben, sondern sich in sie einbeziehen.«[23]

Hier ist deutlich herauszustellen, daß der hohe Anspruch, mit dem die sowjetischen Autoren die Widerspiegelungskonzeption gegen sogenannte »idealistische« und »spiritualistische« Auffassungen vom Kinderspiel ins Feld geführt haben, auf die Banalität zusammengeschmolzen ist, daß das Kinderspiel doch auch etwas mit der Wirklichkeit zu tun habe. Der karge Hinweis auf diese auch von ›bürgerlichen‹ Autoren nie bestrittene Tatsache stellt in Wirklichkeit den Verzicht dar, die Differenz zwischen Realitäts- und Spiellogik mit Hilfe der Widerspiegelungskonzeption zu erklären.[24]

Tatsächlich sind die Folgen des Verzichts der bulgarischen Autoren auf die Widerspiegelungskonzeption gewichtiger für diese Konzeption, als es auf den ersten Blick erscheint, treffen also nicht nur ihre Anwendung auf Menschen im Kindheitsstadium. Wenn wir akzeptieren, daß Träume, Tagträume usw. beim Erwachsenen das Kinderspiel beerben und auch diese Erscheinungen keine korrekten Wirklichkeitswiedergaben darstellen, aber gleichwohl mit der Wirklichkeit zu tun haben, dann ist die Tragfähigkeit der Widerspiegelungstheorie insgesamt in Zweifel gezogen.

Der Verzicht auf die Widerspiegelungskonzeption bringt die bulgarischen Autoren zu veränderten Aussagen über das Kinderspiel: »Es gibt einige charakteristische Besonderheiten des Spiels, durch welche es sich von allen anderen Tätigkeiten unterscheidet. Vor allem ist es eine freiwillige, *spontane Tätigkeit*, die sich ohne irgendeine *äußere Notwendigkeit* vollzieht. Dieser Charakter des Spiels zeigt sich bei *allen seinen Spielarten* und in *allen Perioden*, die das Spiel durchläuft. Immer wenn die Spontanität des Spiels zerstört wird, tut man ihm Abbruch oder es verschwindet ganz. Deshalb ist für die Leitung der kindlichen Spiele Einfühlung und Takt erforderlich. Sie hat nur Erfolg, wenn sie mit dem Charakter des Spiels in völligem Einklang steht.«[25]

23 A.a.O., S. 27.
24 Siehe dazu auch a.a.O., S. 31.
25 Vgl. a.a.O., S. 17 (Hervorhebung durch die Verfasser).

Wir sehen, daß hier die Bedeutung des *Freien* im Freispiel begriffen ist. Frei sein im Spiel heißt ja nicht, daß es ohne Ursprung und Ursache, sondern daß es nicht angeordnet ist. Das Freispiel ist zwar determiniert, aber nicht kommandiert. Die Bemerkung, daß es sich »ohne irgendeine äußere Notwendigkeit vollzieht« (Pirjow), verweist also darauf, daß man vom Kinderspiel nur etwas erfaßt, wenn man der inneren Notwendigkeit, die einer anderen Logik folgt als die Realitätsvollzüge, auf die Spur kommt.[26]

Der radikale Verzicht auf das exakte Reproduzieren von Realitätsvollzügen im Kinderspiel und eine entsprechende Theorie des Kinderspiels werden dort deutlich, wo sich die bulgarischen Autoren auch von den typischen Paradebeispielen solcher Theoriebildung nicht mehr zu ihr verführen lassen: »Kinder spielen nicht mit dem Ziel, ihre Fähigkeiten zu entwickeln oder Kenntnisse zu erwerben, obwohl sie das durch ihre Spiele erreichen. Sie sind nicht bestrebt, irgendein Produkt zu schaffen, das von bleibendem Wert ist, das gesellschaftliche Bedeutung besitzt. Die Kinder spielen zum Beispiel ›Kaufmann‹, sie bereiten dabei die verschiedensten Produkte vor, sie bauen eine ›Eisenbahn‹, ein ›Flugzeug‹, eine ›Garage‹, aber nicht zu dem Zweck, daß diese Dinge irgendeinem ferneren Ziel dienen, sondern daß sie die momentanen Anforderungen des Spiels befriedigen. Und indem sie sich immer wieder bemühen, ihr Ziel zu erreichen, vollbringen sie ernsthafte Anstrengungen, um Widerstände zu überwinden und ihre Handlungen zu koordinieren. Somit *erscheint* ihr Handeln nicht nur zielgerichtet, sondern auch bewußt. Der ›Maschinist‹ der Eisenbahn kommt völlig zielstrebig und bewußt seinen Verpflichtungen nach. Bewußt führt er die Arbeit des ›Heizers‹ aus, und der ›Schaffner‹ kontrolliert bewußt die Fahrkarten der Reisenden usw. [...] Es versteht sich von selbst, daß sie in diesem Fall keinerlei entfernte Ziele vor Auge haben, die außerhalb des Spiels stehen.«[27]

Betrachten wir nun, wie weit die bulgarischen Autoren bei

26 In der Formulierung der bulgarischen Autorengruppe heißt das: »Die Spezifik des Spiels zeigt sich *nur* [Hervorhebung durch die Verfasser] im Hinblick auf die *Umgestaltung* der Wirklichkeit.« Also nicht in der Übereinstimmung mit der Wirklichkeit (Pirjow, a.a.O., S. 19).

27 Vgl. a.a.O., S. 18.

der Bestimmung innerer Notwendigkeit, die dem Spiel seine von der Realität verschiedene Logik verleiht, vorangehen. Sie beobachten, »daß augenscheinlich mehrere Kinder auf die gleiche Weise spielten, doch als wir uns deren Tätigkeit näher ansahen, bemerkten wir Unterschiede in ihrer intellektuellen Tätigkeit.«[28] Diese Erfahrung stellt die Bedeutung der je individuellen inneren Prozesse für das Verständnis der Kinderspiele heraus und führt bei den Forschern zur Formulierung der wissenschaftlichen Aufgabe: »Aufdecken des psychologischen Wesens und der Komponenten der schöpferischen Tätigkeit der Kinder im Spiel.«[29]

Die Aussagen zu diesem »Wesen« konzentrieren sich auf die affektive Betroffenheit der Kinder: »Die Motive, die das Kind auf jeder Stufe seines Spiels bewegen, sind ganz unmittelbar, liegen ihm ganz nahe. [. . .] Charakteristisch für alle Spiele – auch für diejenigen, die das Ziel haben, irgendeine Aufgabe vorwiegend intellektuellen Charakters zu lösen – *ist die aktive Beteiligung der Gefühle*. Sie spielen eine entscheidende Rolle nicht nur bei der grundlegenden Motivierung des Spiels, sondern sie durchdringen auch alle Elemente der Motivierung.«[30]

So eindeutig hier bestimmt ist, daß *jedes* Moment eines Kinderspiels als Moment der affektiven Betroffenheit des Kindes gefaßt werden muß, so vereinzelt bleiben die Aussagen über die Qualität dieser Betroffenheit. Lediglich zwei Hinweise darauf, daß zur Erwerbung von »Selbstgefühl« die Kinder »Herr des Spiels« bzw. »Herr ihrer Welt« sein müssen[31], lassen sich psychoanalytisch dahin interpretieren, daß die aus wirklicher Unterlegenheit rührende Angst vor Vernichtung so bearbeitet wird, daß das Spiel zum Raum eigener Herrlichkeit wird, indem Bestrafung und Vernichtung vom Kinde selbst vollzogen werden. Diese Interpretation jedoch verwischt die Tatsache, daß die bulgarischen Autoren nicht über das Postulat der Bestimmung innerer Prozesse hinausgehen und diese als »emotionale« anzuerkennen sind. Weil sie über keine Methode verfügen, die den Zugang zu inneren Prozessen eröffnet, stehen sie schließlich vor jedem einzelnen Kinder-

28 Vgl. N. B. Witanowa, a.a.O., S. 77 f.
29 Vgl. S. S. Morewa, a.a.O., S. 120.
30 Vgl. Pirjow, a.a.O., S. 19; vgl. auch ders. S. 20, und Witanowa, a.a.O., S. 79.
31 Vgl. S. S. Morewa, a.a.O., S. 124.

spiel wieder hilflos, wenn es um seine Deutung geht.

Diese Hilflosigkeit schmälert aber nicht ihren radikalen Schritt über die Spieleingriffspädagogik hinaus. Daß es an einem Zugang zu inneren Prozessen mangelt, kann jedoch bewirken, daß die Bedeutung von – in gesellschaftlicher Erziehung – bewußt zu schaffenden Eindrücken für die psychische Betroffenheit der Kinder nicht richtig eingeschätzt wird und deshalb Möglichkeiten der Spielpädagogik, die ja nicht im Spieleingriff, sondern im Zugänglichmachen von Kontakten zu handlungsaktiven Erwachsenen besteht, verschenkt werden. An den empirischen Versuchen der bulgarischen Autoren wollen wir exemplarisch zeigen, wie ihre Suche nach angemessenem Erzieherverhalten durch das Fehlen einer Theorie innerer Prozesse erschwert wird. Betrachten wir die Deutung eines gelungenen Spiels »Eine Seereise in ferne Länder«: »Von solch einer Reise hatte der Onkel *eines* Kindes erzählt, der auf einem Dampfer Dienst tat. Im *lebendigen* Gespräch gab das gleiche Kind seine Eindrücke an seine Spielgefährten weiter. Das Schema, welches es dabei entwarf, begann sich mit Inhalt zu füllen. Dazu kamen noch persönliche Erinnerungen an Dampfer, die es einmal beobachtet hatte, Erinnerungen an Matrosen, an Reisen mit einem Dampfer, wovon es auch in Filmen und Erzählungen gehört und gesehen hatte. Als das Spiel begann, wurden einzelne Momente noch durch neue Motive bereichert, wurde neue Initiative entfaltet (so die Versorgung mit den notwendigen Lebensmitteln, ein offizielles Treffen auf dem Dampfer). [. . .] Dieses schöpferische Umgestalten des Inhalts geschieht nicht selten in ziemlichem Ausmaß und mit beträchtlicher Freizügigkeit. Besonders Kinder mit starken Emotionen und großer Initiative fügen dem Spiel viele neue und interessante Motive bei.«[32]

»Die Kinder spielten es [»Seefahrt in die Ferne«, d. V.] fast eine Woche lang, indem sie dem Inhalt immer neue Elemente hinzufügten. Wenn die Erzieherin dann das Zeichen gab, das Spiel zu beenden, beeilten sie sich nicht, dieser Aufforderung nachzukommen. Immer hatten sie noch irgend etwas zu sagen oder zu tun. Und immer beschlossen sie einmütig, dieses Spiel am kommenden Tag fortzusetzen.«[33]

32 Vgl. a.a.O., S. 126 f.
33 Vgl. a.a.O., S. 123.

Nach Meinung der Autoren wurde dieses Spiel durch das »lebendige Gespräch« lediglich eines Kindes ausgelöst. Da die anderen Kinder teilweise mit hohem emotionalen Einsatz mitspielten, scheint tatsächlich die farbenprächtige Schilderung Eindruck genug für das Spiel zu sein. In Wirklichkeit jedoch erfahren wir nichts über die innere Beteiligung der nur von dem Gespräch beeindruckten Kinder. Es könnte nun sein – und dabei stützen wir uns auf eine psychoanalytische Deutung solcher »Fortreise-Spiele« –, daß der abgespielte Eindruck nicht aus dem »lebendigen Gespräch« stammt, sondern durch es nur in Erinnerung gerufen wird. Insbesondere in der ödipalen Phase, an deren Krisenpunkt die 4jährigen Kinder, die ja noch bei Familien aufwachsen, sich teilweise bereits befinden, wird der Eindruck, daß die Eltern die Liebesangebote der Kinder zurückweisen, so bearbeitet, daß diese Eltern gar nicht die wirklichen Eltern der Kinder seien. Daran anknüpfende Spiele des Verreisens können dann z. B. die Bedeutung haben: »Um sie [die wirklichen Eltern, d. V.] zu suchen, muß ich weit, weit fortgehen. Oder es kann zu der rebellischen und selbstbewußten Phantasie führen: Ich brauche meine Eltern nicht; tatsächlich brauche ich überhaupt niemanden. Ich schaff' alles aus eigener Kraft!«[34]

Diese Verwendung der innerpsychischen Repräsentation der ödipalen Situation ist als Versuch zu begreifen, die gerade von der bulgarischen Autorengruppe konsequent herausgestellte – bei ihnen aber abstrakt bleibende – »Emotionalität« näher zu bestimmen. Als Konsequenz des von einem Kinde vorgeschlagenen erfolgreichen Spieles »Seefahrt in die Ferne« »beschlossen [die Wissenschaftler, d. V.], ein Spielthema zu wählen, das dem oben beschriebenen ähnlich war, wobei wir jedoch *unsere* Idee verwirklichen konnten. So schlugen wir vor, eine Reise mit dem Zug zu unternehmen – wir wollten eine Exkursionsgruppe darstellen und unsere Freunde in einem *benachbarten* Dorf besuchen. Damit waren die Kinder einverstanden. Sie stellten sich auf und warteten auf weitere Anordnungen. Wir sagten ihnen, was sie zu tun hatten, und sie führten die Anordnungen aus. So entstanden einzelne Rollen, und die Darsteller traten in Erscheinung, aber zu allem suchten die

34 Vgl. L. E. Peller, *Das Spiel und die Trieb- und Ichentwicklung*, a.a.O., S. 211.

Kinder unsere Zustimmung. Wir machten uns auf den Weg. An jeder Haltestelle wie auch am Endziel unserer Reise wandten sich die Kinder an uns, um unsere Meinung einzuholen, und dann fuhren wir weiter fort. Zwei Kinder zankten sich. Sie hatten vergessen, daß sie ›Reisende‹ sind und sich in einem ›Zug‹ befinden, sie haschten einander. Von allen am Spiel beteiligten Kindern erinnerte nur ein Kind die anderen daran, daß es ja ›unmöglich‹ sei, aus dem Zug auszusteigen, weil er ja in Bewegung ist. Doch sie schenkten dem keinerlei Aufmerksamkeit. Dann suchten sie aufs neue *unsere* Hilfe. Das Spiel verlief ohne jegliche Begeisterung und ohne Interesse. Deshalb hörten die Kinder bald auf damit und wandten sich anderem zu. Von allen 23 Kindern beteiligten sich 15 an diesem Spiel, 10 von ihnen setzten es weiter fort und am Ende blieben noch vier Kinder übrig. Unser aktives Einmischen verhinderte die Initiative und Selbständigkeit der Kinder und verwies sie in die Rolle rein mechanischer Darstellung. Deshalb war das Spiel so schnell zu Ende.«[35]

Während der *Erfolg* des »Seefahrt in die Ferne«-Spiels damit erklärt wird, daß es lebendig angeregt wurde, wird der *Miß*erfolg des Zugreise-Spiels genauso erklärt, nämlich durch Anregung und aktives Einmischen. Die Einhaltung oder Durchbrechung des Prinzips, daß ein Kinderspiel vom Kinde selbst ausgehen muß, wenn es ›funktionieren‹ soll, macht deutlich, warum das von einem Kind vorgeschlagene Spiel bei den ihm zuhörenden Kindern auf einmütige Begeisterung stößt, während das von den Erziehern vorgeschlagene Spiel bloß hingenommen wird. Nun wäre es immer noch unzulässig, Spielanregungen von Kindern für unschädlich und lediglich solche von Erwachsenen für schädlich zu halten. Die bulgarischen Autoren bringen selber Beispiele, wie Hinweise von einem Kind an andere deren Spiel zerstört: »In der dritten Gruppe erfüllten zwei Feuerwehrleute ihre Aufgabe nicht gewissenhaft – sie hörten nicht das Geschrei der Bürger, als der Brand ausgebrochen war. Es mischte sich ein Mädchen in das Spiel, das erklärte, daß man so nicht spielen könne. Man müsse aufmerksam hören und verstehen, wo und wann der Brand ausgebrochen sei. Doch danach wurde das Spiel nicht verän-

---

35 Vgl. S. S. Morewa, a.a.O., S. 123 (Hervorhebung durch die Verfasser).

dert, sondern es wurde abgebrochen.«[36]

Es bedarf also einer zusätzlichen Erklärung, warum eine kindliche Spielanregung von den anderen Kindern das eine Mal aufgenommen wird, das andere Mal nicht. Für unser Beispiel könnte die Erklärung darin gefunden werden, daß die gleichaltrigen Kinder beim »Seereise-Spiel« ebenso betroffen sind wie der es vorschlagende Junge: nämlich, daß sie sich wie dieser gegen übermächtige Erwachsene zu behaupten versuchen, und daß deshalb eine unbewußte ›Einmütigkeit‹ angesprochen war. Das Spiel wird also nicht durch das relativ abstrakte *Vorreden* ausgelöst, sondern dadurch, daß eine typische Konfliktsituation den Kindern mit Sicherheit in diesem Vorreden das Stichwort zu erkennen erlaubt, das zu einer spielerischen Bearbeitung eben dieses Konfliktes verlockt. Fehlt eine Theorie mit Zugang zu den unbewußten Konflikten der Kinder, dann muß auch die Verbindung zwischen einem solchen Konflikt und seiner Vergegenwärtigung in dem Vorreden des Jungen rätselhaft bleiben. Versucht nun ein Erzieher, der, da ohne solchen Zugang, das ›Vorreden an sich‹ – statt einen in ihm eingeschlüsselten Inhalt – für den Spielauslöser hält – denn tatsächlich redete ein Kind und daraufhin spielten die anderen –, dann muß er bei seiner Spielanregung scheitern, da seine Funktion ihn hindert, die spezifische Konfliktlage der Kinder zu treffen oder gar von ihnen als Leidensgenosse akzeptiert zu werden. Und sobald Erwachsene, gegenüber denen es Unabhängigkeit zu demonstrieren gilt, die Abhängigkeit noch einmal betonen, indem sie ein Spiel vorschlagen, in das theoretisch die Bedürfnisse der Kinder eingehen könnten, ist der wirkliche Gewinn des Spiels schon vorab genommen.

36 Vgl. a.a.O., S. 138.

IV. Wie die pädagogischen Postulate der sowjetischen Spielpsychologie dennoch eingelöst werden könnten

Wir halten fest, daß die bulgarischen Autoren aufgrund der Aufgabe, Kreativität, Initiative und Selbständigkeit fördern zu müssen, radikal mit der Spieleingriffspädagogik brechen, die bereits für den bloßen Augenschein mit diesen Erziehungszielen konfligiert. Wir haben aber gesehen, daß der notwendige nächste Schritt, die Bedeutung der inneren emotionalen Prozesse nicht nur abstrakt hervorzuheben, sondern sie auch konkret zu verstehen, noch zu machen ist. Die Psychoanalyse-Rezeption, wie wir sie z. B. bei der sowjetischen Pädagogin Boshowitsch gezeigt haben, fehlt bei den bulgarischen Autoren ganz. Um so wertvoller werden diejenigen Aussagen, die teilweise solchen psychoanalytischer Autoren gleichen, die, um Neurosen zu heilen oder ihnen vorzubeugen, zu ähnlichen Prinzipien des Umgangs mit dem Kinderspiel kommen. Gelänge es den bulgarischen Autoren, in einer kritischen Rezeption psychoanalytischer Einsichten sich den inneren Strukturen der Kinder zu nähern, dann näherten sie sich auch einer Spielpädagogik, die dort aktiv ist, wo allein sie etwas bewirken kann, nämlich bei der Verbindung mit dem aktiven Leben von Erwachsenen. Mögliche Rückfälle in eine Pädagogik, die sich als fehlerhaft begreift, weil »falsche Spiele« bei den Kindern vorkommen, sind dann zumindest theoretisch erschwert.

Bevor wir dazu übergehen, die Schwierigkeiten einer geplanten Eindrucksvermittlung, die in kindliche Freispiele mündet, zu analysieren, wollen wir exemplarisch zeigen, wie auch direkt vom Erwachsenen ins Spiel eingegriffen werden kann, um es zu bereichern, ohne es zu zerstören. Dabei werden wir zu Bestimmungen des Erwachsenenverhaltens gelangen, die wiederum unsere Grundannahme bestätigen, daß im Freispiel die Kinder Übermächtigkeiten bzw. Vernichtungsängste abarbeiten. Wir werden überdies erkennen, daß diese nicht-zerstörerischen Formen des Spieleingriffs das Problem der Eindrucksvermittlung nicht lösen, sondern nur ihre volle didaktische Ausschöpfung befördern können.

Bei der Entwicklung derartiger Formen können wir der Forderung Leontjews folgen: »Wer es [das Spiel; d. Verf.] lenken will, muß in der Lage sein, sich seinen Entwicklungsgesetzen anzupassen, um es auch wirklich zu steuern und nicht zu zerstören.«[1] Für die Vorstellungen, wie in gesellschaftlicher Erziehung das Kinderspiel Verwendung finden kann, ist eine andere Aussage sowjetischer Autoren nicht minder ernst zu nehmen: »Das Spiel entsteht als Antwort auf Aufgaben, die die Gesellschaft den Kindern stellt, in der die Kinder leben und deren aktive Mitglieder sie werden sollen«[2], daß »das Spiel [also] das Kind der Arbeit sei.«[3]

Zur Erklärung dieses letzten Satzes finden wir lediglich bei Elkonin eine kurze Formulierung: »Wo die Tätigkeit eines Kindes, selbst wenn es sehr jung ist, unmittelbar gesellschaftlichen Zielen dient, und wo sie zum Bestandteil einer gemeinsamen Arbeitskraft wird, fehlen Bedingungen für das Entstehen eines Rollenspiels. Das Streben des Kindes nach selbständiger Tätigkeit und nach Teilnahme am Leben der Erwachsenen wird hier unmittelbar befriedigt.«[4] Hier wird indirekt gesagt, daß Nichtbefriedigung zum Spiel führen kann, und insofern wird über dogmatisierte Bestandteile der sowjetischen Kinderspieltheorie hinausgegangen. Zu fragen ist nun, warum das Nicht-Beteiligtsein an Arbeit als Frustration sich äußert und warum diese fürs Kind nicht lediglich schädlich, sondern Anlaß zur Ausübung abstrakter und reflexiver intellektueller Tätigkeit im Spiel wird.

Wie bereits im ersten Kapitel angedeutet, können wir die Bestimmung sowjetischer Autoren, daß das Spiel »Kind der Arbeit« sei, nicht in ihrem Sinne interpretieren. Ihre These, daß der tendenzielle Ausschluß von der Arbeit der Erwachsenen erst die Spiel-Konstellation hervorbringt, teilen wir nicht. Von dieser These ist allerdings festzuhalten, daß der Inhalt der Spiele sich ändert, wenn die Kinder die Arbeiten der Erwachsenen nicht mehr miterleben, sondern an einem von der Produktion abgetrennten Ort aufwachsen. Die Arbeit der

1 Vgl. A. N. Leontjew, a.a.O., S. 310.
2 Vgl. D. B. Elkonin, a.a.O., S. 51.
3 Vgl. S. L. Rubinstein, a.a.O., S. 727.
4 Vgl. D. B. Elkonin, a.a.O., S. 41.

Erwachsenen ist – wie auch andere ihrer Verrichtungen – für die Kinder jedoch nur *ein* Attribut von übermächtigen Personen, deren Fähigkeiten sie erwerben wollen, um mit ihnen gleichzuziehen und so Unterlegenheitsängste zu bewältigen. Lebt das Kind also am Arbeitsplatz der Erwachsenen, so werden in seinen Spielen auch die Arbeitsverrichtungen der Erwachsenen auftauchen. Dieser Tatbestand scheint uns die Grundlage für die Behauptung einer Einheit von Spiel und Arbeit dort, wo Produktion und Leben noch nicht getrennt waren. Lebt das Kind in einem speziellen pädagogischen Raum und nicht mehr am Arbeitsplatz, so erscheinen in seinem Spiel Tätigkeiten von Erwachsenen, die es dort erlebt. In einem Kindergarten also spielen die Kinder Kindergärtner(in). Das nun die Arbeit der Kindergärtner(innen) Erziehung ist, könnte die These einer Einheit von Spiel und Arbeit auch hier fortgeführt werden, wenn in den Spielen erzieherische Maßnahmen zu beobachten sind. Die Trennung der Erziehung von der materiellen Produktion vermag also nicht die historische Entstehung des Kinderspiels, sondern nur das Verschwinden bestimmter Spielinhalte zu erklären. Wollte man nun – wie Elkonin – den psychischen Mechanismus des Freispiels selbst aus dieser Trennung ableiten, so gliche das dem Versuch einer Erklärung der nächtlichen Träume der Menschen aus eben der Trennung von Produktion und Erziehung. Soll diese Erklärung wirklich einen Sinn haben, dann müßte zusätzlich behauptet werden, daß sich die physische Basis des Menschenkopfes durch die Trennung von Produktion und Erziehung selbst verändert habe. (Für eine solche Behauptung haben wir aber auch in der sowjetischen Literatur keinen Beleg finden können.)

Wir halten also fest, daß der Ausschluß der Kinder von der produktiven Arbeit der Erwachsenen nicht als historischer Sündenfall zu werten ist, mit dem das so schwer lenkbare Kinderspiel in die Welt kam, sondern lediglich als Bedingung für die Veränderung der Spielinhalte. Die Hoffnungen auf ein Verschwinden des kindlichen Freispiels nach einer revolutionären Aufhebung der Trennung von Produktion und Erziehung müssen denn auch auf die schlichte Erwartung, daß die Spielinhalte sich wiederum lediglich ändern, zurückgenommen werden. Sie leben ja aus der Verzweiflung über die

›Irrationalität‹ vieler Kinderspiele, die zu einer schnellen Produktion von bewußt am Aufbau des Sozialismus mitwirkenden Kleinkindern in Widerspruch stehen. Und solche revolutionäre Ungeduld mag sich zum ›rationalen‹ Spieleingriff für berechtigt halten, wenn ihr theoretisch angedeutet wird, daß in der erstrebten vernünftigen Gesellschaft der Freispielmechanismus ohnehin verschwinde, er also nicht etwas zu Beschützendes, sondern etwas Fragwürdiges wie die bürgerliche Gesellschaft selber sei.

An einem Beispiel aus der sozialistischen Pädagogik des DDR-Kindergartens wollen wir belegen, daß diese Ungeduld auch ein Spiel treffen kann, das nicht ohne weiteres streng auf eine bestimmte historische Epoche eingrenzbar ist und den psychischen Mechanismus des Spiels leichter ins Blickfeld bringt, als die Freude oder Verärgerung über ›sozialistische‹ oder ›kapitalistische‹ Spielinhalte es vermag: »Die Rolle des Hundes war zu dieser Zeit beliebt, man fand sie auch beim Arzt- und Familienspiel. Der Hund, der gespielt wurde, war nicht etwa ein besonders kluges Tier. Er lief am Halsband auf vier Beinen oder war im Käfig eingesperrt, wartete auf Futter und bellte. Eine solche Rolle bietet für ein sechsjähriges Kind nicht gerade günstige Entwicklungsbedingungen.«[5]

Wir hören hier die Klage über wertvolle Erziehungszeit, die durch wertlose Spielinhalte vergeudet wird. An sich müßte schon das schlichte Auftreten eines Hundes im Spiel verworfen werden, da ja für die Aneignung der Arbeitsverrichtungen der Erwachsenen eine »hündische« Existenz nicht gut taugt. Die Theorie wird schon dann unstimmig, wenn der Hund lediglich verworfen wird, weil er nicht klug ist. Doch gerade solche Spiele, die auf dem Höhepunkt der ödipalen Phase häufig zu beobachten sind, haben für die Kinder einen Sinn. Die psychische Auseinandersetzung mit den Erwachsenen hat sich so zugespitzt, die Ängste haben so stark zugenommen, daß das unverkleidete Auftreten der Erwachsenen im Spiel die Angstbewältigung erschwert: der Angstmachende wäre allzu direkt gegenwärtig. Einen Hund an die Kette zu legen oder irgendein anderes starkes Tier zu bändigen, erlaubt eher, den bedrohlichen Erwachsenen oder die eigene Wildheit, deren

5 Vgl. I. Launer, a.a.O., S. 86 f.

Nichtbändigung ja gerade Vergeltungsängste nach sich zieht, spielerisch zu bearbeiten. Zur Erläuterung dieser Einschätzung eines nicht klugen Tieres im Spiel wollen wir eine von uns erlebte Episode mit dem 6jährigen Jungen U. berichten. U., der auf dem Lande lebt, wo noch Viehwirtschaft betrieben wird, hatte in seinem Zimmer eine Reihe von Spieltieren aufgebaut. Inmitten dieser Tiere stand ein Gatterkarree, in dem sich lediglich ein Stier befand. Jeder, der sich dieser Szenerie näherte, wurde aufgeregt angeschrien, er solle ja den Stier nicht herauslassen. Auf die Frage, warum denn der Stier eingesperrt sein müsse, antwortete U.: »Der muß gezähmt werden, weil er so wild ist.« Auf die – psychoanalytisch vorgebildete – Nachfrage: »Und wer zähmt dich?« antwortete U. spontan: »Meine Eltern.« Wir sehen, daß der bloße psychische Mechanismus des Freispiels, Angstbewältigung zu erleichtern, als solcher ernst zu nehmen und nicht etwa zu bekämpfen ist. Das gilt auch dann, wenn die Spielinhalte für die intellektuelle Entwicklung des Kindes wertlos zu sein scheinen.

Dennoch ist die zunehmende Inhaltsarmut und Eintönigkeit dort Anlaß zu berechtigter Arbeit an der Verbesserung des kindlichen Milieus, wo die Kinder immer weniger mit Erwachsenen in Kontakt sind, die in ihren Verrichtungen noch ein hohes Maß an Ernsthaftigkeit und Informationsreichtum verkörpern. Es macht also einen Unterschied für die Informationsaufnahme des Kindes, ob der mächtige Erwachsene sinnentleerte Tätigkeiten – etwa vorrangig Ordnungsrufe ausstößt – oder komplexe anschauungsreiche Arbeiten verrichtet. Ihre extreme Variante hat die Kontaktarmut der Kinder mit sinnreich beschäftigten mächtigen Erwachsenen – mit denen man gleichziehen möchte – noch nicht im abgeteilten Kinderzimmer innerhalb der elterlichen Wohnung, wo immerhin hauswirtschaftliche Verrichtungen zu erleben sind, sondern erst in den Krippen, Kindergärten und Schulen, die pädagogisch ›reinen‹ Raum darstellen. Dessen neuerliche Füllung mit informationsreichen Erlebnissen ist denn auch das zentrale Problem der institutionalisierten Erziehung überhaupt.

Die Sorge um die Eindrucksarmut beherrscht die Überlegungen zur gesellschaftlichen Kleinkinderziehung in aller Welt. Sie dürfte auch mitverantwortlich dafür sein, daß ins Spiel eingegriffen wird. Der Eingriff entspricht hierbei der Hoffnung, durch verbale Informationen ersetzen zu können, was an realen Eindrücken fehlt. Im folgenden wollen wir – die Eindrucksherstellung selbst noch vernachlässigend – exemplarisch zu zeigen versuchen, wie ins Spiel Informationen hineingetragen werden können, ohne es zu zerstören. Erst dann sind Überlegungen anzustellen, wie nicht – verbalistisch – d. h. im gängigen Verständnis unpädagogisch – Eindrücke vermittelt werden können, wie also Kinder an bedeutsamen Lebensprozessen teilhaben, ohne diese schon beherrschen zu können und deshalb zu spielen genötigt sind.

1. Wie über das Spiel, ohne es zu zerstören, gelehrt und gelernt werden kann

Die Rolle, die ein Erwachsener oder ein Kind im Freispiel eines anderen Kindes zum Zwecke der Informationseingabe einnimmt, könnte man als die eines Souffleurs und Komparsen bezeichnen.

Als Souffleur benötigt man keine Moral, sondern ein Wissen davon, welche beeindruckenden Erfahrungen und Konflikte das Kind spielerisch zu bewältigen trachtet, nicht um es zum gegebenen Zeitpunkt zu belehren, sondern um ihm mit dem Stichwort auszuhelfen, das es sucht. Dieses Wissen ist dem Erzieher nicht ohne weiteres gegeben. Er kann der kindlichen Konfliktbearbeitung nur dann dienen, wenn er die Struktur, von der die Eindrücke bestimmt werden, kennt. Andernfalls kann es passieren, daß er durch seine ›Aufklärungen‹ die Struktur gerade verleugnet. Das Kind unterliegt dann weiterhin dem strukturellen Konflikt und erfährt dadurch eine zusätzliche Erschwerung seiner Lage, daß die mächtige Erzieherperson für ihr ›falsches‹ Wissen Respekt verdient und somit einen weiteren Konflikt setzt. Der Erzieher verdirbt dem Kind also den Konflikt und zeigt damit, daß Erziehung, die im Interesse einer bestimmten Bewußtseinsbildung Konflikte verleugnet oder nicht aufnimmt, eher Löcher als neue Inhalte im Bewußtsein des Kindes zurückläßt. Interessiert sich der Erzieher z. B. für die Erziehung zur Solidarität und für die Vermeidung von Konkurrenzverhalten, dann führt ein aus diesem Interesse entspringendes Herunterspielen oder Bestreiten von Ängsten und Begehrlichkeiten eines Kindes, das objektiv in Konkurrenz – z. B. Sohn gegen Vater um die Mutter – steht, für das Kind zu einer Konflikterschwerung und keineswegs zu einer Verwirklichung des Erzieherinteresses. Der an Solidarität interessierte Erzieher muß daher die Konkurrenz anerkennen – keineswegs befürworten –, soll die an ihr haftende psychische Energie des Kindes neu verfügbar werden und nicht als moralisches Klischee der Realitätsbearbeitung verloren gehen. Gehen die Kinder zu einem geregelten Wettbewerb mit Gleichaltrigen über und bearbeiten so die unerträglichen Ängste aus der total ungleichen Konkurrenz Kind – Erwachsener, dann bedeutet pädagogische Unterbindung dieses geregelten Wettbewerbs keineswegs eine Garantie für die Vermeidung späteren Konkurrenzverhaltens, sicher aber eine Erschwerung kindlicher Angstverarbeitung. Die auch in der pädagogischen Konkurrenzbekämpfung verborgene Absicht, Angst zu vermindern, schlüge dann in ihr Gegenteil um. Zur Wirkung kann sie allerdings dadurch kommen, daß der Erzieher beim Umgang mit den Regelspielen alles vermeidet, was durch Heraushebung der einen und Tadeln der anderen von neuem Angst aktiviert. In der Formel »Mitspielen ist wichtiger als siegen« hat dieser pädagogische Weg seine schönste Fassung gefunden.

Das Wissen des Souffleurs wird also erst dann pädagogisch verwendungsfähig, wenn der Erzieher zugleich bereit ist, sich als Komparse den Anweisungen und Kommandos der Kinder zu unterwerfen, um so die aktive Wendung eindrucksvoll schmerzlich erfahrener Abhängigkeit zur Selbständigkeit zu befördern, anstatt die Abhängigkeit zu verschärfen.

Die Beteiligung am Spiel erweist sich durchaus als Hilfe für die Kinder, »ihre Spielidee zu verwirklichen«.[6] Diese Einstellung zum Kinderspiel wird indirekt schon von Vertretern der Spieleingriffspädagogik nahegelegt: »Wird bei der Erziehung den Spielen mit Sujetspielzeug besondere Aufmerksamkeit zugewendet, so spielen die Kinder oft die Rolle eines Regisseurs. Die Spielsachen sind dabei die Darsteller. Dabei ist eine große Anzahl von Tieren, Puppen usw., unter denen die

6 Vgl. a.a.O., S. 99.

Rollen verteilt werden, erforderlich. Auf der ›Bühne‹ setzt der Regisseur nicht nur mit eigener Hand die Teilnehmer in Bewegung, sondern spricht auch für alle ›Schauspieler‹. Zuweilen nehmen mehrere Kinder an solchen Rollenspielen mit Sujetspielzeug teil. Jedes von ihnen dirigiert einige der ihm zugeteilten Spielfiguren, erteilt die entsprechenden Antworten oder imitiert gleichsam die von ihnen ausgestoßenen Laute.«[7]

An einem von uns beobachteten Beispiel der vierjährigen J. wollen wir darlegen, wie Souffleur- und Komparsenrolle des Erwachsenen bei einem Kinderspiel aussehen können, und wie selbst noch das Soufflieren, das in die kindliche Rolle genau hineinpaßt, vom Kind zugleich wie eine Unterlegenheitserfahrung spielerisch bearbeitet wird. J., die seit einiger Zeit einen Montessori-Kindergarten besucht, spielt mit der Mutter Buchstaben-Abfragen. Sie benutzt dazu ausgeschnittene Buchstaben des Alphabets, die sie der Mutter überreicht. Die Mutter hat nun die Buchstaben einzeln vorzuweisen und J. nach ihrer richtigen Bezeichnung zu fragen. Dieses Spiel läuft so lange, bis die Mutter an den Buchstaben P gerät, dessen Bezeichnung J. nicht kennt. J. fragt nun nicht einfach die Mutter, wie der Name des Buchstabens sei, sondern versetzt plötzlich die Mutter in die Rolle des Abgefragten; sie zeigt den ihr unbekannten Buchstaben P der Mutter vor und fragt nach seiner Bezeichnung. Die Mutter nennt diese Bezeichnung und erhält von J. die Belobigung: »Richtig«. Das Kind hat sich also eine Information ergattert und ist gleichwohl Herr der Lage geblieben. Damit nicht genug; es geht nun nicht einfach zu dem nächsten Buchstaben über, sondern reicht den neu kennengelernten Buchstaben P der Mutter zurück, mit der Aufforderung, die ursprüngliche Befragung fortzusetzen. Die Mutter zeigt J. den Buchstaben P und fragt nach seiner Bezeichnung. J. gibt mit ebenso selbstverständlicher Tonart wie bei den vorherigen Buchstaben, die sie kannte, die Antwort: »P«. Wir sehen hier, daß J. nicht lediglich, wie eingangs gesagt, Buchstaben-Abfragen spielt, sondern jemanden spielt, der beim Umgang mit Buchstaben nicht schlechter ist als die Erwachsenen, von deren Wissensüberlegenheit sie doch gerade lernen soll. J. lernt tatsächlich etwas hinzu. Dies

7 Vgl. S. L. Rubinstein, a.a.O., S. 739.

wird ihr psychisch erträglich, indem sie spielt, gar nicht lernen zu müssen, sondern schon alles zu wissen und damit dem Erwachsenen nicht unterlegen zu sein. Sie ähnelt jedem Erwachsenen, der, ohne eine Miene zu verziehen, eine bisher völlig unbekannte und für ihn wichtige Information vernimmt und sie beiläufig ins nächste Gespräch als Selbstverständlichkeit einflicht. Dieses Lernen durch »Spiel« wäre gescheitert, hätte die Mutter es verdorben, z. B. dadurch, daß sie, statt J. beim zweiten Mal nach dem Namen des Buchstaben P zu fragen, gesagt hätte: »Hörst du denn nicht zu? Den Namen habe ich doch gerade gesagt.« Das Kind hätte dann als unwissend und belehrt dagestanden und das psychische Gleichgewicht verloren, das ihm das Lernen erst erträglich machte.

Die Übernahme der gleichzeitigen Souffleur- und Komparsenrolle – zwar die Information geben zu dürfen, dies aber in der Schülerrolle tun zu müssen – ist für die Erzieher deshalb schwierig, weil die Kinder in der Regel ein hartes Regiment über ihre Komparsen führen und der Erwachsene sich dauernd in Positionen befindet, deren Unerträglichkeit gerade daran deutlich wird, daß ein Kind in vergleichbarer Position sich dieser nur durch Spiel erwehren kann. Unwilligkeit und Abwimmelei sind deshalb typische Verhaltensweisen, mit denen wir uns der psychisch höchst aufwendigen Komparsenrolle zu entziehen suchen. Wie gut Kinder selbst darüber Bescheid wissen können, mag die Aufforderung eines von uns beobachteten Mädchens an seine Großmutter verdeutlichen: »Wenn du mir jetzt nichts vorliest, dann mußt du mit mir spielen!« Die Unterwerfung des Erziehers unter das kindliche Freispiel, die doch als passiv einfallslose Tätigkeit erscheint, ist somit sehr viel anstrengender und pädagogisch verdienstvoller als der oberflächlich so aktiv und pädagogisch fleißig wirkende Eingriff ins Kinderspiel. Der Eingriff hat gerade für den Erwachsenen selbst den Charakter eines Rituals, in dem die Kinder zu seinen Komparsen werden und der Erzieher den psychischen Gewinn einstreicht.

Nach diesem Beispiel, wie in einem Freispiel nützlich gelernt werden kann, ohne es zu zerstören, wollen wir anhand einer anderen Beobachtung demonstrieren, wie moralisch Wünschenswertes von den Kindern selbst in ihren unmoralischen Spielen angeeignet wird, sofern man sie nur unbehelligt läßt.

Die dreijährige J. spielte Totschießen, was die Mutter immer wieder mit der Begründung unterband, daß es grausam und unmenschlich sei, wenn Menschen sich gegenseitig umbringen oder verletzen. Diese Spielunterbindung war allerdings ausschließlich auf grausame Spiele beschränkt und so vorgenommen worden, daß für das Kind eine unerträgliche Bedrohung nicht entstand. Die Mutter zerstörte nämlich das Spiel nicht, sondern kommentierte es lediglich als etwas, das sie kränke und das deshalb von ihr verurteilt werde. Dennoch war für das Kind die Zuwendung der Mutter so sicher, daß das Risiko des Tadels vom psychischen Gewinn des Spieles leicht aufgehoben und das Spiel wiederholt wurde. Eine entscheidende Veränderung trat dabei allerdings ein. Bevor das Totschießen-Spiel aufgenommen wurde, erhielt die Mutter Tröstungen derart, daß sie sich keine Sorgen machen solle, es würde niemand totgeschossen, niemand verletzt, Schlimmes werde nicht passieren, weil es ja nur ein Spiel sei. Wir sehen hier, daß trotz der Beibehaltung des grausamen Spieles die moralische Norm zur Kenntnis genommen ist und kein Anlaß besteht, zu diesem Zweck das Spiel zu zerstören.

Anderthalb Jahre später spielt J. nach einem Zirkusbesuch eine schießende Manegekünstlerin, für die die Mutter das Publikum abzugeben hat. Für J. hat sich inzwischen die ödipale Bindung an den Vater verstärkt. Während der wilden Schießerei, welche die Mutter mit ›Oh‹s und ›Ah‹s zu würdigen hat, richtet sich die ›Waffe‹ auch auf das elterliche Schlafzimmer, wobei die Augen auf die Mutter fixiert bleiben. Nun wird das Spiel plötzlich um die Versicherung erweitert: »Du kannst ganz unbesorgt sein, dir passiert nichts, ich schieße nur auf dein Schlafzimmer.« Auch hier sehen wir, daß der ödipale Beseitigungswunsch gegen die Mutter bereits in zärtlichere Bahnen gelenkt wurde. Die aus Ohnmacht und Vergeltungsangst entstehende Unmöglichkeit, die Mutter wirklich zu beseitigen, wobei die Ohnmacht nicht nur aus Schwäche, sondern auch aus Anhänglichkeit resultiert, wird im Spiel überwunden und damit die Aufrechterhaltung realer Liebesbeziehungen zur Mutter erst möglich. Eine Spielzerstörung hätte die Ohnmacht nur verstärkt und zugleich die Beziehungen zur Mutter verschlechtert. Während das Kind seine schlimmen Wünsche durch spielerische Bewältigung loswerden möchte, muß der Spieleingriff das Bewußtsein von der Verwerflichkeit dieser Wünsche ins Unermeßliche steigern, da sie von dem Erwachsenen offensichtlich als wirkliche Bedrohung aufgefaßt werden. Die im Interesse des Kindes erfolgte Spielzerstörung würde ihm nicht helfen, sondern es nur um so mehr an seine aggressiven Strebungen fixieren.

Indem das Kind aggressiv spielt, gibt es zu verstehen, daß es die soziale Mißbilligung seiner Strebungen kennt und sich ihrer spielerisch zu entledigen sucht. Erfährt aber das Spiel dieselbe soziale Mißbilligung wie die aggressive Handlung, so bleibt für das Kind nur die Möglichkeit, sein Spiel so zu ›verschlüsseln‹, daß das Verbotene unkenntlich wird. Es versucht dann unbewußt, dem Spieleingriff zuvorzukommen, schwächt damit aber den Bewältigungseffekt des Spiels ab und kann so zu seiner zwanghaften Wiederholung übergehen; zugleich schafft es sich im Spiel Bedingungen, die den realen Umständen so unähnlich sind, daß sie diese ebenfalls weniger bedrohlich werden lassen. Es riskiert nun allerdings die erzieherische Mahnung, daß sein Spiel sinnlos sei. Der Erzieher und auch das Kind selbst haben kein Bewußtsein davon, warum das Kind scheinbar sinnlos spielt. So spielte ein vierjähriger Junge H. nach der Geburt seiner Schwester ›Bälleaufschneiden‹, was als sinnlose Tätigkeit und Spielzeugzerstörung geahndet wurde. Daß hier ein Versuch unternommen wurde, der Konkurrenzbedrohung durch das Neugeborene zu entkommen, indem man selber Kinder aus Bäuchen holt und sich damit zum Herrn der neuen Situation macht, war dem Spiel nicht anzusehen.

Die Unterbindung des ›sinnlosen‹ Spiels unterdrückt also den letzten, psychisches Gleichgewicht verbürgenden Versuch, Realität zu bewältigen, und kann zur Folge haben, daß das Kind von selbst begonnene Spiele abbricht oder gar nicht erst aufnimmt.

2. Warum mit psychoanalytischen Erkenntnissen über das Kinderspiel allein die Schwierigkeiten der Kindergarten-Erziehung nicht beseitigt werden können

Spielhemmung, Spielabbruch, Spielunfähigkeit und auch *zwanghaftes Wiederholen des immer gleichen Spieles* sind

Resultate eines Lebensprozesses, in dem die spielerische Konflikt- und Eindrucksbewältigung als nicht mehr zulässige mißlingt.[8] Eine Theorie, die – wie die sowjetische – davon ausgeht, daß nur durch Spiel Realitätsaneignung gelingen kann, muß solche Erscheinungen als höchstes Alarmsignal werten. Ihre Leistungsfähigkeit steht oder fällt damit, ob sie solche Erscheinungen erklären und auflösen kann. Denn bevor Realität durch Spiel angeeignet werden kann, muß eine allgemeine Spielfähigkeit beim Kind vorhanden sein. Unseres Wissens ist keine dieser Erscheinungen in der sowjetischen Psychologie und Pädagogik einer Lösung zugeführt worden, obwohl sie durchaus mit Sorge zur Kenntnis genommen werden.

Die differenzierte Einschätzung des kindlichen Entwicklungsstandes anhand der Komplexität kindlicher Spiele, wie sie etwa im Entwicklungsvorhaben der DDR-Autorin I. Launer zu erkennen ist[9], verdeutlicht diese Sorge. Von den psychoanalytischen Autoren werden alle diese Erscheinungen als bedenkliche Krankheitssymptome gewertet, die zum Anlaß einer Therapie werden können. Der psychoanalytische Zugang zum Kinderspiel ist mithin ein medizinischer. Aus dem Heilungsprozeß, der Wiederherstellung von Spielfähigkeit über eine direkte Behandlung des Kindes, können nun zwar keine pädagogisch informativen Programme abgeleitet werden; es können aber mit seiner Hilfe sehr wohl Erklärungen für kindliche Verhaltensweisen, die zur Absicht der Programme querstehen, gesucht werden. Diese Leistung des psychoanalytischen Heilungsverfahrens für die Anleitung z. B. einer Kindergartenerziehung ist zwar begrenzt, aber keineswegs gering zu achten. Sie eröffnet einen Zugang zu ansonsten rätselhaften kindlichen Aktivitäten, welche wir auch im Material der Autoren finden, die sich der sowjetischen Spieltheorie verpflichtet wissen. So berichtet I. Launer von einem Jungen namens Andreas, der ins Spielen mit anderen Kindern wieder-

---

8 Es ist nicht unsere Aufgabe, hier psychoanalytische Deutungen bestimmter Störungsformen des Kinderspiels umfassend zu referieren. Wir setzen also eine kritische Aneignung der Arbeiten von M. Klein, H. Zulliger, A. Freud, V. Axline usw. voraus. Als leicht zugängliches Beispiel für die Erklärung von Spielhemmung und Spielabbruch und für seine therapeutische Auflösung verweisen wir auf den Fall der 3jährigen Mary, den E. H. Erikson in *Kindheit und Gesellschaft*, Stuttgart 1965, S. 219–229, berichtet.

9 Vgl. I. Launer, a.a.O., Kap. IV.

holt einen Klosettbau einbringt[10]; sie vermerkt dies als Auffälligkeit – insbesondere dort, wo er aus »für Lebensmittel bestimmte[n] Bausteine[n] eine Toilette gebaut hat.«[11] Nun ist es zwar ausgeschlossen, ohne nähere Kenntnis dieses Jungen das Klosettbau-Spiel zu deuten; wir können aber – ebenso wie I. Launer – einen zwanghaften Zug dabei nicht übersehen. Launers Positionen verstellen aber Einwendungen gegen dieses Spiel: Klempnerei ist eine nützliche Tätigkeit, und Andreas eignet sich ja nur an, was wünschenswert ist. Insofern kann eine unzureichende Theorie des Kinderspiels eine pädagogische Praxis begünstigen, welche die Kinder nicht voranbringt, sondern sie ohne Hilfe läßt und auch den gesellschaftlichen Anforderungen nicht genügt. Das kann sich verschärfen, wenn die reale Frustration und die Spielbeeinträchtigung ein Kind dazu bewogen haben, um weiteren Beeinträchtigungen zu entgehen, nur noch das zu spielen, was ihm aufgetragen wird. Wir haben dann das brave Kind, das einzig fragt: »Was soll ich nun spielen?« Ein solches Kind kommt den theoretischen Vorstellungen einer Spieleingriffspädagogik verführerisch nahe. Es scheint die ideale Voraussetzung dafür zu erfüllen, sozial erwünschte Fertigkeiten und Normen einzuspeisen. Allerdings wird ein solches Kind auch den sowjetischen Pädagogen merkwürdig erscheinen, ohne daß ihre Theorie Kategorien zu seiner zureichenden Einschätzung an die Hand gäbe. An einem solchen Kind kann vielleicht am besten verstanden werden, daß die *Inhalte* der Kinderspiele keinerlei Gewähr dafür bieten, daß die späteren Erwachsenen das besonders gut können, was sie als Kinder gespielt haben. Auf diesen Zusammenhang läuft ja die Spieleingriffspädagogik hinaus. Ihr zufolge muß in der Konsequenz der Erwachsene ›gut machen‹, was er als Kind gespielt hat, und an Aufgaben scheitern, die er in der Kindheit nicht gespielt hat.

An einem Beispiel, wie diese Auffassung für eine vordergründig sehr einsichtige Erziehungsabsicht gebraucht wird, soll gezeigt werden, wie schnell sie zu einer falschen Behandlung des Kindes führt. Ein uns bekanntes Elternpaar, das die Fixierung seiner jungen Tochter auf die Mütterlichkeitsrolle verhindern und vor der davon befürchteten Benachteiligung

10 Vgl. a.a.O., S. 81 und 84.
11 Vgl. a.a.O., S. 84.

im späteren Leben schützen wollte, hatte sich vorgenommen, alle Freispiele zu vermeiden, in denen ›Mutter und Kind‹ gespielt wird. Dem diente der strikte Verzicht auf das Schenken von Puppen und anderen Sujets solcher Spiele. Den Eltern zuliebe verzichtete das Kind lange auf solche Spiele oder spielte sie nur dort, z. B. bei der Großmutter, wo es die Eltern nicht stören konnte. Das Kind hatte beim Puppenspiel also nicht das Gefühl, sich auf irgend etwas zu fixieren, sondern die Eltern zu kränken. Diese wiederum hatten aus der traditionellen Einstellung, daß Mädchen ausschließlich Beschäftigungsmaterial zur Einübung von Weiblichkeitsrollen zugebilligt, ja aufgedrängt wurde und die daran entsprechende Spiele knüpften, den Schluß gezogen, das Spielen an sich und nicht die gezielte Beschäftigung führe bereits zur Rollenfixierung. Das Mutter-Kind-Spiel dient aber häufig der Verarbeitung des Konfliktes, den ein neugeborenes Kind dadurch verursacht, daß dem älteren Aufmerksamkeit entzogen wird. Das Spiel zeigt dann, wie man selbst behandelt werden möchte, nämlich wie das neu ankommende Geschwisterkind, und daß man – als Spielmutter – ja gar nicht betroffen ist, da man nun selbst wie die Eltern dasteht und nicht mehr als das hilflose Kind. So nimmt es nicht wunder, wenn dieses gegen weibliche Rollenfixierung erzogene Mädchen – nach Aufhebung elterlicher Mißbilligung – intensiv das Mutter-Kind-Spiel – und zwar mit geringsten Mitteln – aufnahm und offensichtlich unter anderem damit die Konkurrenz zum kleinen Bruder besser zu bewältigen vermochte.

Psychoanalytische Autoren konnten zeigen, daß ein Kind, das ausschließlich das spielt, was es soll, gleichgültig, welchen ›guten‹ Zielen dieses Sollen dient, keineswegs so wird, wie man es sich als Erwachsener wünscht, sondern brav, aber gestört. Mit der Psychoanalyse läßt sich aufdecken, daß bei einem braven Kind bereits eine Störung vorliegt: »Viele Kinder brauchen oft die starke Spielbeteiligung einer anderen Person, überlassen dieser die Initiative, holen nicht selbst das Spielzeug herbei usw. Bei Kindern, die nur Spiele, die sie genau nach Vorlage ausführen oder nur eine bestimmte Art von Spielen lieben (das dann gewöhnlich mit besonderer Intensität betrieben wird), liegt eine starke Phantasieverdrängung vor, die gewöhnlich auch mit zwangsneurotischen Zügen einhergeht. Das Spiel trägt dann eher den Charakter eines zwangsneurotischen Symptoms als den einer Sublimierung.«[12]

Alle Erscheinungen der Spielstörung, wenn sie zur Therapie gelangen, versucht man in gewisser Weise ebenfalls durch Eingriffe ins Spiel zu korrigieren, um das Kind zu heilen. Insofern ist die Psychoanalyse, sofern sie als Heilungsmethode zur Anwendung kommt, genauso durch Spieleingriffe gekennzeichnet wie die sowjetische Theorie des Kinderspiels, wenn diese pädagogisch umgesetzt wird. Allerdings ist der psychoanalytische Eingriff prinzipiell dadurch gekennzeichnet, daß durch Übermachtabbau das Unterlegenheitsgefälle zum Kind auf ein Maß zurückgebracht wird, auf dem es das Kind bewältigen kann. Dieses Vorgehen einigt alle aus der Psychoanalyse hervorgegangenen und einander teilweise befehdenden spieltherapeutischen Verfahren.

1. Zulligers »Kindespsychotherapie ohne Deuten unbewußter Inhalte«, die »reine Spieltherapie«, geht so vor, daß der Therapeut nach psychodiagnostischer Orientierung das Spiel bestimmt, das den pathogenen Konflikt zum Ausdruck bringen kann. Hierbei kann der Therapeut sich natürlich täuschen, er muß dann nach einem anderen Spiel suchen. Das muß er so lange fortsetzen, bis der Konfliktursprung gespielt und für den Therapeuten verständlich wird, der nun auch noch versucht, diesen außerhalb des Kindes liegenden Ursprung zu beseitigen. Dabei verzichtet er auf eine verbale Formulierung des Konfliktes gegenüber dem Kind und interveniert direkt bei den konflikträchtigen Bezugspersonen. Allein die Tatsache jedoch, daß er sich nicht auf diese Intervention beschränkt, sondern die Heilung im Spiel selbst sucht, zeigt, daß das Spiel auch ohne die Erforschung der Konfliktursprünge, die Repräsentanten des Konfliktes im Kinde, die Symptome nämlich, aufzulösen vermag. Zulliger schreibt: »Es handelt sich darum, daß das Kind etwas *erlebe*, und nicht in erster Linie darum, daß es etwas *wissen* lerne. Deshalb erscheint das Deuten fragwürdig. Es kann nämlich eine gewisse Gefahr in sich schließen: Man sah analysierte Kinder, die *alles wußten*. Kluge Kinder, die sich mit einem so unterhielten, als wären sie kleine Psychologen, [. . .] *nur waren sie nicht geheilt worden*.

12 Vgl. M. Klein, *Die Psychoanalyse des Kindes*, München/Basel 1973, S. 126 f.

Offenbar hatte sich ihre Behandlung allzu sehr nur auf der *intellektuellen* Ebene abgespielt und war deshalb therapeutisch unwirksam geblieben.«[13]

Die Kennzeichnung »nicht-deutende« Spieltherapie gilt also nur für ein bestimmtes Moment, den unmittelbaren Kontakt zwischen Therapeut und Kind. In Wirklichkeit handelt es sich ebenfalls um ein deutendes Verfahren, in welchem die Deutung dem Kind nicht als Belehrung und Kommentar, sondern in einen Spielvorschlag eingebunden mitgeteilt wird. In diesem Spiel soll der Konflikt, der als ein bloß beredeter dem Kind nicht nahe zu bringen ist, eine seinem Entwicklungsstand entsprechende Ausdrucksform finden.

2. Die von Zulliger kritisierte »deutende Spieltherapie« ist älter als die »reine« Spieltherapie und wurde vor allem von Melanie Klein entwickelt. Diese Methode verfolgt ebenfalls das Prinzip, daß das heilende Spiel ganz ausschließlich dem kindlichen Begehren folgen müsse. Sie ergänzt das Spiel durch die Mitteilung der Diagnose an das Kind. Der Therapeut bietet seine Deutung des Konfliktes als Rede dem Kinde an. Nur wenn diese Deutung das Spiel des Kindes verändert und bisher nicht gewagte Handlungen darin erscheinen, gilt die Deutung als vom Kinde angenommen. Die Wirkung einer Deutung auf ein siebenjähriges Kind schildert Klein folgendermaßen: »Angst und Argwohn steigerten sich erst, aber bald setzte eine deutliche Erleichterung ein. Ihr Gesichtsausdruck veränderte sich, und obgleich sie weder zugab noch verneinte, was ich ihr gedeutet hatte, zeigte sie in der Folge ihre Zustimmung durch neues Material und durch erhöhte Freiheit in Spiel und Sprache.«[14]

Die Absicht auch dieser Therapie besteht darin, Spielhemmungen und verklausuliertes Spiel wieder zum Freispiel hinzuführen und so seine Potenz der Konfliktbewältigung und erst damit ermöglichter neuerlicher Realitätsoffenheit des Kindes zu entfalten.

Obwohl vorschnelle und zu häufige Deutungsversuche uner-

13 Vgl. H. Zulliger, *Heilende Kräfte im kindlichen Spiel*, Frankfurt/M. 1972, S. 73.

14 Vgl. M. Klein, *Die psychoanalytische Spieltechnik: Ihre Geschichte und Bedeutung*, S. 16, in: *Das Seelenleben des Kleinkindes und andere Beiträge zur Psychoanalyse*, Hamburg 1972.

fahrener Erzieher eine Spielhemmung verfestigen können und die Kritik an diesem deutenden Verfahren verständlich machen, bieten sich Deutungsversuche dort an, wo im freien Spiel eines Kindes zugleich ein anderes Kind gequält wird, das in Wirklichkeit stellvertretend für eine andere Person steht. Das ungehinderte heilende Ausspielen hätte dann die Beschädigung eines anderen Kindes zur Folge und kann deshalb nicht umstandslos geduldet werden. Eltern, Erzieher oder Therapeuten können in einem solchen Fall versuchen, sich über die Deutung selbst an die Stelle des gequälten Kindes zu setzen. An einem Beispiel soll das verdeutlicht werden. Die 4jährige J. spielte mit ihrem kleinen Bruder P. solche Spiele (Räuberspiele etc.), in denen sie ihn regelmäßig kneifen konnte. Die Deutung der Mutter, sie zwicke den Kleinen, weil er ihr die ungeteilte Aufmerksamkeit der Mutter genommen habe, das Zwicken also eine stellvertretende Bestrafung der Mutter sei, führte dazu, daß ein neues Spiel entstand. J. konnte nun die Mutter zwicken und zerren, worauf diese in Jammern und Wehklagen ausbrach. Da jetzt das eigentliche Objekt für die Abreaktion zur Verfügung stand, wurde das Zwicken, das beim kleinen Bruder noch ernsthaft und schmerzhaft verübt wurde, selbst nur noch *gespielt*. Die Gewährung der Aggression, die Versicherung, daß sie ganz verständlich sei, hatte das Spiel realitätsnäher und damit den Konflikt mit geringerem Affektaufwand bewältigbar gemacht. Hätte die Mutter statt der Deutung z. B. mit der tpyischen Drohung eingegriffen: »Wehe, wenn du noch einmal den Kleinen quälst«, so wäre die Angst verstärkt worden, daß der Bruder tatsächlich wichtiger sei; die Aggression auf die Mutter wäre noch gewachsen, aber im Kinde verschlossen virulent geblieben. Dadurch, daß sich der Erwachsene, der ja die frustrierenden Spielanlässe unvermeidbar setzt und setzen muß, zugleich in diesem Spiel als der Komparse zur Verfügung stellt, mit dem umgesprungen werden darf, läßt sich der Effekt des Spiels vergrößern, indem die Bewältigung den direkteren Weg nehmen kann. Natürlich funktioniert dieses Verfahren, bei dem die Angst, Aggression und Vergeltungsangst setzende Person selber zum Opfer im Spiel wird, nur dann, wenn die unbewußten Ängste nicht bereits so gewichtig sind, daß sie der Erwachsene schon durch sein bloßes Auftreten verstärkt. Der Vorteil von Erziehern und Therapeuten, die zum Kinde nicht in einem Dauerverhältnis stehen, besteht gerade darin, durch absolute Duldsamkeit immerhin diejenigen Aggressionen hervorlocken zu können, die sich gegenüber den fürs Kind wirklich zuständigen Machtpersonen, aus deren Abhängigkeit zu entkommen es keine Chance hat, nicht mehr hervorwagen. Der professionelle Therapeut ist also nur dann erforderlich, wenn bei den engen Bezugspersonen des Kindes nicht nur psychoanalytische Einsichten fehlen, sondern obendrein die Konfrontation mit dem Kind sich bereits in übermäßigen Ängsten niedergeschlagen hat.

3. Auch eine dritte, ursprünglich aus der Psychoanalyse entwickelte spieltherapeutische Methode, die vorrangig von C.R. Rogers und V. M. Axline vertretene »Kinderspieltherapie im nicht-direktiven Verfahren«, konzentriert sich darauf, die Kinder in der therapeutischen Situation von allem freizuhalten, was normalerweise als ein Spieleingriff wirken kann. In diesem Rahmen vollzieht sich etwas, das als Mischung von Deutung und komparsenhaftem Mitspiel bezeichnet werden kann. Der Therapeut steht dem Kind wie eine ›Spielsache‹ zur Verfügung und verbalisiert jeweils, was das Kind nur agiert oder unbegriffen ausspricht. Auch dieses Verfahren dient einer zunehmenden Befreiung der Spiele und kann nur von daher Heilung bewirken. Die vom Therapeuten geforderte »gleichbleibende Gewährungshaltung«[15], »das vorbehaltlose ›Annehmen‹ des Kindes«, der Verzicht auf eine bereits als Spieleingriff gewertete diagnostische Voruntersuchung und auf jedes Dirigieren des Spiels bedeuten mithin keineswegs, daß der Therapeut oder Erzieher eine vollkommen passive Rolle übernimmt: »Er ist sozusagen die treibende und auslösende Kraft, die den Klienten befähigt, seine gefühlsmäßig übersteigerten Haltungen in sich zu ordnen und richtig einzuschätzen, um sie dann im Zuge einer inneren Neuorientierung entweder abzulegen oder anzunehmen. Der Berater erreicht dieses Ziel dadurch, daß er den Klienten gut genug versteht, um sich in dessen gefühlsgeladene Reaktionen einfühlen zu können. Durch ein differenziertes Auswerten der vom Kinde

15 V. M. Axline, *Kinderspieltherapie im nicht-direktiven Verfahren*, München/Basel 1972, S. 22.
16 A.a.O., S. 24.

zum Ausdruck gebrachten Einstellung gelingt es dem Berater, dem Kind sein Verhalten erkennbar zu machen als das, was es ist. [...] Der Berater verhält sich äußerst zurückhaltend und geht nie schneller voran als sein Arbeitspartner, wohl wissend, daß der Klient immer Herr im eigenen Hause bleiben muß, und daß es der Wille des Klienten ist (und nicht der des Beraters), durch den Verhaltensweisen bestimmt werden sollten«.[17]

Der von den Autoren angenommene Vorteil gegenüber der Psychoanalyse – statt hoher Ausbildungskosten mit knappen Regeln Therapeuten zahlreich produzieren zu können – scheint jedoch die Schwierigkeit der Hauptregel, sich absolut gewährend und duldsam verhalten zu müssen, einigermaßen zu verharmlosen. Die Verwirklichung dieser Regel erfordert harte Arbeit, hohen psychischen Aufwand. Wenn ich den Therapeuten *auffordern* muß, sich zurückzuhalten, dann tut er das offensichtlich nicht wie von selbst. Die therapeutische Ausbildung hätte also zu vermitteln, was das Sich-Zurückhalten so schwer macht, was im Therapeuten also dauernd dazu drängt, sich vom Kinde nichts gefallen zu lassen, was ihn am kindlichen Verhalten ärgert und bösartig machen kann. Die schlichte Forderung nach Zurückhaltung dürfte aus diesen Gründen häufig entweder durchbrochen oder so mechanisch eingehalten werden, daß diese Haltung vom Kind wiederum als übermächtig und bedrohlich erfahren wird.

Bei aller Notwendigkeit einer differenzierenden Betrachtung kann man als Resultat der Spieltherapien für die Kleinkinderziehung resümieren, daß die Erzieher sich nur direkt am Freispiel vergreifen dürfen, um es bei Störungen wiederherzustellen oder um es informativer zu gestalten, indem sich der Erzieher dem Kind als ein ›wissendes Spielsujet‹ zur Verfügung stellt.

Die verschiedenen Therapien haben bei aller gegenseitigen Kritik Heilungserfolge vorzuweisen, ohne deren Grundbedingung zureichend reflektieren zu können. Bei der Suche nach der Heilungsbedingung ergibt sich die Übereinstimmung, daß sich alle Therapeuten dem Agieren des Kindes auszuliefern

17 A.a.O., S. 31.

haben. Unseres Erachtens liegt der Erfolg dieser Zurückhaltung, Zurverfügungstellung, Unterwerfung nicht allein in dem psychoanalytischen Wissen von der Notwendigkeit des Übermachtabbaus und der Reduzierung der Vergeltungsangst für die Heilung des Kindes. In die nicht-direktive Spieltherapie geht dieses Wissen explizit schon gar nicht mehr ein. Das Geheimnis des Heilungserfolges muß also aufgedeckt werden, bevor geprüft werden kann, ob im Kindergarten über die sogenannte Anwendung der therapeutischen Erkenntnisse auf die tägliche Erziehung ähnliche Erfolge zu bewerkstelligen sind. Wir haben oben gesagt, daß die allen Therapien gemeinsame Gewährungs- und Unterwerfungshaltung einen hohen psychischen Aufwand erfordert. Die außergewöhnliche Bereitschaft zu solchem Verhalten verlangt eine außergewöhnliche Grundstruktur des Behandlungsprozesses, die so selbstverständlich oder auch anrüchig scheint, daß sie in den theoretischen Arbeiten gar nicht erst benannt wird. Diese Grundstruktur besteht darin, daß der Therapeut sein Wissen von der Notwendigkeit des Sich-Zurückhaltens, ja des Sich-Unterwerfens für den Heilungszweck nur dann in wirkliche Zurückhaltung und Unterwerfung umsetzt, wenn er dafür bezahlt wird. Der typische Spott über den Therapeuten, dessen eigene Kinder mißraten sind, enthält unreflektiert die schlichte Grundtatsache der Entgeltlichkeit des Therapiegeschäftes. Zentral für den Heilungserfolg ist daher nicht allein das psychoanalytische Wissen. Außerhalb der Erwerbszeit können die erschöpfenden, aber einträglichen Verhaltensweisen durchaus abgelegt werden. Die Folge des Freizeitverhaltens ist dann vielleicht eine ebenso starke Schädigung der eigenen Kinder, wie sie von anderen Eltern verursacht wird, die den Broterwerb des Therapeuten sichern. So mag sich ein Therapeut, den unglückliche Lebensumstände z. B. auf den Beruf eines Kleinkinderziehers zurückgeworfen haben, gegenüber seiner Kindergruppe nicht minder autoritär und rücksichtslos verhalten wie die anderen Erzieher, die er in seiner ursprünglichen Stellung als psychologischer Berater ermahnt hatte, gegenüber den Kindern auf keinen Fall autoritär und rücksichtslos aufzutreten.

Wer die Erfolge der Spieltherapie auf den normalen Kindergarten übertragen will, dürfte es so lange schwer haben, wie er nicht auch die Grundstruktur dieses Erfolges auf den Kindergarten übertragen kann. Die Definition des Erziehers als Therapeut, der für konstatierbare Erfolge hoch bezahlt wird, wäre dazu eine der notwendigen Voraussetzungen[17a], falls nicht außergewöhnliche, nicht zu erzwingende Motive den Erzieher nötigen, den hohen Aufwand eines wirklich dienenden Verhältnisses zum Kind zu erbringen.

Die Lehre der Spieltherapien für die Kindergartenerziehung erweist sich im Ergebnis als eine doppelte. Sie selbst macht jedoch nur *eine* explizit. Diese besteht darin, daß Spielpädagogik nicht eine direkte Manipulation der von den Kindern begonnenen Spiele sein darf, sondern daß sie Bedingungen schaffen muß, unter denen das Kind zum Spiel beeindruckt wird und so die am Eindruck haftenden Informationen durch Abspielen des Druckes sich erst aneignen kann. Die zweite Lehre der Spieltherapie für den Kindergarten ist, daß die therapeutisch-gewährungsvoll-zurückhaltende Einstellung gegenüber dem Kind psychisch so aufwendig ist, daß sie nur durchgehalten werden kann, wenn sie über ein spezielles Interesse vermittelt ist. Dieses ist beim professionellen Therapeuten u. a. das existentielle Angewiesensein auf Einkommen, das er durch die Therapiearbeit erwirbt. Es besteht also für den nicht als therapeutische Einrichtung definierten Kindergarten neben dem Problem der Organisierung informationsreicher Eindrücke für die Kinder das Problem der Herstellung eines besonderen Interesses beim – nicht als Therapeut Geld

17a Die Übertragung der ökonomischen Therapiestruktur auf den Kindergarten ist deshalb nur *eine* Voraussetzung, weil selbst für den Therapieerfolg eine zusätzlich interessierte Haltung des Therapeuten von Bedeutung ist und bei Gleichgültigkeit des Therapeuten die Therapiestruktur nicht voll zum Tragen kommt. Vgl. dazu Barret – Lennard, G. T., *Dimensions of therapist response as causal factors in therapeutic change*, *Psychol. Monographs*, 1962, 76, Whole No. 562; Feifel, H. and Eells, J., *Patients and therapists asses the same psychotherapy*, in: *Journ. consult. Psychol.* 1963, 27, S. 310-318; Rogers, C. R., and Dymond, R. F., *Psychotherapy and personality change*, Chicago 1954; Rogers C. R., Gendlin, E. T., Kiesler D. J., and Truax, C. B., *The therapeutic relationship and its impact. A study of psychotherapy with schizophrenics*, London 1967; Truax, C. B., *Effective ingredients in psychotherapy: An approach to unraveling the patient-therapist interaction*, in: *Journ. couns. Psychol.*, 1963, 10, S. 256-263; Truax, C. B., and Carkhuff, R. R., *Toward effective counseling and psychotherapy: Training and practice*, Chicago, 1967. Diese Angaben entnahmen wir der *Erziehungspsychologie* von R. u. A. Tausch, Göttingen, 7. Aufl., 1973.

verdienenden – Lohnerzieher für die Entwicklung der seiner Gruppe zugewiesenen Kinder. Es macht daher für das Durchhaltevermögen des Erwachsenen einen Unterschied, ob er jemand ist, der sich über ein Kind ärgert (oder freut) und diesem Ärger (oder dieser Freude) Ausdruck geben muß, oder ob er als jemand definiert ist, der dafür bezahlt wird, sich von Kindern ärgern zu lassen, weil das für die Heilung einer Krankheit unerläßlich ist.

Beide Aufgaben – die Eindrucksorganisierung und die Herstellung eines Interesses an den Kindern – können als das Generalproblem der gesellschaftlichen Kleinkinderziehung gelten. Wo immer sie partiell oder ganz die patriarchalische Familienstruktur ersetzt, ist es bislang nicht zureichend gelöst. So wird noch einmal deutlich, daß mit unserer bisherigen Kritik bestenfalls nur solche Spielzerstörung, die sich wissenschaftlich angeleitet wähnt, unterbunden werden könnte. Unterstellt also, daß unsere Kritik von der sowjetischen Spielpädagogik akzeptiert würde und die Erzieher den bewußt geplanten Spieleingriff unterließen, so bliebe doch die spielbeeinträchtigende Struktur des Kindergartens selbst noch gänzlich unverbessert. Wir wollen uns deshalb denjenigen Bedingungen zuwenden, die unabhängig von zureichenden oder unzureichenden Theorien auf das Kinderspiel einwirken und den wesentlichen Ansatzpunkt pädagogischer Kritik und Veränderung darstellen müssen.

3. Wie versucht wird, im Kindergarten informationsreiche Eindrücke für die kindliche (Spiel-) Entwicklung herzustellen

Solange die Kinder im Zusammenhang mit Erwachsenen aufwachsen, die notwendige, aber von den Kindern unabhängige Verrichtungen zu erfüllen haben, befinden sie sich in einer Situation, in der sie Informationen über relevante Abläufe erhalten, die sie selbst zwar noch nicht zu beherrschen vermögen, die sie aber inszenieren wollen. Da die Erwachsenen diese Verrichtungen ernst nehmen, wird man selbst nur mächtig und ernst genommen, wenn man gleiches kann. Die Kinder stehen also ununterbrochen unter informationsreichen Ein-

Drücken, derer sie sich – als einem Attribut der mächtigen Erwachsenen – durch das Ausspielen erwehren und zugleich versichern. Solchen relevanten Informations-Eindrücken unterliegen die Kinder keineswegs nur dort, wo Produktion und Erziehung, z. B. auf einem Bauernhof oder in einem Handwerksbetrieb, noch unzerteilt waren. Die elterliche Wohnung mit ihren unerläßlichen hauswirtschaftlichen Verrichtungen bezeichnet eine prinzipiell ähnliche Situation. Indem z. B. die Mütter und Väter ihren Haushaltstätigkeiten nachgehen und zugleich ihre Kinder zu versorgen und zu behüten haben, entsteht die spielträchtige Mischung von Zuwendung für die Kinder und Regulierung bzw. Abweisung der Kinder überall dort, wo die Eltern bei ihrer notwendigen Arbeit behindert werden. Da gerade das Ausgeschlossensein – nicht Abgetrenntsein – von den elterlichen Verrichtungen den eigentlichen Spielanreiz ausmacht, ist eine ›pädagogische‹, also bloß technische Umsetzung dieser Einsicht nicht möglich. Die Verrichtung des Erwachsenen verlockt das Kind zur Beschäftigung mit ihr, weil so erhofft wird, sich selbst ein Attribut des mächtigen Erwachsenen aneignen zu können. Die pädagogische Verwendung mindert aber das Attribut des Erwachsenen zu einem Erziehungsmittel herab und macht es für das Kind unattraktiv. Die Beschäftigung mit einem offensichtlich für das Kind zugerichteten Vorgang ermöglicht ihm eben nicht mehr den Erwerb eines ›echten‹ Moments von Erwachsensein. Wie sicher die pädagogische Absicht durchschaut und vom Kind abgewehrt wird, soll an einem Beispiel verdeutlicht werden. Ein Vater mußte mehrere Paar Schuhe putzen und hatte zugleich seine fünfjährige Tochter zu betreuen. Er hatte schon die Erfahrung gemacht, daß diese sich für pädagogisch-kindgerechte Angebote nicht sonderlich interessierte, und gedachte sie ebenfalls zum Schuheputzen motivieren zu können, da er dies ernsthaft und keineswegs aus pädagogischen Zwecken zu besorgen hatte. Seine Absicht jedoch reichte aus, das Schuheputzen für die Tochter an jenem Tage uninteressant werden zu lassen. Er wiederholte nämlich mehrmals ›beiläufig‹: »Du, ich geh' jetzt Schuheputzen, und du kannst ja mitkommen.« Offensichtlich vernahm die Tochter die in der durchaus milde formulierten Aufforderung steckende Bevormundung und wandte sich anderen Dingen zu, in denen momentan ihre Eigeninitiative nicht in Frage stand. So verdarb sie dem Vater die wohldurchdachte Absicht, das Notwendige mit dem Nützlichen zu verbinden, nämlich seine Schuhe putzen zu müssen und zugleich seiner Tochter etwas beizubringen.

Die Verbindung der Kinder mit den Verrichtungen der Erwachsenen zum Zwecke der Spielentwicklung besagt also nur, daß die Kinder nicht von ihnen abgetrennt sein dürfen. Sie müssen also ins wirkliche Leben der Erwachsenen einbezogen sein. Dieses darf ihnen nicht zum pädagogischen Schauspiel verfremdet vorgeführt werden, wenn es ihre Spiele intensivieren und bereichern soll, sondern muß ihrer selbständigen Intervention zugänglich sein. Auch durch einen Trick der Erwachsenen sind die Kinder auf Dauer nicht an für wertvoll gehaltene Verrichtungen heranzubringen. Entsprechend erlaubt unser Beispiel nicht den Schluß, daß durch den Verzicht, das Kind zum Schuheputzen zu animieren, dieses nun fürs Kind automatisch attraktiv geworden wäre. Seine Beeinträchtigung bestand in der Bevormundung als solcher, nicht im ›Heranführen‹ ans Schuheputzen. Der Verzicht auf Bevormundung behütet also nur die Initiative des Kindes, kann ihr aber keine konkrete Richtung geben. Diese wird wiederum durch die Lebensgeschichte jedes einzelnen Kindes mitbestimmt und entzieht sich deshalb einer sicheren pädagogischen Planung.

Entsprechendes gilt nun nicht lediglich für die Verrichtungen der Erwachsenen, sondern auch für ›Spielzeug‹. Es ist für die kindlichen Freispiele nicht nur überflüssig, sondern wird auch nicht gesucht, solange Gegenstände, mit denen Erwachsene umgehen, als Spielsujets verwendet werden dürfen. Insofern ist es unzulässig, aus der unbestreitbaren Tatsache, daß in früheren Kulturepochen (oder unterschiedlichen Sozialschichten) kaum oder kein Spielzeug gefunden wird, zu schließen, daß dort nicht gespielt wurde. Ein solcher Schluß projiziert eine ganz spezifische Situation, in der Kinder mit ›Spielzeug‹ dazu gebracht werden sollen, sich entweder aus den Bewegungen der Erwachsenen herauszuhalten oder für die Trennung von denselben entschädigt werden sollen, in die Vergangenheit. Diese Vorstellung ist deshalb ernst zu nehmen, weil ihr zufolge Kinder ohne ›Spielzeug‹ als bedauernswerte Geschöpfe zu betrachten seien, denen Hilfe etwa durch ›Spielzeug‹-Spenden etc. geleistet werden muß. Entsprechend wird am üblichen Kindergarten beklagt, daß zu wenige Mittel für ›Spielzeug‹ vorhanden seien, was häufig zur Folge hat, daß aufgeschreckte Kommunalpolitiker bereits durch Erhöhung der Mittel Beträchtliches für die kindliche Entwicklung zu leisten glauben.

Von den Lebensbewegungen der Erwachsenen ausgeschlossen und mit ›Spielzeug‹ vertröstet werden die Kinder nicht allein deshalb, weil sie diese Bewegungen behindern, sondern auch, weil die Erwachsenen aufgrund ihrer sozialen Lage keine Notwendigkeit verspüren, die Kinder an *ihrem* Leben teilhaben zu lassen. Das Bewußtsein dieser Notwendigkeit und die selbstverständliche Bereitschaft, die Mühsal der kindlichen Einmischung in das tägliche Leben zu akzeptieren, schwinden anscheinend dann, wenn man sich davon keinen Vorteil mehr verspricht und das Kind nur noch als Störfaktor, vielleicht noch als affektive, aber nicht mehr als notwendige Bedingung der eigenen Lebenssicherung erscheint. Insbesondere die Existenz in Lohnabhängigkeit, die z. B. in der Bundesrepublik für rund 90% der Erwerbstätigen kennzeichnend ist und unabhängig vom einzelnen Arbeitsplatz keine Richtungsweisung für die Entwicklung der eigenen Kinder ermöglicht, ja, die ohne eigene Kinder sogar materiell besser gesichert ist, tendiert zur hilflosen, gar uninteressierten bloßen Lebenserhaltung der Kinder. Es scheint auch bei Eltern, die an der Entwicklung und Karriere ihrer Kinder stark engagiert sind, die Abschiebung in spezielle Zimmer mit speziellem ›Spielzeug‹ überhand zu nehmen.

Wiewohl das richtig ist, kommt es darauf an, die von den Kindern gesuchten Sujets ihres Freispiels von bewußt konstruiertem Beschäftigungsmaterial zu unterscheiden. Dieses soll in verständlicher Zerlegung die nicht mehr mit Augenschein erfaßbaren Prozesse gesellschaftlicher Produktion und Organisation den Kindern erfahrbar machen. Hinter solchem Beschäftigungsmaterial steht durchaus ein Interesse an den Kindern, ein Interesse, das die Bedeutung noch vorhandener hauswirtschaftlicher Verrichtungen für die Entwicklung der Kinder zu abstrakt denkfähigen und universell leistungsbereiten Erwachsenen als zu gering erachtet. Die Annahme dieser

Bedeutungslosigkeit führt allerdings nicht dazu, daß die Kinder am Freispiel gehindert werden. Sie werden vielmehr durch bewußte *Beschäftigung* erzogen, die ja eine Beteiligung an gesellschaftlicher Realität gerade dadurch zu ermöglichen sucht, daß diese vereinfacht und verkleinert in die Wohnungen hineingetragen wird.

Die Behinderung einer Teilnahme an den noch verbliebenen hauswirtschaftlichen Tätigkeiten und die Verweisung auf ein billiges ›Spielzeug‹ ist mithin nicht aus der Armut von Lohnabhängigen an sich zu erklären – sie können durchaus hohe Einkommen beziehen –, sondern aus dem fehlenden existentiellen Zwang und der deshalb ebenfalls fehlenden kraftraubenden Suche nach Wegen, die Kinder bestmöglich zu entwickeln. Das Hineinkippen von reichlichem ›Spielzeug‹ in die Wohnungen der Lohnabhängigen löst kein Problem. Die Kinder hätten, solange ein Elternteil den Haushalt führt, noch reichlich Spielanlässe, wenn er nur für sie freigegeben wäre.

Der Haushalt kann als ein Spielplatz der Erwachsenen betrachtet werden. In ihm laufen Rituale ab. Er dient der psychischen Stabilisierung und dem Ausspielen von Eindrücken und Beeinträchtigungen, denen die Erwachsenen ebenso wie Kinder ausgesetzt sind. Kinder können in der Wohnung mit ihrer Aufteilung, Möbelplazierung usw. selbst als Spielzerstörer erscheinen; sie bilden dann eine Belastung, deren Sinn für den Erwachsenen nicht einsehbar ist und die er möglichst gering zu halten sucht. Daß die Abwehr dieser Belastung eine Beschädigung der Kinder hervorrufen kann, bleibt ihm verborgen. Es ist unseres Erachtens also notwendig, die Interessenlage, die existentielle Abhängigkeit oder Unabhängigkeit vom eigenen Kind mit zu reflektieren, wenn man verstehen will, wann der eigene Lebenszusammenhang für die Intervention der Kinder freigegeben oder wann diese nur noch als bloße Belastung erfahren wird.

Das wichtige Argument, die Armut der Lohnabhängigen verbiete die Freigabe der Wohnung und der Einrichtungsgegenstände für die Kinder, verliert an Plausibilität, wenn die von einem Kind zerstörten Werte geringer sind als die speziellen ›Spielzeuge‹ und ›Kindersachen‹, mit denen es auch bei geringer Verdienenden vertröstet wird. Je mehr die Kinder mit den Gegenständen des täglichen Lebens, also jenen, die für die mächtigen Erwachsenen wichtig sind, umgehen dürfen, desto weniger zerstören sie, während die meisten Gegenstände beim dauernden Aus-der-Hand-Reißen zu Bruch gehen, das obendrein das Unterlegenheitsgefühl des Kindes steigert. Wiederum entscheidet die Interessenlage darüber, ob es heißt: »Mein Kind kann schon selber eine Porzellanschüssel tragen und kann bald noch viel mehr« oder: »Um Gottes willen, nun schmeißt es auch noch *meine* schöne Schüssel kaputt.«

Die Verallgemeinerung der Lohnarbeit, die bald alle Erwachsenen in die gesellschaftliche Produktion integriert hat, verhindert, daß auch mit besserer, durch Aufklärung zu vermittelnder Einsicht die haushaltlichen Verrichtungen für die Kinder freigegeben werden. In diesen Haushalten befindet sich ja niemand, solange die Erwachsenen arbeiten, und sie sind zugleich so hoch mechanisiert und automatisiert, daß die Erwachsenen nach der Arbeit in kürzester Zeit die erforderlichen Tätigkeiten erledigen können.

Die Kinder müssen sich also anderswo aufhalten, während die Erwachsenen dem Lohnerwerb nachgehen, und erleben keine gesellschaftliche relevante Tätigkeit in den wenigen Stunden, die sie mit Erwachsenen zusammen in der Wohnung verbringen: Stunden, die Freizeit zur Erholung der Erwachsenen sein müssen, Stunden, in denen diese spielen können müssen und keine Kraft mehr haben, sich kindlichen Spielabläufen zu unterwerfen. Die informativen Eindrücke und auch ihr Ausspielen müssen daher dort erfolgen, wo die Kinder sich zum Erziehungszweck aufhalten, nämlich in den gesellschaftlichen Einrichtungen, mit deren Hilfe allein die qualitätsgerechte Gattungsreproduktion einer Gesellschaft mit Lohnarbeiter-Mehrheit noch versucht werden kann.

Krippe, Kindergarten und Hort versammeln nun allerdings im Extrem alle Nachteile, die wir im Lohnarbeiterhaushalt bereits vorfinden. Gesellschaftlich bedeutsame Verrichtungen und Arbeiten finden dort nicht statt. Was zur Aufrechterhaltung des Betriebes geschehen muß – Aufbau und Instandsetzen, Einrichten, Sauberhalten, Heizen, Essenzubereiten, Einkaufen usw. –, wird in der Regel erledigt, wenn die Kinder nicht anwesend sind. Zugleich kann der Lohnerzieher – ebensowenig wie die lohnabhängigen Eltern – in den Störungen und Kränkungen, die ihm das Kind zufügt, nicht existentielle

Bedingungen für die kindliche Entwicklung erfassen. Solche emotionalen Bedürfnisse, für deren Befriedigung kleine Kinder spezifische Vorteile bieten mögen, kann er mit ein oder zwei Lieblingen befriedigen. Sie reichen nicht aus, um mit allen ihm zugewiesenen Kindern eine entwicklungsträchtige Beziehung aufzubauen. Die Kinderhäuser leiden mithin Mangel an allem, was herkömmlicherweise als informationsreicher Ein-Druck ein produktives Freispiel provozierte. Die Ein-Drücke beschränken sich im wesentlichen auf die Kommandos und Aktionen der Erzieher für ein geordnetes Gruppenverhalten[18] – auf reinen Druck also, der die Erziehungsarbeit erleichtert.

Für die Beurteiler der pädagogischen Einsatzbereitschaft von Erziehern ergibt sich nun die Schwierigkeit, daß derjenige Erzieher am aktivsten erscheint, der am härtesten am Kinde steht, dauernd erzieherisch auf es einwirkt, jederzeit zu einer Aufforderung oder einem Verbot sich aufschwingt, scheinbar ununterbrochen mit Anstrengung seiner Kindergruppe zugewendet ist. Tatsächlich dienen diese Anstrengungen immer auch zur Erhaltung des psychischen Gleichgewichts, zur Abwehr affektiver Betroffenheit beim Erzieher selbst. Was als rastlos sich abrackernder Erzieher gelobt wird, ist häufig nichts anderes als unermüdliche Vermeidung eines wirklich strapaziösen Umgangs mit den Kindern, kann durchaus als ›Spiel‹ des Erziehers gesehen werden, in dem er ungewollt erbarmungslos *seine* Spielidee verwirklicht und die Kinder als potentielle Spielzerstörer auffaßt. Der Erzieher wiederum, der zum Komparsen und Souffleur, zum Verteidiger des Kinderspiels gegen Gefahren seiner Zerstörung wird, erscheint als passiv und untätig, obwohl er ununterbrochen seinen Drang, sich von den Kindern nichts gefallen zu lassen, psychisch also stabil bleiben zu wollen, im Zaum halten muß. Der Nichteingriff ins Spiel und die Erkämpfung von Spielmöglichkeiten können mithin als intensivste und planvollste Teilnahme am kindlichen Leben bewertet werden, obwohl sie für den ungeschulten Beobachter den Charakter von Planlosigkeit und Aktivitätsarmut anzunehmen vermögen. Die mit Erstaunen

---

18 Vgl. zum Überwiegen von Kommandos (aus der bundesdeutschen Forschung zuerst) A.-M. Tausch et. al., in: *Variablen und Zusammenhänge der sozialen Interaktion im Kindergarten*, in: *Psychologische Rundschau*, Heft 19, 1968.

berichtete Beobachtung, daß in Kindergärten mit beklagenswert hoher Gruppengröße mehr Freispiele stattfinden[19] als dort, wo eine Erzieherin wenige Kinder zu versorgen hat, bestätigt die Annahme, daß der übermäßig aktive Erzieher im wesentlichen sich selbst zu stabilisieren bemüht ist. Überschreitet die Kindergruppe eine bestimmte, noch überschaubare Größenordnung, dann gelingt es immer mehr Kindern, den regulierenden, spielzerstörerischen Erziehungsaktivitäten zu entkommen und frei zu spielen. Eine Herabsetzung der Gruppenstruktur ohne Veränderung des Erziehungsverhaltens läßt somit nicht nur keinen Fortschritt, sondern sogar Nachteile für die betroffenen Kinder befürchten. Entsprechend dürfte das Kindergarten-Thema, das schon heute viele Kinderspiele bestimmt, noch weiter um sich greifen. Die Rolle des Erziehers wird dabei zur begehrtesten Spielrolle, in der Befehle erteilt und Strafen angedroht werden.

Die Eindruckseintönigkeit des Kindergartens ist in dem Maße problematisiert worden, wie tendenziell alle Kinder einer Gesellschaft durch ihn hindurch müssen und sich seiner mangelhaften Eindrucksqualität gemäß zu entwickeln drohen.

4. Warum Freispielsujet, ›Spielzeug‹ und Beschäftigungsmaterial unterschieden werden müssen

Im wesentlichen sind zwei Methoden gefunden worden, um die Kinder mit gesellschaftlich bedeutsamen Verrichtungen und Arbeiten der Erwachsenen dennoch in Kontakt zu halten. Die eine Methode wird gewöhnlich »Beschäftigung« und »Arbeitserziehung« genannt und soll bewirken, daß relevante gesellschaftliche Prozesse modellhaft verkleinert im Kindergarten gehandhabt werden können. Die Materialien zur Beschäftigung und Arbeitserziehung werden umgangssprachlich auch ›Spielzeug‹ genannt, sind aber genausowenig Freispielsujets wie die naturwissenschaftlichen Laboreinrichtungen einer Schule, in denen ebenfalls nur produktive Mechanismen und Prozesse simuliert werden. Freilich können alle diese Materialien von den Kindern als Freispielsujet gebraucht und so tatsächlich zu Spielzeug werden. Diese Funktion müssen sie

19 Vgl. E. Barres, *Erziehung im Kindergarten*, Weinheim, 1972, S. 124, 128 f. Vgl. ähnlich R. u. A. Tausch, a.a.O., S. 135.

sogar vorwiegend annehmen, da ja die konfliktträchtigen menschlichen Beziehungen aus gesellschaftlicher Produktion und Verteilung sowie aus der unvermeidlichen Konfrontation Kind/Erwachsener dem Beschäftigungsmaterial nicht von selber anhaften und also auch in seiner Darbietung nicht enthalten sind. Deshalb soll erst die beschäftigungs- und arbeitspädagogische Anleitung aus dem Beschäftigungsmaterial eine eindrucksvolle, zum Freispiel führende Konstellation machen, die etwa folgendermaßen zustande kommt: Der Erzieher rüstet den Raum mit allen wichtigen und sinnvollen Materialien aus, deren übliche Verwendungslogik sich dem Kind vermitteln soll. Das Kind begibt sich an die Materialien, während sich der Erzieher vorerst zurückhält. Das Kind interessiert sich nun z. B. für ›Unwichtiges‹, wirft die schöne Ordnung durcheinander und praktiziert ›sinnlosen‹ Umgang mit den Materialien, wenn es sie überhaupt beachtet. Daraufhin interveniert der Erzieher und zeigt, wie ›sinnvoll‹ mit dem Material umzugehen ist; das Kind wird also korrigiert: Es wird ihm etwas gezeigt, wie es harmlos heißt.

Daten aus einer umfangreichen Beobachtungsreihe in norddeutschen Kindergärten belegen, daß die Kinder durchaus bereit sind, sich etwas von Erziehern zeigen zu lassen: »Die Analyse [. . .] berechtigt zu der Annahme, daß in gelenkten Spielsituationen der Anteil solcher Erziehungsimpulse, die sich auf die Aufgabensituation und Aufgabenlösung und Aufgabendurchführung beziehen (etwas bestimmtes malen, zeichnen, kneten, basteln, gemeinsam spielen), gegenüber solchen Äußerungen, die in erster Linie das disziplinarische Verhalten der Kinder betreffen, größer ist als in den Freispielsituationen. Geht man nun von der Annahme aus, daß die Lenkungsmaßnahmen der Gruppenleiterin während der gelenkten Spielphasen häufiger auf die Bewältigung der gestellten Aufgaben oder der Einhaltung bestimmter Spielregeln oder der Evozierung eines zielgerechten Leistungsverhaltens bezogen sind, während sie in den Freispielsituationen überwiegend disziplinierende Funktionen haben, so könnte vermutet werden, daß selbst bei häufigerer, aber mehr sach- und aufgabenzentrierter erzieherischer Lenkung ATU-[= Aggression, Trotz, Ungehorsam; d. V.] Verhaltensweisen seltener auftreten.«[20] Diese

20 Vgl. E. Barres, a.a.O., S. 140.

empirische Beschreibung verzichtet auf eine Deutung des geringen Auftretens von Aggression, Trotz und Ungehorsam bei den Kindern. Damit wird unausgesprochen nahegelegt, daß die Instruktion der Kinder beim Basteln, Kneten usw. ein sinnvolles pädagogisches Verhalten darstelle. Im Vergleich mit der rigorosen Disziplinierung von freispielenden Kindern ist diese Aussage sicher zutreffend. Wir haben aber zu fragen, was bei dieser Instruktion tatsächlich abläuft. Der Erzieher erhält durch die vom Material und vom Konstruktionsziel gestellte Aufgabe die Möglichkeit, mit den Kindern eine besondere Beziehung aufzunehmen. Diese ist dadurch gekennzeichnet, daß er nicht schlicht Lebensvollzüge des Kindes zerstört, sondern sich für Aktivitäten des Kindes interessieren muß, wenn er überhaupt einen sinnvollen Tip geben will. Die geringere Frustration der Kinder muß nun keineswegs aus der Dankbarkeit für den Tip, sondern sie kann sehr wohl aus dem daran hängenden Interesse an ihm selbst resultieren. Wenn man allerdings daran interessiert ist, daß die Kinder nicht so sehr einer fremden Instruktion folgen als vielmehr selbständig, d. h. unter Wahrnehmung ihrer aktuellen psychischen Betroffenheit schöpferisch tätig sein sollen, wird man sich mit der bloßen Bravheit des Nachahmens nicht zufriedengeben. Es kann z. B. deutlich werden, daß ein Kind schon den sinnvollen Tip als Beeinträchtigung erfährt und erst nach Abwägen des Zuwendungsgewinns dazu gelangt, ›sinnvollen‹ Gebrauch von den Materialien zu machen und so als ein ›lernwilliges‹ Kind zu erscheinen. Der Erzieher weist den sinnvollen Gebrauch aber dem Beschäftigungsmaterial selbst zu, nicht dem Bestreben, von ihm Zuwendung zu erhalten oder auch nur bald wieder in Frieden gelassen zu werden, also einer Frustration zuvorzukommen. Wir halten also fest, daß die größere Bravheit der Kinder, die als ein pädagogischer Erfolg gegenüber Aggression, Trotz und Ungehorsam herausgestellt wird, der Preis für Vorstrukturierung und Lenkung ist.

Dieser Preis ist das Resultat einer methodisch zweigeteilten Erziehung. Tritt nämlich die ›Freispielphase‹ ein, dann kann es passieren, daß dort wieder verschwindet, was in der gelenkten Spielsituation bereits gekonnt wurde, daß der enttäuschte Erzieher zum tadelnden Eingriff verführt wird (»Kind, so spielt man nicht«, oder: »Gerade habt ihr es doch noch so gut

gemacht«) und daß schließlich die Erziehung in der Freispiel-
zerstörung mit all ihren Folgen endet. D. h., sie mündet in
einem doppelten Mißerfolg. War bereits die *Bravheit* eine
fälschlich interpretierte Lernfähigkeit, so verhinderte die
nachfolgende Freispielkorrektur auch noch die mögliche
Selbstkontrolle des Erziehers, der nun nicht mehr beobachten
kann, ob seine Belehrung frustrierend wirkte und z. B. ein
zwanghaftes Spiel beförderte.

In der Kritik der bulgarischen Autoren[21] an der sowjetischen
Spieleingriffspädagogik hatten wir gesehen, daß die pädagogische Aufgabe, Kreativität und Selbständigkeit fördern zu müssen, dazu führte, jeden Spieleingriff als Verhinderung solcher
Fähigkeiten zu werten. Ihre Einsicht, daß das Spiel eine
»freiwillige, spontane Tätigkeit«[22] ist, die »sich bei *allen* seinen
Spielarten und in *allen* Perioden, die das Spiel durchläuft«[23],
äußert, hatte die Frage aufgeworfen, wie kindliche Aktivitäten
zu entwickeln sind, ohne die Spontanität zu beeinträchtigen.
In ihren empirischen Versuchsreihen hatten sie nämlich herausgefunden, daß selbst in den didaktischen und Konstruk-
tions-Spielen die Instruktion des Erziehers zu der gewünschten Spontanität der Kinder in Widerspruch geraten kann:
»Wir hatten den Eindruck, daß das Kind in dem Moment,
wenn es mit der Erfüllung irgendeiner Aufgabe beschäftigt ist,
nicht alle Hinweise aufnehmen kann, die ihm die Kindergärtnerin gibt, um eventuelle Fehler zu verhüten. Es führt gewissenhaft seinen Tätigkeitsplan aus, und die Anweisungen und
Wortsignale, die mit seinen Gedanken nicht in Einklang stehen, nimmt es als Reize nicht sofort wahr. Oder aber das Kind
hört auf, selbständig zu handeln, wartet auf die Hilfe der
Erwachsenen und handelt nach deren Instruktionen. Manchmal widersetzt es sich auch, die Anweisungen auszuführen.«[24]

Entsprechend ihrer Einsicht, daß *alle* Variationen kindlichen
Spiels, also auch das, was als didaktisches und Konstruktions-
Spiel erscheint, pädagogischen Gewinn nur dann abwerfen,
wenn die affektiv spontane Beteiligung der Kinder erhalten

21 S. o. Kap. III, 2.
22 Vgl. G. D. Pirjow, a.a.O., S. 17.
23 A.a.O., S. 17 (Hervorhebung durch die Verfasser).
24 Vgl. D. T. Batojewa, *Die Besonderheiten des Denkens drei- bis vierjähriger
Kinder bei didaktischen Spielen*, in: G. D. Pirjow, a.a.O., S. 66.

bleibt, suchen die bulgarischen Autoren nach einem einheitlichen pädagogischen Konzept, nach einer Aufhebung der Trennung des kindlichen Lebens in Freispiel und gelenktes Spiel. Sie gehen davon aus, »daß der Effekt der äußeren Einwirkung nicht nur vom Objekt – das einwirkt – abhängig ist, sondern auch vom Subjekt, welches diese Einwirkung aufnimmt«.[25] Sie arbeiten deshalb darauf hin, das »didaktische Spiel zur selbstgewählten, selbständigen Tätigkeit der Kinder werden zu lassen«.[26] Obschon also auch diese Autoren daran interessiert sind, mit Hilfe des im didaktischen Material eingeschlüsselten gesellschaftlichen Wissens[27] die Kinder zu belehren und zum Wettbewerb anzureizen[28], so sind sie doch dagegen gefeit, Kinder zu korrigieren, die keinen angemessenen Gebrauch vom Material machen oder gar sich auf Material konzentrieren, das nur sehr wenig gesellschaftliches Wissen in sich trägt: »Soll das Kind z. B. einen Hasen zusammensetzen, der in seine Bestandteile zerlegt ist (Rumpf, Pfoten, Kopf, der Rumpf ist nochmals in drei Teile zerlegt) und ähnlich eine Pyramide zusammenstecken, die aus sieben Teilen besteht, so findet es sich leichter und schneller mit dem Hasen zurecht als mit der Pyramide, die aus der gleichen Anzahl von Teilen besteht, die aber miteinander in anderer Weise in Zusammenhang stehen. Das Kind ist nicht in der Lage, sich die Reihenfolge zu merken. Im ersten Fall regt das emotionale Element, mit dem fertigen Häschen zu spielen, das Kind an, seine Aufgabe schnell zu erfüllen. So geht oft ein didaktisches Spiel in ein schöpferisches Spiel über, weil das Sujet des Spielzeugs die Tätigkeit des Kindes anregt.«[29]

Aufgrund dieser Beobachtung gelangen die bulgarischen Autoren zu einer Kritik an den sowjetischen Theoretikern: »Leontjew ist der Auffassung, daß ein thematisches Spielzeug das Kind von seiner Aufgabe ablenkt. Bei den kleineren Kindern [von 3 Jahren; d. V.] beobachteten wir aber, daß das Spielmotiv das Denken des Kindes aktiviert. Bei didaktischem Spiel-

25 A.a.O., S. 41.

26 A.a.O., S. 43.

27 Didaktisches Material wird bestimmt als »Produkt der Arbeitstätigkeit der Menschen, in dem sich eine schöpferische, menschliche Fähigkeit verkörpert, dem eine bestimmte Idee zugrunde liegt.« G. D. Pirjow, a.a.O., S. 20.

28 Vgl. D. T. Batojewa, a.a.O., S. 41.

29 Vgl. a.a.O., S. 60.

material ohne Sujet bemerkten wir ebenfalls, wie das Kind seine Aufgabe in ein elementares Sujetspiel umwandelte, indem es einzelne Teile als Zug, als Häuschen ansah. Die Wirklichkeit solcher Spielmotive bei Kindern der jüngeren Gruppe ist außerordentlich groß. Es empfiehlt sich, bei den didaktischen Spielen diese Motive, die emotionalen Charakter tragen, zu nutzen, um die Entwicklung des Denkens und der einzelnen Denkoperation zu fördern.«[30] Dennoch übernehmen sie nicht Wygotskis Vorstellung vom »motivierenden Charakter von Gegenständen für das Kind im frühen Kindesalter«.[31] Dieser hatte behauptet, »daß die Gegenstände ihm [dem Kind; d. V.] diktieren, was es zu tun hat – die Tür zieht das Kind an, um sie zu öffnen und zu schließen, die Treppe, um sie hochzulaufen, die Glocke, um zu läuten. Mit einem Wort, den Gegenständen ist eine motivierende Kraft in bezug auf die Handlungen des Kindes im frühen Kindesalter eigen«.[32]

Daß keineswegs den Gegenständen an sich, sondern vielmehr ihrer Verbindung mit affektiv bedeutsamen Bezugspersonen die motivierende Kraft zukommt[33], bringen die bulgarischen Autoren unmißverständlich zum Ausdruck: »Um die Kinder an die verschiedensten Themen heranzuführen, genügt aber auch nicht nur ein Spielzeug. Das Spielzeug hat die Aufgabe, bestimmte Eindrücke zu aktualisieren, um eine Gestalt, ein Vorbild vollständig zu erfassen, damit es wieder schöpferisch gestaltet werden kann.«[34] Wir sehen hier abermals – wie bereits bei ihrer Kritik der sowjetischen Spieltheorie –, daß abstrakt eine richtige Bestimmung getroffen wird, um den Griff der Kinder nach bestimmten Materialien zu erklären. Es fehlt aber ein zureichendes Verständnis, was es bedeutet, wenn ein »Eindruck aktualisiert« wird. Der sodann vorgeschlagene Umgang mit dem didaktischen Material kann denn auch nicht entscheidend über das hinausgehen, was sie andererseits selbst

30 Vgl. a.a.O., S. 60.

31 Vgl. L. S. Wygotski, a.a.O., S. 25.

32 L. S. Wygotski, a.a.O., S. 25; vgl. auch A. N. Leontjew, *Über das historische Herangehen an die Untersuchung der menschlichen Psyche* (1954), in: ders., *Probleme der Entwicklung des Psychischen*, S. 234 und 239 f.

33 Vgl. dazu: »Jedoch schaffen die Gegenstände an sich noch keine Spielsituation«. R. P. Gjurowa, a.a.O., S. 107.

34 Vgl. S. S. Morewa, a.a.O., S. 117.

kritisieren. Zwar kann die Kenntnis der Eindrucksaktualisierung zu der Forderung sich verdichten, daß das didaktische Material Verbindungen zu Bereichen haben soll, in denen die Kinder Erfahrungen machen können.[35] Zwar kann verlangt werden, daß die Materialien altersspezifisch ausgewählt werden[36], doch erweisen sich beide Forderungen als theoretischer Rückschritt. Die zentrale Bestimmung nämlich, daß die Erzieher instruieren müssen, bleibt unverändert, solange man Material in didaktischer Absicht verwenden will. Und die Forderung nach Altersspezifität folgt letztlich wieder einer biologistischen Entwicklungspsychologie, bleibt blind gegenüber dem einzelnen Kind und seinen spezifischen Konflikten und vergibt somit die Chance einer gleichwohl geforderten individuellen Beachtung der Kinder.[37] Die Forderung nach Erfahrungsangemessenheit des Materials nähert sich zwar einer Problematisierung der Bedeutung didaktischer Materialien, die sonst immer schon hingenommen werden. Die Problematisierung bleibt aber vage, da die Frage nach dem Sinn des vorhandenen Materials nicht aufgeworfen, sondern das Vorhandene lediglich für verbesserungsbedürftig erklärt wird. Die Annäherung an das Verständnis der Existenz didaktischer Materialien steckt unseres Erachtens in der Forderung nach seiner Erfahrungsangemessenheit.

Was ist aber nun das Spezifische bei der Erfahrung von Gegenständen – etwa in einem Haushalt –, die das Kind tatsächlich zum Freispielsujet nimmt, und warum verlieren diese Gegenstände nach ihrer Verbringung in den Kindergarten ihren spezifisch spielmotivierenden Charakter? Am von uns beobachteten Beispiel der 5jährigen M., die im Haushalt einer ländlichen Gemeinde lebt, wollen wir die Bedeutung des Spiels mit einer Milchkanne untersuchen, um Aufschluß für unsere Frage zu bekommen. Die Großmutter kommt aus der Stadt zu Besuch und bringt neben einer Fülle von Gegenständen eine neue Milchkanne mit. M. interessiert sich unter dieser Fülle von Gegenständen mit großer Auffälligkeit für die Milchkanne und beginnt zusammen mit der Großmutter folgendes Spiel. Sie weist ihr die Rolle einer Frau P. zu, bei der

35 Vgl. D. T. Batojewa, a.a.O., S. 71 f.
36 Vgl. a.a.O., S. 73 f. und S. 62.
37 Vgl. a.a.O., S. 74.

sie regelmäßig morgens anstelle der Eltern die Milch holt. Die Großmutter (als Frau P.) wird aufgefordert, die Milchkanne zu füllen und sodann mit den Worten »Kind, das kannst du nicht!« die Kanne mit dem Deckel zu verschließen. Darauf antwortet M.: »Nein, Frau P., ich kann selbst den Deckel draufsetzen, das ist eine neue Kanne, die meine Großmutter mitgebracht hat. Die kommt aus Dänemark, hier im Dorf kann man eine solche Kanne nicht kaufen, und deshalb können Sie eine solche Kanne nicht bekommen.« Dieses Spiel wird vielfach wiederholt. In der folgenden Nacht wacht M. mehrere Male auf; sie möchte endlich mit der neuen Kanne bei Frau P. die Milch holen. Welcher Eindruck motiviert nun zum Spiel mit dieser Milchkanne? M., die am Ausgang der ödipalen Konflikte steht, war es gelungen, ihre Unabhängigkeit von den Eltern und gleichzeitig die Abhängigkeit der Eltern von ihr dadurch zu demonstrieren, daß sie jeden Morgen die notwendige Milch holt. Dieser Unabhängigkeitsbeweis wurde täglich dadurch beeinträchtigt, daß die Milchkanne – ein verzogenes altes Plastikmodell – nur nach mehrmaligen Versuchen mit großen Händen zu verschließen war. Bei der Milchfrau mußte M., von der ja nun Erwachsene (die Eltern) abhängig waren, sich schmerzlich an *ihre* Abhängigkeit von Erwachsenen gemahnen lassen, wenn Frau P. sagte: »Kind, das kannst du nicht!« und die Kanne verschloß. Ein neu gewonnenes Stück Selbständigkeit, das täglich bedroht wurde, war der Eindruck, der im Milchkanne-Spiel zum Ausdruck kam. Wie existentiell diese Bedrohung erfahren wurde, mag eine kleine Episode nach dem ersten erfolgreichen Milchholen mit der neuen Kanne zeigen. M. wurde eine Zeitungsnotiz vom 7. 3. 1975 über eine Mutter vorgelesen, die ihr Kind totgebissen hatte. M. fragte sofort betroffen: »Warum hat sie das gemacht?« Darauf erhielt sie die Antwort: »Die Mutter brauchte das Kind nicht mehr.« Darauf erwiderte M. spontan und schon erleichtert: »Ach, das Kind hat keine Milch mehr geholt«, und fügte hinzu: »Ach, das hat sicher nicht mehr gearbeitet für seine Eltern.«

Die Bedeutung der Milchkanne als Spielsujet rührt also daher, daß die Eltern mit dieser Kanne lebenswichtige Verrichtungen vollzogen und das Kind sich im Verhältnis zu den Eltern immer auch in der Position des Abhängigen befindet, der seine Ängste in der Weise zu bewältigen trachtet, daß er sich von den Erwachsenen unabhängig macht, und der also können muß, was diese können.

Der Kindergarten als Ort ›reiner‹ Erziehung ist nun in der mißlichen Lage, daß das didaktische Material keineswegs der Lebenssicherung der mächtigen Person dient und daß die von den mächtigen Erziehern gegebenen Instruktionen nicht die Bedeutung herbeizaubern können, die das Kind in unserem Beispiel erfuhr. Die Instruktion ist also nur ein schwacher Abglanz – lebenswichtiger – Verrichtungen und zeitigt eine entsprechend geringe Wirkung. Wollte der Erzieher den Kindern wirklich Eindruck machen, dann müßte er sie mit Praxisvollzügen in Kontakt bringen, die für *ihn* bedeutungsvoll sind. Das didaktische Material ist für sein persönliches Interesse aber bedeutungslos und bezeichnet nur eine notwendige Pflicht bei der Verrichtung seiner Lohnarbeit. Für ihn sehr viel interessanter ist beispielsweise sein Pausen-Aufenthaltsraum, wo er sich von der Arbeit erholt. Dort finden sich Dinge, die ihm wichtig sind: Zigaretten, Aschenbecher, Feuerzeug, ein eigenes Kaffeeservice, Pflanzen, verschließbare Fächer, Büroeinrichtung, Handtaschen, Medikamente usw. Die Struktur des Kindergartens als Aufbewahrungsort von Lohnarbeiterkindern, die Lohnerziehern zugewiesen werden, schließt gerade die Kinder von den wenigen im Kindergarten ablaufenden, den Erwachsenen persönlich wichtigen Prozessen aus. Da der Erzieher sich nur zur Bearbeitung der Kinder in der Institution aufhält, mangeln ihm prinzipiell eigene Verrichtungen, an denen die Kinder – wie noch in einem Privathaushalt – teilhaben können. Sie sind gerade Objekt seines pädagogischen Jobs und scheiden so als Partner aus.

Erst dieses Strukturmoment erzeugt das Problem, was mit den Kindern eigentlich anzufangen sei. Erst sie macht das Aufkommen von Bildungs- und Erziehungsplänen, von didaktischen Materialien und korrekterweise als Kindertheater zu kennzeichnenden Rollenspielen erklärlich. Alle diese Verfahren scheitern letztlich daran, daß es ihnen nicht gelingt, die Kinder mit Tätigkeiten in Kontakt zu bringen, die für die Erwachsenen wirklich wichtig sind, und deren Beherrschung den Kindern ein Entkommen aus der Unterlegenheit ermöglicht: sie sind Kinderkram.

Wenn Kinder sagen: Das ist Kinderkram, drücken sie selber auf ihre Weise aus, daß die mit viel Erfindergeist in ihrem Interesse geschaffenen Dinge in Wirklichkeit Benachteiligungen bedeuten, die durch das hohe Attribut des ›Kindgerechten‹ nicht erleichtert werden. Häufig kann sich dieser Erfindergeist darauf berufen, daß er bei der Entwicklung kindgerechten Materials psychologischen Erkenntnissen folgt. So diente z. B. die Entwicklung einer Spezial-Schnabeltasse für Kleinkinder durchaus dem Zweck, den Kindern frühzeitig Handgriffe zu eröffnen, welche die Erwachsenen machen, und so Selbständigkeit durch Unterlegenheitsabbau zu fördern. Man hatte also beobachtet, daß bereits sehr kleine Kinder – schon im Alter von 16 oder 17 Monaten – danach begehrten, eine Tasse zum Munde zu führen, und auch, daß Eltern, um das Verschütten von Flüssigkeit oder das Zerbrechen der Tasse zu verhindern, diesem Begehren nicht nachgaben und damit den bitterlichen Protest des Kindes hervorriefen. Die Lösung war nun, dem Kind die Tasse zu geben, ihm dabei aber ein Modell unterzuschieben, das unzerbrechlich war und aus dem so leicht nichts verschüttet werden konnte. Diese geniale Idee der kindgerechten Industrie sollte Eltern und zugleich Kindern etwas Gutes tun. So entschloß sich auch die Familie R., für ihre 20 Monate alte Tochter eine solche Schnabeltasse zu kaufen. Der Erfolg bestand darin, daß die Tochter diese Tasse höchst unachtsam behandelte, sie auf den Boden warf und es ihr sogar gelang, die Tasse zu zerstören. Doch nicht das Zerstören, das mit einem besseren Material vielleicht vermeidbar gewesen wäre, ist hier von Bedeutung, sondern der beim Kind trotz des Gebrauchs der Schnabeltasse gänzlich ungebrochene Drang nach dem echten elterlichen Trinkgefäß. So gaben die Eltern schließlich ihren Widerstand auf, riskierten Verschütten und Zerbrechen, und innerhalb kurzer Zeit lernte die Tochter, ohne eine einzige der echten Tassen zu zerbrechen, sehr vorsichtig und kontrolliert aus ihnen zu trinken. Die Schnabeltasse hatte das Kind sofort als Kinderkram erkennen können, da ja die Eltern weiterhin aus den normalen Tassen tranken und ihm damit demonstrierten, daß die Schnabeltasse kein Gegenstand ist, über dessen Beherrschung man sich eine Fähigkeit des mächtigen Erwachsenen aneignen kann. Dieses Beispiel ließe sich jederzeit am

Kinderklo – dem Töpfchen –, am Kinderstuhl mit Gatter und eingebauten Rasseln zur Besänftigung verifizieren. Wichtig ist, daß die pädagogische Einsicht, wenn sie nur halb zu Ende geführt wird, für das Kind völlig wertlos bleibt und bestenfalls den Erwachsenen beruhigt. Die kindgerechten Gegenstände können jedoch – und so enthalten sie manchmal ein unvorhergeplantes pädagogisches Abfallprodukt – über einen Umweg für die Kinder Bedeutung erlangen. Die Kinder nehmen ihren kindgerechten Gegenstand als einen exklusiven Besitz, von dessen Benutzung sie Erwachsene und andere Kinder mit aller Entschiedenheit ausschließen. Sie drehen also – dem Freispielmechanismus folgend – das eigene Ausgeschlossensein von den ›echten‹ Gegenständen aktiv um, indem sie sich weigern, fortan aus einem anderen Gefäß zu trinken als der Schnabeltasse, und damit die Eltern immer dann in eine unangenehme Situation bringen, wenn diese Tasse nicht zur Hand ist. Diese ›Rache‹ des Kindes deckt sich nun zwar wieder mit dem Interesse der kindgerechten Industrie, aber nicht mehr mit dem Bequemlichkeitsbedürfnis der Eltern.

›Spielzeug‹ wird mithin – entgegen der mit ihm verbundenen Absichten – für das Kind interessant, wenn die Bedrohung oder Herausstreichung seiner Person über Spielzeug vermittelt ist. Ein ›Spielzeug‹ kann attraktiv, jedoch keineswegs unbedingt zum Sujet eigener Spiele werden, wenn ein anderes Kind ernsthaft damit umgeht. Das Interesse kann aber auch schon erwachen, wenn andere Kinder ›Spielzeug‹ besitzen und einen davon ausschließen. ›Spielzeug‹ kann aber auch zum Wertmesser der eigenen Bedeutung werden. Kinder mit viel ›Spielzeug‹ scheinen dann von ihren Eltern und Erziehern sehr ernst genommen zu werden und so die immer vorhandene Vorstellung zu bestärken, daß die eigenen Eltern und Erzieher einen besonders geringschätzen. Daß Spielzeug über den Umweg, Kinder von ihm auszuschließen, schließlich doch in ihrem psychischen Haushalt Bedeutung erlangen kann, ließ sich in der experimentellen Forschung damit belegen, daß die Vorliebe für ein bestimmtes Spielzeug dann besonders groß ist, wenn seine Benutzung mit einer starken Verbotsdrohung gekoppelt wird.[37a] Der allenthalben beobachtbare Streit von

37a Vgl. Aronson/Carlsmith, *Effect of the severity of threat on the devaluation of forbidden behavior*, in: *Journ. abnorm. Soc. Psychol*, 1963, 66, S. 584-588.

Kindern um ›Spielzeug‹ darf mithin nicht so mißdeutet werden, daß ja auch die Kinder selbst Spielzeug für ›pädagogisch wertvoll‹ halten und ihnen deshalb davon reichlich gegeben werden müsse.

Wir verstehen nun besser, daß es keinen befriedigenden Umgang mit didaktischem und kindgerechtem Material geben kann und daß deshalb auch die bulgarischen Autoren trotz aller empirischen Versuche scheitern müssen. Solange es nicht gelingt, die Struktur der Lohnerziehung selbst zum Thema der erziehungswissenschaftlichen Analyse zu machen, kann es auch kein zureichendes Verständnis der pädagogischen Unzufriedenheit mit dem didaktischen Material geben. Jedoch der naheliegende und deshalb auch häufig vorgebrachte Vorschlag, die Kinder wieder in die Familie zurückzuführen, ist nur dann möglich, wenn man die jetzige Familienstruktur unberücksichtigt läßt. Auch in diese hat das didaktische Material ja inzwischen Einzug gehalten und wird zumindest für die von ihren Ehemännern unterhaltenen Hausfrauen teilweise zum zentralen Medium der Begegnung mit dem Kind. Lebensnotwendige Verrichtungen fallen der tendenziellen Haushaltsautomatisierung zum Opfer, und die lohnabhängige Existenz auch der Mittelschichtfamilien setzt ebenfalls keine Zwänge mehr, die Kinder an den Verrichtungen teilhaben zu lassen, die den Erwachsenen noch wirklich wichtig sind.

Für ihre Existenz nämlich ist es gleichgültig, wie gut ihre Kinder solche Verrichtungen kennenlernen, und tatsächlich ist die Bedeutung dieser Verrichtungen für die Zukunft der Kinder ganz ungewiß. Da auch in der lohnabhängigen Familie die pädagogische Annahme regiert, daß die Kindererziehung auf die Zukunft ausgerichtet sein muß, diese aber unbekannt ist, muß Ratlosigkeit einerseits und Unterschätzung der täglichen Verrichtungen für die kindliche Entwicklung andererseits die Folge sein.

Die mit hohem Aufwand vorgetragene Behauptung der Überlegenheit didaktischer Materialien für die kindliche Entwicklung, die endlich die Rückständigkeit der Familie zu überwinden erlaubten, nährt diese pädagogische Annahme weiter. In Wirklichkeit haben die heute lebenden Erwachsenen, die logisch denken können und leistungsmotiviert sind, dies ohne didaktisches Material gelernt. Die Materialien sind also Ausdruck des Zerfalls einer Struktur, welche als Produktionsmitteleigentümer-Familie etwas geleistet hat, jedoch keineswegs ein Mittel, das vorab deren Leistungen weit zu übertreffen und ihre Mängel zu beseitigen erlaubt. Sie verweisen allerdings darauf, daß an einer brauchbaren Strukturanalyse des Kindergartens noch zu arbeiten ist.

5. Warum Exkursionen häufig ihre Absicht verfehlen und dennoch nicht nutzlos sind

Die zweite entscheidende Methode, Kindern neben didaktischen Materialien relevante Eindrücke zu vermitteln, ist die Exkursion. Sie soll die Untauglichkeit des Beschäftigungsmaterials, menschliche Beziehungen wiederzugeben, durch direkte Anschauung arbeitender und handelnder Menschen überwinden. Insofern stellt die Exkursion die größte Wiederannäherung an Lebensprozesse dar, in denen das Kind noch mit von Erwachsenen ernstgenommenen Verrichtungen konfrontiert ist. Der Erfolg einer Kindergartenerziehung durch Exkursionen beruht also gerade darauf, daß der rein pädagogische Ort des Kindergartens *verlassen* wird. Diese Annäherung an hauswirtschaftliche Verrichtungen – wenn eine Exkursion z. B. Lebensmitteleinkaufen umfaßt – ist zugleich für den Erzieher akzeptabel, weil seine Definition eines familienergänzenden pädagogischen Fachmanns gewahrt bleibt. Unter der wissenschaftlichen Kennzeichnung »Exkursion« wird ihm erträglich, was er sonst als Doppelbelastung – nämlich Erziehung und hauswirtschaftliche Verrichtungen zugleich betreiben zu müssen – nur ablehnen kann. Diese Wiedereinbringung ernsthafter Verrichtungen – also nicht ihre wirkliche Verrichtung durch den dafür ja ›überqualifizierten‹ Erzieher, sondern ihre bloß didaktisch-professionale Verwendung – hat allerdings den Nachteil, daß die Kinder ihre mangelnde Ernsthaftigkeit als ein kindgemäßes Arrangement durchschauen. Das ernsthafte Einkaufen, von dessen Erfolg die Ernährung abhängt, wird zu einer für die Kinder vollzogenen Einkaufsübung. Sie arbeiten sich also nicht an einem wirklichen agierenden Erwachsenen ab, sondern befolgen harmlose Spielregeln. Dennoch müssen Exkursionen, solange der Kindergarten familienergänzend, also rein pädagogisch bestimmt ist, als bedeutender – und noch keineswegs allgemein üblicher – Versuch der Eindrucksvermittlung gelten. Auch in der sowjetischen und der DDR-Spielpädagogik hat die Exkursion einen hohen Rang.[38] Sie wird direkt zum Zwecke der inhaltlichen Bereicherung von Freispielen (Rollenspielen in der Terminologie der sowjetischen Literatur) und an solchen gesellschaftlichen Orten unternommen, die vorzüglich dazu geeignet scheinen, die neuen menschlichen sozialistischen Beziehungen sichtbar zu machen. Die Absicht der Exkursion scheitert allerdings häufig deshalb, weil die Kinder nur schauen, nicht aber sich in die dort ablaufenden Prozesse so weit einfädeln können, daß sie die erforderlichen Informationen gewinnen. Die Exkursion erfüllt also nicht die Funktion, die auch von sowjetischen Autoren für die Anreicherung des Freispiels verlangt wird: »Da im Spiel nicht der gegenständlich-dingliche, sondern der gegenständlich-menschliche Aspekt des Handelns wesentlich ist, da nicht die abstrakten Eigenschaften der Dinge, sondern die Beziehung des Menschen zum Gegenstand und umgekehrt die des Gegenstandes zum Menschen wesentlich sind, verändert sich die Rolle, die Funktion des Gegenstands im Handeln. Dementsprechend verändern sich auch die Forderungen, die an den Gegenstand gestellt werden. In der Spielhandlung müssen die Gegenstände den Bedingungen genügen, die für das Spiel wesentlich sind.«[39]

Obwohl sie diesen Anforderungen häufig nicht genügen, begründen die Exkursionen durchaus Ein-Drücke, die im Spiel bewältigt werden müssen oder die zu Sujets von Bewältigungsspielen für andere Konflikte werden. Während z. B. Fabrikbesichtigungen dem Ziel dienen, die führende Rolle der Arbeiterklasse wahrzunehmen und im Spiel nachzugestalten, erscheinen zur Enttäuschung der Erzieher – trotz wortreicher und bewunderungsvoller Bekräftigung dieser Rolle – in den Kinderspielen vorzüglich der Meister und der Direktor, Lei-

---

38 Wir haben keine empirischen Daten darüber, wie häufig Exkursionen tatsächlich veranstaltet werden. Auch in der bundesdeutschen Debatte um den Kindergarten spielt die Exkursion eine bedeutende Rolle, wohl mangels einer allgemeinen Planung für den Kindergarten wird sie empirisch allerdings hier äußerst selten durchgeführt. Vgl. E. Barres, a.a.O., S. 82.

39 Vgl. S. L. Rubinstein, a.a.O., S. 730.

tungspersonal also.[40] D. h., die Kinder wählen aus dem Angeschauten solche Sujets, mächtige Figuren aus, die bei der spielerischen Wendung realer Unterlegenheit in Überlegenheit dienlich sind. Wenngleich diese Deutung der unbeabsichtigten Folgen von Exkursionen von Vertretern der sowjetischen Spieltheorie als spiritualistisch etc. abgelehnt werden könnte, finden wir doch Erfahrungsberichte über Spiele und Exkursionen, die sie bestätigen. So heißt es in einer DDR-Untersuchung: »Sehr beliebt war das Spiel ›Grenzpolizei‹.«[41] »Wurden die Kinder gefragt, was sie spielen, konnte man oft große Worte hören, wie ›Wir spielen Grenzpolizei – wir verteidigen euch – wir schützen den Frieden‹ usw. Der Inhalt der Spiele war jedoch arm und eintönig. Es zeigte sich, daß die Kinder häufig Szenen darstellten, die sie in Wirklichkeit nie beobachtet haben konnten. Die Anregungen hatten sie wahrscheinlich aus Filmen oder anderen Fernsehsendungen entnommen und deren Inhalt und Zusammenhänge nicht begriffen.«[42] Hier wird unmißverständlich formuliert, daß Prozesse, die weder direkt miterlebt noch begriffen waren, dennoch Stoff für ein Spiel abgeben. Wir hören ungewollt sogar eine Andeutung, was an der Grenzpolizei Anklang bei den Kindern finden konnte. Diese machten nämlich »große Worte«. Die Bestrebung also, eine Unterlegenheitserfahrung zu wenden, macht Material zu einem Spielauslöser, das ohne jede Anstrengung bewußter Planung den Pädagogen zur Verfügung stand. Umgekehrt finden wir, daß in Befolgung der Theorie – die Kinder wollten sich im Spiel die nützlichen gesellschaftlichen Verrichtungen aneignen – durchgeführte Exkursionen die von Pädagogen gewünschten Spiele nicht hervorbringen: »Die Exkursion zum Bahnhof verlief unserer Schätzung nach vorbildlich. Die Kinder beobachteten dort nicht nur einzelne Erscheinungen, sondern nahmen auch persönliche Beziehungen zu Menschen auf, die auf dem Bahnhof tätig waren. Die Arbeiter erzählten selbst, was sie zu tun hätten, warum sie das machen und was geschehen würde, wenn sie ihre Pflichten nicht gut erfüllten. Die Kinder schenkten ihnen Äpfel aus unserer GPG und erzählten, woher sie kämen. Am Schluß kaufte sich jedes

40 Vgl. dazu I. Launer, a.a.O., S. 103, S. 109, und S. L. Rubinstein, a.a.O., S. 737.
41 Vgl. I. Launer, a.a.O., S. 79.
42 Vgl. a.a.O., S. 86.

Kind selbst eine Fahrkarte. Wir fuhren 2 Stationen mit der Bahn. Im Spiel wurde nicht das dargestellt, worauf wir die Aufmerksamkeit der Kinder gelenkt hatten. Gewöhnlich bauten zwei Kinder zusammen einen Bahnhof mit Schienen, und jedes Kind fuhr seinen Zug und ließ ihn in verschiedene Städte fahren. Nach einiger Zeit wurde der Bau durch einen Maschinenschuppen und Güterbahnhof vervollkommnet. Die Kinder bauten diese Ergänzungen nicht gemeinsam, sondern jedes Kind für sich. Einen Maschinenschuppen und einen Güterbahnhof hatten wir auf unserer Exkursion gar nicht gesehen. Unsere Bemühungen, einen sozialen Inhalt in dieses Spiel zu tragen, führten zu keinem Erfolg. Zum Beispiel auf unsere Frage, wo die Reisenden ihre Fahrkarten kaufen würden, stellten die Kinder nur Figuren vom Würfelspiel auf den Bahnsteig. Auch andere Anregungen griffen sie nicht auf. *Das bedeutet also, daß unsere Exkursion auf den Bahnhof und die damit verbundenen Beschäftigungen, wie Bildbetrachtung, Gespräch über die Bedeutung der Arbeit der einzelnen dort, Gedichtlehre, nicht zu Rollenspielen führten.* Die Frage nach der Ursache, weshalb die sozialen Beziehungen der Menschen nicht gestaltet wurden, ist, wenn überhaupt, schwer zu beantworten. An mangelnden Vorstellungen der Kinder über die Tätigkeit der Menschen auf dem Bahnhof konnte es nicht liegen. Wir hatten uns auch bemüht, die Kinder emotional anzusprechen, ein wirkliches Erlebnis zu schaffen. Oder waren die Kinder, die dieses Spielthema aufgriffen, im allgemeinen nicht in der Lage, Spiele zu organisieren? Auch dies war nicht der Fall. Als erste spielten Corina und Evelin, und am zweiten Tag nahm Wolfgang daran teil. Er sowie Corina verstehen sehr gut, Rollenspiele zu organisieren. Möglicherweise lag es daran, daß die Spielabsicht der Kinder nicht darin bestand, Bahnhof zu spielen. Der Bahnhof wurde ja gebaut, weil das Obst aus der GPG irgendwohin transportiert werden sollte. Bei den weiteren Spielen lag der Schwerpunkt beim *Bauen* des Bahnhofs. Es war in erster Linie ein Bauspiel. Ein solches Objekt wie ein Bahnhof bietet viele Möglichkeiten der Erweiterung, wie Maschinenschuppen, neue Gleisanlagen, Güterbahnhof u. ä. Also wurde der Bahnhof nicht gebaut, um Verreisen zu spielen, er war nicht Bedingung für die Realisierung der Spielidee, sondern er selbst war das Ziel des Spiels.

*Im Verlauf des Spiels war es uns nicht gelungen, die ursprüng-
liche Spielabsicht zu verändern.«*[43] Die hier angebotene Deutung des Scheiterns der bei der Exkursion verfolgten pädagogischen Absicht besagt nur, daß die Spielabsicht der Kinder
nicht auf ›Bahnhof‹ ausgerichtet war. Darin steckt – entgegen
der sonst vertretenen Variante der Widerspiegelungstheorie –
immerhin die Vermutung, daß bestimmte Absichten der Kinder in der Bahnhofsexkursion nicht repräsentiert waren. Der
Brückenschlag jedoch zu den »großen Worten« der »Grenz-
polizisten« erfolgt nicht, so daß für eine zureichende Interpretation des Kinderspiels zwar immer wieder Material, aber kein
Schlüssel vorgelegt wird.

Wenn in der Bundesrepublik Erzieher Fabrikbesichtigungen
vornehmen, um den Abscheu der Kinder gegen »Bosse« und
»Ausbeuter« hervorzurufen, geschieht häufig ein ähnliches
Mißgeschick, daß nämlich gerade die »Bosse« gespielt werden.
Die Kritik an solchen ungewollten Resultaten der Exkursionen im anschließenden Kinderspiel, die als Bestärkung bürger-
licher Verhaltensweisen gewertet werden, ist denn auch zum
entscheidenden Anlaß geworden, in einer westdeutschen Rezeption der sowjetischen Spieltheorie das Freispiel ganz zu
unterbinden und nur noch gelenkte und überwachte Beschäftigungen zuzulassen, um so scheinbar perfekt den Kindern die
führende Rolle der Arbeiterklasse für immer klarmachen zu
können.[44]

Dennoch kann Exkursionen mit Kleinkindern als totalen
Fehlschlag nur werten, wer glaubt, daß man als Erwachsener
alles das machen wird, was man in seinen Kinderspielen
gezeigt hat, daß man ›gut‹ wird, wenn diese ›gut‹, und
›schlimm‹, wenn diese ›schlimm‹, ›reaktionär‹, wenn diese
›reaktionär‹ waren. Man sieht nicht, daß bei der Erziehung
zum realitätstüchtigen Erwachsenen die spätere politische
Richtung nur zum geringen Teil vom Kleinkinderzieher, ganz
wesentlich dagegen von der späteren sozialen Lage die entscheidenden Impulse erfährt. Der Kleinkinderzieher hat bereits dann etwas geleistet, wenn die Eindrücke der Kindheit
immer wieder durch Freispiel bearbeitet werden konnten und

43 Vgl. a.a.O., S. 104/105 (Hervorhebung durch die Verfasser).
44 Vgl. Claus / Heckmann / Schmidt-Ott, a.a.O., insbesondere S. 227.

nicht zu einer schließlich dominierenden Angst aufgehäuft worden sind.

Die Exkursion an sich stellt eine durchaus eindrucksvolle Aktion dar. Sie muß vorbereitet werden. Man muß sich an Verkehrsregeln halten. Man bekommt es in Straßenbahnen oder Omnibussen mit Passanten und Schaffnern zu tun. In einer Gaststätte oder in einem Laden hat man sich mit Bedienung oder Verkäufern auseinanderzusetzen. Die Erzieher müssen darauf achten, daß niemand verloren geht oder sonstigen Gefahren ausgesetzt ist. Die Kinder befinden sich also permanent in einer beeindruckenden Ernstsituation, die informationsreich und zugleich frustrierend ist, da sie sich dauernd in nicht direkt überwindbaren Abhängigkeiten erfahren. Schaffner, Verkäufer, strenge Passanten und wieder die lamentierende Erzieherin sind häufig die reiche Ausbeute an Spielinhalten nach einer Exkursion; sie mögen zwar dem vorgefaßten pädagogischen Plan ganz widersprechen, bringen die Kinder aber gleichwohl zu vielfältigem Spielen.

Reflektierte pädagogische Pläne von Kleinkinderziehern, welche die Mißgeschicke des ›Exkursionismus‹ kennen, zeichnen sich denn auch dadurch aus, daß nicht zu Zielen gewandert wird, die der Erzieher gerade für richtig hält, sondern daß die Exkursionen in den Dienst kindlicher Angstbewältigung gestellt werden. In einer solchen Konzeption werden die Exkursionsziele so ausgewählt, daß die Kinder dort zu erwartende Angstsituationen antizipatorisch entschärfen können, wenn sie einmal aus einem ernsthaften Grund an den Exkursionsort müssen.

Das Paradebeispiel solcher Exkursionen ist das Krankenhaus, das gleichzeitig für Arztbesuch, Impfen etc. steht. Insbesondere Anna Freud und Thesi Bergmann haben mit ihrer Arbeit *Kranke Kinder – ein psychoanalytischer Beitrag zu ihrem Verständnis* den ›situationistischen‹ Exkursionsansatz angeregt. Während aber die beiden Autorinnen ein Verfahren beschreiben, mit dem die erwarteten Angsteindrücke einer tatsächlich bevorstehenden Mandeloperation einer Vierjährigen gemildert werden sollten, steht die pädagogische Exkursion vor der – von ihr nicht verschuldeten – Schwierigkeit, mit einer Kindergruppe arbeiten zu müssen, von der aktuell vielleicht nur ein Mitglied das Krankenhaus aufsuchen muß. Der

Besuch im Krankenhaus behält dann zwar all die Vorteile der ›Exkursion an sich‹, die Erfahrungen im Krankenhaus selbst jedoch können genauso unvermittelt bleiben wie die in einer Fabrik oder auf einem Bauernhof. Diese Schwierigkeit der Eindrucksvermittlung kann allerdings die pädagogische Absicht keineswegs als falsch ausweisen. Das Konzept, stets an angstmachende Situationen anzuknüpfen und dazu Krankenhäuser mit merkwürdigen Gerüchen, lärmende Industrieanlagen, angekettetes Großvieh auf Bauernhöfen zu besichtigen, impliziert als solches eine hohe Intensität an Eindrücken, die zu den verschiedensten unvorhersehbaren Spielen Anlaß geben können.

Ein solches Konzept erscheint uns aus diesem Grunde als durchaus zweckmäßig. Die Frage ist aber, ob die Exkursion tatsächlich die pädagogische Absicht verwirklichen kann oder ob nicht anders vorgegangen werden müßte. Eine traumatische Erfahrung während eines Krankenhausaufenthaltes wird ja deshalb zur Gefährdung für das Kind, weil es sie meist an Ort und Stelle nicht ausspielen darf oder wenigstens keinen Spielkomparsen und Souffleur findet, der beim Ausspielen behilflich ist. Die Aktivität des Erziehers müßte also dahin gehen, dem real bedrohten Kind an Ort und Stelle zum Spielen zu verhelfen. Lediglich die Tatsache, daß vorher bereits ein vergleichbares Spiel abgelaufen ist, mag zwar den Eindruck des Ernstfalles mindern, räumt ihn aber wahrscheinlich nie ganz aus.

Wiederum an einem Beispiel wollen wir zeigen, wie ein Ausspielen an Ort und Stelle pädagogisch unterstützt werden kann. Die 4½jährige M. mußte wegen eines Fahrradunfalles (Armbruch) in eine Klinik gebracht werden. Während sie im Vorbereitungsraum für den Operationssaal wartete, versuchte die Mutter, das schmerz- und angstgeplagte Kind mit Versicherungen zu trösten wie: »Es ist gar nicht so schlimm, du bist so ein tapferes Kind« etc. Die Tröstungsversuche versagten vollständig und steigerten die Ängste des Kindes unmittelbar. Der besorgte Erwachsene ließ ihm die eigene Gefährdung erst recht zu Bewußtsein kommen und damit die Situation einer Bedrohung, für deren Bewältigung man selbst noch zu klein und schwach ist, perfekt werden. Es gelang der Mutter schließlich, aus dieser Situation ein Spiel zu machen, mit dessen Hilfe das Kind sich schnell beruhigte. Sie erzählte dem Kind von einem vor der Tür liegenden anderen Kind, das ebenfalls einen Unfall gehabt und die gleiche Verletzung davongetragen habe. Dieses Kind sei noch sehr klein und wisse sich gar nicht zu helfen, es frage, ob M. nicht sagen könne, wie es sich verhalten solle. M. formulierte nun die Tröstungen, die zuvor seine Angst vergrößert hatten, und schickte die Mutter zu dem ›Kinde vor der Tür‹, damit es ihm sage, das sei alles gar nicht so schlimm, es solle nur tapfer sein, der Arzt komme gleich usw. Indem das verletzte Kind sich nun selbst zum Tröster eines verletzten Kindes wandelte, konnte es eine reflexive Position zur eigenen Lage beziehen und diese bewältigen.

Offensichtlich ist dieser pädagogische Versuch der Bearbeitung einer angstmachenden Situation dadurch gekennzeichnet, daß er vom Lohnerzieher praktisch nicht nachvollzogen werden kann. Seine Macht reicht nicht in andere gesellschaftliche Bereiche hinüber, die formale Erziehungskompetenz bleibt bei den Eltern. Will er wirklich zur spielerischen Bearbeitung aktiv beitragen, so müssen die entsprechenden Spielanlässe in seinem Machtbereich vorkommen. Wir stehen damit wieder am Ausgangspunkt des eindrucksmonotonen Kindergartens mit seinem von den Kindern existentiell nicht betroffenen Lohnerzieher.

V. Wie die Strukturalternative im ›Haus der Kinder‹ zum erzieherischen Übermachtabbau und zu entsprechenden Spielen führt

Die Aufgabe bei der zureichenden Gestaltung der gesellschaftlichen Kleinkinderziehung läßt sich folgendermaßen formulieren: Wie kann der Erzieher mit Notwendigkeit daran interessiert werden, ein anregungsreiches Leben zu organisieren, das zugleich die individuelle Beachtung jedes einzelnen Kindes erforderlich und möglich macht, ohne daß dieses in eine subjektiv ausweglose Situation gerät. Das bedeutet auch, die Übermacht der Erwachsenen im Lebensbereich der Kinder abzubauen. – Ein gängiger Versuch, den Erzieher zum entwicklungsträchtigen Umgang mit dem Kind zu zwingen, ist das harte Curriculum, dessen Einhaltung durch Auswertungsbögen – bei deren Nichtführung der Erzieher letztlich seinen Arbeitsplatz riskiert – kontrolliert wird. Dieses harte Curriculum verhindert das individuelle Eingehen auf die Konfliktsituation der Kinder, bringt den Erzieher selbst in eine kontrollierte Ohnmachtsposition und stellt deshalb keine Lösung der formulierten Aufgabe dar.

Der sich selbst überlassene Erzieher wiederum könnte sich zwar den Kindern zuwenden, ist aber objektiv bei der Organisierung eindrucksvoller Lebenskonstellationen eingeschränkt und muß subjektiv versuchen, seinen Arbeitstag mit geringem Kraftaufwand zu überstehen, um immer wieder von neuem seine Lohnarbeit aufnehmen und dadurch seine Existenz sichern zu können. Dennoch ist der sich selbst überlassene Erzieher an seinem Arbeitsplatz, also im Kindergarten, keineswegs frei. Er unterliegt einem Zeitrhythmus, der an sich die Zuwendung für die Kinder dann, wenn diese sie suchen, ausschließt, weil Anfangs-, Schluß- und Pausenzeiten – für einen organisierten Arbeitsprozeß notwendig – den Kindern vorerst unverständlich bleiben. Da ihre Konflikte an Zeit nicht gebunden sind, darf es auch die Zuwendung nicht sein. Es war das Merkmal der durch den Verlohnarbeiterungsprozeß aufgehobenen ›Mütterlichkeit‹, an Zeit nicht gebunden zu sein und nur so das Attribut der Geborgenheit verwirklichen zu können. Der Kindergarten kann eine ähnliche Qualität nur dann entfalten, wenn er seines Charakters einer Fabrik entkleidet wird, wenn also die totale Arbeitsteilung aufgelöst wird, die lediglich den direkten Erzieher als einzigen Menschen zu vorgeschriebenen Zeiten, in denen nichts als Erziehung passieren soll, mit den Kindern zusammenkommen läßt. Das gelingt nur, wenn möglichst viele der Verrichtungen, die notwendig sind, um eine solche Aufzuchtsfabrik in Gang zu halten, nicht mehr außerhalb der Erziehung ablaufen, sondern sich dieser einordnen: Instandhalten, Einrichten, Reinigen, Essenbereiten, Einkaufen, Reparieren usw. müßten Teil des täglichen Lebensprozesses werden.

Jeder, der sich im Kindergarten auskennt, verfügt über zahlreiche Erinnerungen an spontane Interessenbildung, wenn durch außergewöhnliche Umstände etwas vorfällt, was die reine familienergänzende Erziehung ›stört‹. Hier soll an einem Ereignis aus einem der neuesten städtischen Kindergärten Bremens gezeigt werden, wie sicher eine solch fruchtbare Störung durch die Kindergartenstruktur wieder beseitigt wird: In einem Gruppenraum brach ein Wasserrohr, eine Fontäne ergoß sich in den Raum, und langsam bedeckte sich der Fußboden mit Wasser, so daß etliche Gegenstände als schwimmfähig oder nicht schwimmfähig erkennbar wurden. Die Erzieherin bemerkte die Faszination der Kinder und beließ sie ungehindert am Ort des Geschehens. Ganz anders verhielt sich die Leiterin. Sie wies die Erzieherin auf mögliche disziplinarische Folgen hin und holte die vor Wasser und möglicherweise »ausbrechenden Steinen« ungeschützten Kinder aus dem Raum, zu dem bis zu seiner Wiederherstellung nur noch Reinigungspersonal und Handwerker Zutritt erhielten. Diese Handlungsweise war durch ihr selbst drohende strafrechtliche Konsequenzen (§ 143 StGB) gut legitimiert.[1] Der schnelle Eingriff im Interesse der Kinder konnte ihre mächtige Beeindruckung allerdings nicht mehr verhindern. Sie entwickelten zahlreiche Freispiele – u.a. »Schiffe fahren lassen« –, stellten der Erzieherin eine Fülle von Fragen über den Vorgang und waren – ganz gegen die professionelle Pädagogik

1 Vgl. G. Heinsohn, R. Knieper, a.a.O., S. 233 f.

– in einen Entwicklungsprozeß eingetreten. Dieses Beispiel ist natürlich untypisch, zeigt aber um so deutlicher, welcher Eindrucksverlust für die Kinder mit der reinen Kindergartenerziehung einhergeht. Die Auflösung der professionellen Erziehung müßte also notwendig den Wegfall des gesamten differenzierten professionalisierten Personals, das von den beamteten Verwaltern bis hin zur Putzfrau mit dem Kindergarten befaßt ist, nach sich ziehen. Dieses Personal müßte durch einen Erzieher ersetzt werden, der wie eine selbstwirtschaftende Privatperson alle arbeitsteiligen Funktionen wieder vereint und dadurch erst zum Einheitserzieher wird. Das bedeutet auch, daß der Schein vom Kindergarten als einer bloß familienergänzenden Erziehung völlig zerrissen werden müßte und dem Erzieher elterliche Funktionen wie Kleiden, Impfenlassen, Rechtsgeschäfte etc. zuwachsen müssen, damit er sie pädagogisch – etwa durch Freispielermöglichung usw. – verwerten kann und so gezwungen ist, tatsächlich etwas für die Kinder zu tun, indem er selbst etwas tun muß, an dem die Kinder teilhaben. Insbesondere weil sie einen weit fortgeschrittenen Familienzerfall aufdeckt, wird eine solche Konzeption entschiedene Gegnerschaft finden. Daß sie nicht per se auf Feindschaft stoßen kann, ist daraus ersichtlich, daß Kindern, denen als Waisen, Ausgesetzten, den Eltern Entzogenen ein Familienzusammenhang nicht mehr zur Verfügung steht, ohne weiteres ein Lebenskonzept zugestanden wird, in dem Staat und Erzieher alle Funktionen übernehmen, die sonst teilweise noch von leiblichen Eltern erfüllt werden. SOS-Kinderdörfer[1a], die Kinderfamilien der Gmeiner-Stiftung stellen eine Vorform einer in den Kindergarten zu verlagernden Lebensform dar.

Indem der Kindergarten zum Ort wird, an dem die Kinder leben und nicht nur aufbewahrt werden, und dieses Leben den Einsatz der Erzieher verändert, da sie nun für Ernährung, Kleidung, Gesunderhaltung usw. der Kinder die Mittel erhalten und die Verantwortung tragen, könnte jene spielträchtige Kombination von wirklichem Beteiligtsein an ernsthaften

---

1a Die bemerkenswerten Versuche und Verfahren der SOS-Kinderdörfer, die Trennung der Kinder von lebenswichtigen Verrichtungen aufzuheben und die (weiblichen) Erzieher zu motivieren, werden wir in einem gesonderten Aufsatz analysieren.

Verrichtungen der Erwachsenen mit dem Streben nach Unabhängigkeit von den übermächtigen Erwachsenen für die Kinder von neuem erreicht werden. Aus der Exkursion z. B. würde das existentiell wichtige Einkaufen, Arztbesuchen usw. An die Stelle der bloßen Beschäftigung könnte die direkte Beteiligung an der Bedienung der vielfältigen, für den Haushalt notwendigen Maschinen treten. Damit würde für die Kinder ein Handlungsniveau erreicht, das über dem Durchschnitt der noch kindererziehenden Haushalte läge. Die Schwierigkeit einer solchen Konstruktion besteht allerdings darin, daß im kleinen Maßstab Tätigkeiten aufrechterhalten werden müßten, die im täglichen Leben zunehmend verschwinden und deshalb dem Einzelnen auch gar nicht mehr abverlangt werden. Ist einmal das Kantinenessen durch die Verlohnarbeiterung zur dominierenden Ernährungsweise geworden, verändert sich das Selbstkochen zu einem Privatvergnügen; wenn nicht mehr repariert, sondern neu gekauft wird, bekommt das Selbermachen Hobby-Charakter und verliert die Funktion existentieller Notwendigkeit; wenn im Kindergarten Tiere gehalten werden, deren Aufforderungscharakter, für sie zu handeln, aus Angst, daß sie sterben könnten, besonders günstige Eindrucksvermittlung verspricht, so läßt gleichwohl das erreichte Niveau der Massentierhaltung derlei als unnötige Kostspieligkeit erscheinen.

Diese Konzeption hätte mithin insofern ›künstliche‹ pädagogische Momente, als zu dem Zweck, Eindrücke zu ermöglichen, gewisse Rationalisierungsfortschritte nicht mitgemacht würden. Der pädagogische Verzicht auf Produktivitätsfortschritte bedeutete aber, daß die Verrichtungen der Erzieher für die Lebenserhaltung der Kinder mehr experimentellen Charakter annehmen könnten; im Falle experimentellen Scheiterns wäre die Existenz von Kindern und Erziehern nicht total gefährdet, da im Extremfall die wirklich lebensnotwendigen Ressourcen aus der Umwelt beschafft werden könnten. Könnte der Erzieher mit den Lebensverrichtungen experimentieren, dann könnte er auch gelassener gegenüber der kindlichen Einmischung in diese werden und so Nützliches für den Übermachtabbau leisten. Die Herstellung notwendiger Lebensbedingungen näherte sich so wissenschaftlich-künstlerischer Tätigkeit, deren Ernstcharakter für die Kinder unverkennbar und deren spielerische Aneignung deshalb hoch motivierend wäre. Eine solche Entwicklung ist jedoch so lange undenkbar, wie die Vorstellung vom Kindergarten als einer familienergänzenden Einrichtung unkritisiert bleibt. Diese Vorstellung, unter der die gesellschaftlich notwendige Ersetzung der für die lohnabhängige Familie nicht mehr existentiell unentbehrlichen Nachwuchsaufzucht verschleiert bleibt, entfaltet nämlich eine Eigenbewegung. Was als Familienergänzung und -erweiterung definiert ist, setzt nun die Bemühung in Gang, nicht bloß zu wiederholen, was in der Familie bereits gemacht wird, sondern ein ganz eigenes Programm zu entwickkeln. Bei der Verwirklichung dieses zusätzlich erfundenen Programms erscheinen hauswirtschaftliche Verrichtungen, wie sie in der Familie – als geringwertige und deshalb zu ergänzende – schon ablaufen, als Raub an der knappen Zeit, die für das wertvollere Kindergartenprogramm genutzt werden soll. Entsprechend erlebt der professionelle Erzieher, dessen Qualifikation gerade durch Verrichtungen definiert ist, die in der Hausarbeit nicht aufgehen, die Anforderungen, auch Hausarbeit zu übernehmen, konsequent als Arbeitskraft verschleißende Doppelbelastung, gegen die er sich zur Wehr setzen muß.[2] Die Eigenbewegung setzt sich fort, wenn diesem immanent berechtigten Interesse der Lohnerzieher so Rechnung getragen wird, daß die »Befreiung von nicht pädagogischen Aufgaben« in das staatliche Programm »für eine optimale pädagogische Betreuung in den Tageseinrichtungen« aufgenommen wird.[3]

Wir wollen hier darauf verzichten, ohne Anhaltspunkte über die Möglichkeiten einer neuerlichen Verbindung von Erziehungs- und Lebensprozeß zu spekulieren. Eine Analyse erster Verkörperungen solcher Konzeptionen soll statt dessen zeigen, welche Möglichkeiten bereits erprobt und wo Grenzen vorhanden sind, deren Überwindung bisher unmöglich erscheinen.

2 Vgl. etwa: B. Kraak, *Was Sozialpädagogen von ihrem Beruf und von der Arbeit in Heimen halten*, in: *Praxis der Kinderpsychologie und Kinderpsychiatrie*, 18. Jahrgang/1969, S. 260 ff.

3 Vgl. *Bericht über die Lage der Familien in der BRD vom 15. 5. 1975*, BT – Ds 7/3502, S. 126.

1. Warum Kinderläden und Elternselbstinitiativen Vorformen für das ›Haus der Kinder‹ gewesen sind

Am bekanntesten – und deshalb hier relativ zu vernachlässigen – sind Kinderläden und Elterninitiativen, die weniger aus pädagogischer Überlegung als aus Kostengründen einen Einheitserzieher vorzogen. Kochen, ›Erziehen‹, Saubermachen usw. waren Aufgaben, die jeweils von derselben Person erfüllt wurden. Da auch die Elterninitiativen auf diese Weise einen Arbeitsaufwand erforderten, der demjenigen in der Familie kaum nachstand, blieb der gewünschte Effekt – sich von den Kindern für eigene Erwerbstätigkeit oder sonstige ungestörte Lebensvollzüge frei zu machen – aus. Dabei haben die meisten Kinderläden und Elterninitiativen sich die gewünschte Entlastung von den Kindern nicht eingestanden. Das Tabu, daß man Kinder lieben müsse und sie nicht einfach abschieben dürfe, nötigte zu Rationalisierungen für die partielle Herausverlagerung der Kinder aus den Familien. Die Rationalisierung, daß die Emanzipation der Mütter diesen Schritt gebiete, hat sich insgesamt als besonders realitätsnah erwiesen. Allerdings wurde unter dem Begriff Emanzipation noch einmal verschleiert, daß die Frauen notwendig sich in die Lohnarbeiterexistenz begeben müssen, wenn es den männlichen Gesellschaftsmitgliedern keinen Vorteil mehr bringt, eine Frau zu unterhalten. Eine andere Begründung, nämlich daß im Interesse einer besseren Entwicklung die Kinder im Kollektiv aufwachsen müßten, hat viel zerstörerischer auf die Elterninitiativen gewirkt als die Emanzipationsvorstellung. Die Eltern wurden zu Gefangenen der Vorstellung eines notwendigen intensiveren Einsatzes für das Kind und luden sich ein derart hohes Maß an Arbeit auf, daß die heimlich gewünschte Entlastung in Wirklichkeit in eine verschärfte Belastung mündete. Erst diese ließ viele Initiativen scheitern und zugleich die ideologischen Momente des Interesses an der bestmöglichen Entwicklung der Kinder sichtbar werden. Dennoch legte der selbständige kollektive Zusammenschluß die Perspektivlosigkeit der einzelnen Eltern bei der Entwicklung ihrer Kinder offen. Da sie die zukünftigen Aufgaben ihrer Kinder nicht kennen und ihnen Existenzsicherheit nicht garantieren können, versprach der Zusammenschluß wenigstens die Möglichkeit einer Perspektive. Ihre Erwartung, daß im kleinen Kollektiv gelingen könne, was vereinzelt mißglückte, enthält zugleich das Eingeständnis, daß tatsächlich eine zentrale, die Entwicklung des gesellschaftlichen Ganzen überblickende Instanz erforderlich ist, um den Nachwuchs von Lohnabhängigen hinreichend zu sozialisieren. Die wachsende Bereitschaft der gescheiterten Eltern, ihre Kinder nun doch in die zunächst gemiedenen staatlichen Einrichtungen zu geben, kann deshalb nicht als bloßes Desinteresse am eigenen Kind gedeutet, sondern muß als Einbekenntnis der wirklichen Inkompetenz privater Erziehung begriffen werden. Die ursprüngliche Ablehnung des staatlichen Kindergartens resultierte also nicht aus der Vorstellung von der Überlegenheit kollektiver Erziehung, sondern aus der ganz zutreffenden Einschätzung, daß der Staat bisher nicht fähig ist, seine Kompetenz für den gesellschaftlichen Nachwuchs in der Praxis befriedigend einzulösen. Selbst die noch vorhandenen Elterninitiativen können nicht mehr darüber hinwegtäuschen, daß private Lösungen einer gesellschaftlichen Aufgabe scheitern müssen; sie sind – fast immer mit staatlicher Unterstützung – dazu übergegangen, Lohnerzieher auf dem Arbeitsmarkt anzukaufen und sich selbst von der Arbeit hart am Kind zurückzuziehen.

Allerdings ist zu beobachten, wie – wenn nicht Sparsamkeitsgründe dazu zwingen, nur *eine* Person für die Kinder einzustellen, die dann die ursprünglich arbeitsteiligen Verrichtungen wieder allein übernehmen muß – über die schlichte empirische Suche nach der besten pädagogischen Konzeption mit Zwangsläufigkeit herausgefunden wird, daß existentiell notwendige Lebensprozesse wieder in den Erziehungsprozeß einzubinden sind. Das gelingt dort schwer, wo zentralistische Bürokratien – seien sie staatlich, kirchlich oder gewerkschaftlich usw. – eifersüchtig ihre Kleinkind-Imperien kontrollieren. Es gelingt sehr viel leichter, wenn die Suche nach gelingenden Konzeptionen vorab zum Anlaß einer Kindergartengründung wird.

Insbesondere Einrichtungen von wissenschaftlichen Institutionen – z. B. pädagogische oder psychologische Forschungsbereiche an Universitäten –, für die ein Kindergarten an Erkenntnissen bringen muß, was für die Medizin wissenschaftliche Kliniken zu besorgen haben, können von ihrer gesellschaftlichen Definition her unter geringsten Behinderungen den Erziehungsprozeß als einen permanent veränderlichen gestalten. So gilt z. B. für den Universitäts-Kindergarten der Harvard-Universität, daß eine scheinbar wohlbegründete und durchaus kostspielige Konzeption der Verwendung ›neuester‹ didaktischer Materialien aufgegeben wurde zugunsten einer schrittweisen Wiedereinführung traditioneller hauswirtschaftlicher Verrichtungen – wie Essenzubereiten, Küchenpflanzenzucht, Tierhaltung usw. –, die von den Kindern und Erziehern selbst besorgt werden. Dieser Übergang ist von den durchweg wissenschaftlich tätigen Eltern keineswegs nur mit Zustimmung begleitet worden, sondern stets auch mit Sorge, ihre Kinder, die an gewissermaßen technisch überholte Prozesse gebunden wurden, könnten ›zurückbleiben‹. Allein der deutlich beobachtbare Zugewinn der Kinder an Eigenständigkeit und Spielfähigkeit vermochte oberflächliche Modernitätserwägungen zu entkräften.[4]

Nach unserer Kenntnis stellen aber weder Kinderläden noch jüngste Entwicklungen US-amerikanischer, teilweise skandinavischer oder gar volkschinesischer Herkunft die am längsten erprobte Konzeption einer Verbindung von Kleinkinderziehung mit existentiellen Lebensprozessen dar, sondern die Konzeption Maria Montessoris.[5] Das muß für den Kenner der Montessori-Kindergärten sonderbar klingen. Wir konzentrieren unsere Kritik jedoch nicht auf diese Kindergärten, denn sie sind Resultat des Verzichts auf das alles entscheidende Charakteristikum der Montessori-Pädagogik, das englisch sehr präzise als »school in the house« bezeichnet ist. Eine deutsche Übersetzung müßte lauten, daß Erziehung und Leben nicht in zwei verschiedenen Einrichtungen stattfinden dürfen. Der Terminus »Kindergarten« – auch in der Verbindung »Montes-

4 Vgl. dazu das zur Veröffentlichung anstehende Material, das B. M. C. Knieper während ihrer Arbeit im Harvard Child-Care-Center erworben hat. In einer kritischen Auseinandersetzung mit der allenthalben von mehr Fixigkeit als Sachverstand bestimmten Verwerfung kompensatorischer Erziehung soll dieses Material verwendet werden.

5 Wir gehen hier nicht auf die vergleichbaren Konzeptionen von z. B. S. Bernfeld (etwa, Kinderheim Baumgarten, Berlin 1921) und A. S. Makarenko, Gorki-Kolonie (*Ein pädagogisches Poem*, Frankfurt/M. 1972) ein, die für ältere Kinder bis zu etwa 15 Jahren entwickelt worden sind.

sori-Kindergarten« – verrät bereits die Trennung, deren Aufhebung für das »Haus der Kinder« – »casa dei bambini« – kennzeichnend gewesen ist. Die Formulierung ›Haus der Kinder‹ beschreibt indes nicht nur die Überschreitung des üblichen Kindergarten-Konzepts, sondern auch die Grenze dieser Überschreitung. Wie wir noch sehen werden, ist es von Bedeutung, daß nicht vom ›Haus der Kinder und Erzieher‹ die Rede sein kann, der Lebensmittelpunkt der Erzieher also nicht mit demjenigen der Kinder zusammenfällt.

Es wäre oberflächlich, die pädagogische Radikalität der Konzeption aus der – unbestrittenen – politischen Radikalität ihrer Erfinderin abzuleiten: Bereits als 26jährige setzte sie sich als erste weibliche Doktorin der Medizin Italiens auf dem Berliner Frauenkongreß von 1896 für die Aufhebung aller Behinderungen weiblicher Erwerbstätigkeit ein; auf dem Londoner Frauenkongreß 1900 hielt sie als Delegierte italienischer Frauenverbände eine vielbeachtete Rede über die Kinderausbeutung in den sizilianischen Minen.[6] Es war vielmehr der soziale Ausgangspunkt ihrer Arbeit mit Kindern, der sie zur Entwicklung besonderer Maßnahmen zwang. Kurz gefaßt ist dieser Ausgangspunkt das Fehlen einer Familienstruktur für die betroffenen Kinder. Maria Montessori begann ihre Arbeit mit Schwachsinnigen, die von ihren Eltern aufgegeben waren; sie setzte sie fort mit Opfern des Erdbebens von Messina[7], deren Eltern umgekommen waren, und machte ihre wichtigsten Erfahrungen mit Kindern des römischen Proletarierviertels San Lorenzo[8], deren Eltern – vorwiegend Analphabeten – beide ganztägig erwerbstätig waren. Ihre Arbeit war also nicht durch Versuche gekennzeichnet, die Familie zu erhalten oder wiederherzustellen.

Sie hatte es mithin auch nicht nötig, Kinder mit dem Versprechen in den Kindergarten zu locken, daß er für ihre Entwicklung besonders vorteilhaft sei. Dieses fatale Versprechen hatte ja von Anfang an die Entwicklung des Kindergartens, der nicht als Bewahranstalt gedacht war, begleitet und sich zu einem mächtigen Vorurteil verhärtet, so daß die wissenschaft-

6 Vgl. zum Leben M. Montessoris: E. M. Standing, *M. Montessori. Leben und Werk*, Stuttgart o. J.

7 Vgl. Maria Montessori, *Kinder sind anders*, Stuttgart 1961 S. 169.

8 Vgl. a.a.O., S. 158.

liche Analyse der Entstehung und Wirkung des Kindergartens behindert war. Bis heute ist die Wirklichkeit des Kindergartens durch eine Einschätzung vernebelt, die exemplarisch in ihrer Fassung durch Karl Fröbel aus dem Jahre 1849 belegt werden soll: »In einer guten Erziehungsanstalt kann das Bedürfnis der Zöglinge nach Liebe zu Eltern und Geschwistern, von denen sie getrennt sind, vollständig befriedigt werden. [. . .] Das Lehren und Erziehen ist eine besondere Berufsthätigkeit, eine Kunst, die erlernt sein will. Die, welche sich mit Lust und Fähigkeit ihr hingeben, ihre ganze Thätigkeit auf die ihnen anvertrauten Kinder verwenden, werden mehr leisten, als alle Väter und Mütter, welche diese höchste aller Künste nicht zu ihrem ausschließlichen Lebensberuf machen. Zugleich werden die Zöglinge der Gegenstand des vollsten Antheils, der reinsten Liebe sein, und Liebe, Wohlwollen, Freundschaft und Achtung werden den ganzen Kreis einer Anstalt vereinen so fest, wie je den schönsten Familienkreis. Liebt doch der Mensch die Thiere, die er versorgt, liebt der Künstler doch selbst seine leblosen Werke; wie groß wird die Liebe guter Erzieher zu ihren geistigen Kindern sein!«[9] Ebensowenig wie Maria Montessori unbewiesene Versprechungen dieser Art machte, konnte sie sich allerdings auf die Unterstützung von Familien verlassen oder gar auf deren Zuständigkeit herausreden. Immerhin verfügte sie in Ansätzen über eine Theorie der lohnabhängigen Familie, die sie davor bewahrte, zu einer undifferenzierten Familienverklärerin zu werden: »Das Kind [. . .] lebt, äußerlich betrachtet, an der Seite des Erwachsenen und ist je nach seinem Elternhaus in die mannigfaltigsten Lebensbedingungen hineingestellt. Der sozialen Aktivität des Erwachsenen wird es jedoch stets fremd gegenüberstehen; denn für die Tätigkeit des Kindes ist innerhalb des sozialen Produktionsprozesses keine Verwendung vorhanden. [. . .] Nehmen wir als Symbol körperlicher Arbeit die eines Schmiedes, der seinen Hammer auf einen wuchtigen Amboß niedersausen läßt, so wird uns klar, daß das Kind niemals zu einer solchen Leistung imstande wäre. Und wenn wir andererseits uns als Symbol der geistigen Arbeit die eines Gelehrten vorstellen, der mit Hilfe empfindlichster Instrumente schwierig-

9 Vgl. Karl Fröbel, Hochschulen . . ., a.a.O., S. 9.

ste Untersuchungen vornimmt, so erkennen wir, daß wir auch hier vom Kinde keinen Arbeitsbeitrag erwarten können. [. . .] Das Kind ist in der Tat überall dort, wo Erwachsene beisammen sind, ein Außenseiter, der immer störend wirkt, *selbst im eigenen Elternhaus.* Zu seinem Mangel an Anpassungsvermögen kommt erschwerend hinzu, daß das Kind ein aktives Wesen ist und unfähig, auf seine Tätigkeit zu verzichten. Darum muß man diese bekämpfen, muß man das Kind dazu zwingen, sich zurückzuhalten, keinen Ärger zu erregen, muß es in die Passivität drängen. Also sperrt man es in besondere Räume, die zwar keine Gefängnisse sind, wie man sie für gewisse asoziale Erwachsene vorgesehen hat, aber etwas recht Ähnliches, und die man als Spiel- und Kinderzimmer bezeichnet. [. . .] Aus dem Nichts heraus bricht das kleine Kind in die Familie des Erwachsenen ein. Der ist, mit dem Kind verglichen, groß und mächtig wie ein Gott, und er ist der einzige, der dem Kind das Lebensnotwendige zu verschaffen vermag. Der Erwachsene ist sein Schöpfer, seine Vorsehung, sein Herrscher, sein Richter. Noch nie hing einer so vollständig und unbedingt von einem anderen ab, wie das Kind vom Erwachsenen.«[10]

An anderer Stelle verdeutlicht sie die aus der existentiellen Unangewiesenheit der Erwachsenen auf die Kinder resultierende Gleichgültigkeit, Rücksichtslosigkeit und die Versuche, diese zu verschleiern: »Diese Unterdrückung der dem Erwachsenen unbequemen Tätigkeiten des Kindes ist in einer Umgebung, wo der Erwachsene herrscht, um so unausbleiblicher, als der Erwachsene sich seiner eigenen Abwehrhaltung keineswegs bewußt wird, sondern ehrlich von seiner Liebe und Opferbereitschaft überzeugt ist. Der unbewußte Abwehrinstinkt bedient sich einer Maske, und so wandelt sich der Geiz, der jeden dem Erwachsenen nützlichen oder teuren Gegenstand vor dem Zugriff des Kindes zu schützen sucht, alsbald zu der ›Pflicht‹, das Kind so zu erziehen, daß es lernt, sich ordentlich zu betragen.« Aus der Angst vor dem kleinen Störenfried des eigenen Behagens wird »die Notwendigkeit, das Kind im Interesse seiner Gesundheit viel ruhen zu

---

10 Vgl. M. Montessori, *Kinder sind anders,* a.a.O., S. 267 f. (Hervorhebung durch die Verfasser); vgl. auch S. 8 und S. 264, a.a.O.

lassen.«[11]

Die pädagogische Ausgangslage ist also dadurch ausgezeichnet, daß die Aufzucht von Kindern, die nicht der Familienstruktur unterliegen, überhaupt erst zu lernen ist. Vorbilder sind in der Geschichte der Produktionsverhältnisse, die durch die patriarchalische Familie gekennzeichnet sind, kaum vorhanden. Nicht zufällig stützt sie sich auf Arbeiten Jean Itards (1801), dem ein in Südfrankreich gefundenes wildes Kind zur Sozialisation übergeben wurde.[12] Sie selbst begreift ihre Aufgabe als *Vergesellschaftung der Mütterlichkeit*.[13] Diese Bezeichnung ist unzureichend, da ›Mütterlichkeit‹ nur als Moment der Struktur patriarchalischer Familie, ohne diese also nicht ohne weiteres vorkommt. Zwar vermag Maria Montessori sehr wohl zu erfassen, daß ›Mütterlichkeit‹ das Produkt einer sozialen Struktur ist und nicht einfach in eine andere soziale Struktur – etwa die des ›Hauses der Kinder‹ –, die vom patriarchalischen Hauswesen fundamental verschieden ist, übertragen werden kann: »Wie geht es an, daß der Menschheit der wertvollste und wesentlichste Leitinstinkt [s. c. Mütterlichkeit] des Lebens gänzlich fehlt und daß sie untätig und blind den grundlegendsten Problemen allen Lebens gegenübersteht, einem Problem, von dem der Fortbestand der Art abhängig ist?«[14] Trotz dieses Mangels, der von der fortgeschrittenen biologischen Forschung an Menschen und Primaten bestätigt worden ist[15], wird sich zeigen, daß der Umstand, die strukturelle Sozialisationsleistung der Familie nicht zureichend begriffen zu haben, in die Montessori-Konzeption durchschlägt. Das Kernstück ihrer pädagogischen Bemühung: den Erzieher in die Beschäftigung mit dem Kind zu zwingen und zugleich seine Übermächtigkeit zu verhindern, wird von ihr nicht nur strukturell, sondern – wie wir sehen werden – auch moralisch gefaßt.

Doch konzentrieren wir uns zunächst auf die Struktur der »casa dei bambini«. Dieses gehörte nicht den Eltern, sondern der Stiftung *Roman Association for Good Building*, welche die

11 Vgl. a.a.O., S. 105.
12 Vgl. Malson/Itard/Mannoni, *Die wilden Kinder*, Frankfurt/M., 1972.
13 Vgl. M. Montessori, *The Montessori Method*, New York, 1970, p. 66.
14 Vgl. *Kinder sind anders*, a.a.O., S. 284.
15 Vgl. M. J. Sherfey, *Die Potenz der Frau*, Köln 1974, Kap. 2;4.

erforderlichen Mittel aufgebracht hatte. Dennoch wurde versucht, den Eltern durch verschiedene Maßnahmen wie uneingeschränkten Zugang usw. das Gefühl zu geben, daß es sich um ihr Eigentum[16] handle. Insbesondere der Hinweis, daß das ›Haus der Kinder‹ dazu diene, die Eltern ohne schlechtes Gewissen zur Arbeit gehen zu lassen[17], dürfte dazu beigetragen haben, die elterliche Identifikation mit dem Haus zu verstärken. Dieser Hinweis zeigt aber zugleich, wie klar dem elterlichen Einfluß Grenzen gezogen sind, ja daß Elternschaft keine Eigenschaft ist, die vorab auch nur die geringste Qualifikation für die Kleinkinderziehung darstellt.

Montessori handelte an einer Bruchstelle gesellschaftlicher Entwicklung, als das Elternrecht aus der patriarchalischen Produktionsmitteleigentümer-Familie noch existierte, dem nun aber Lohnabhängige unterworfen sind, die mit seiner Wahrnehmung für das gesellschaftliche Ganze nichts Planvolles zu leisten vermögen, weil sie selber lediglich Anhängsel und nicht planende Gestalter dieses Ganzen sind.[18]

Die »casa dei bambini« ist mithin Ausdruck des »Kindesrechts« und muß wegen dieser Funktion so lange (tendenziell) Staatseigentum sein, wie eine staatliche Instanz für die Gewährleistung des gesellschaftlichen Zusammenhangs erforderlich ist, die als solche die gesellschaftliche Entwicklungsrichtung am besten kennt, wenn sie diese nicht sogar schon bewußt plant.

Wer heute das Elternrecht des Produktionsmitteleigentümers auch für die lohnabhängige Familie verteidigen will, um weiterhin Lohnarbeiterinteressen gegen die staatliche Erziehung vertreten zu können, steht vor einem Dilemma: Der Staat, der das Kind bis zu seiner Mündigkeit – bei Kindergartenbesuch bis einschließlich der Berufsschulpflicht – in der BRD bereits 15 Jahre lenkt, verfügt am ehesten über den prognostischen Apparat und die finanziellen Ressourcen, mittels derer er für Lohnarbeiter definierte politische Interessen in seiner Erziehung übergehen kann. Eine auf der Basis des privaten Elternrechts zu organisierende Erziehung hätte weder den Apparat noch die Mittel, die als vom Staat zu verausgabender Teil des

16 *The Montessori Method*, a.a.O., p. 63.
17 A.a.O., p. 65.
18 Vgl. G. Heinsohn/R. Knieper, a.a.O., Kap. II u. III.

gesamten variablen Kapitals den Lohnarbeitern bereits genommen sind, könnte dafür aber beanspruchen, Lohnarbeiterinteressen zu vertreten. Jeder – auch in sehr reichen bürgerlichen Gesellschaften – unternommene Versuch, ein zweites gegen das staatlich ausgerichtete Lohnarbeiter-Erziehungssystem zu setzen, ist denn auch gescheitert.[19]

Die Eltern werden also zu einem Moment der staatlichen Erziehung.[20] Die Elternarbeit – so lange notwendig, wie Kinder nicht ausschließlich in Kindernhäusern leben –, wird deshalb in der Montessori-Konzeption konsequent zur Instruktion eines Verhaltens, das der Richtung in der »casa dei bambini« nicht zuwiderläuft.[21] Dabei steht, da in einem Arbeiterviertel und nicht in einer sozialistischen Gesellschaft erzogen wird, ein Druckmittel zur Verfügung, das bei totaler staatlicher Kleinkinderziehung fehlen müßte. Die härteste Drohung, mit der die Eltern zur Unterstützung der Erziehung im ›Haus der Kinder‹ herangezogen werden, besteht darin, daß sie ihre Kinder wieder zu sich nach Hause nehmen müssen.[22]

19 Vgl. zuletzt Rotkol, *Zur Strategie und Praxis proletarischer Erziehung,* in: *Rote Presse Korrespondenz,* 2. Jahrgang 1970, Nr. 60, 62.

20 Diese bei G. Heinsohn und R. Knieper, a.a.O., s. insbes. Kap. V, systematisch begründete Entwicklung soll an einem schwedischen Beispiel belegt werden. In Schweden wird eine obligatorische, also mit staatlicher Strafgewalt abzusichernde Elternbildung diskutiert, die seit 1973 in der Gemeinde Lychsele – allerdings ohne Sanktionierung – bereits erprobt wird. S. L. Anderfelt, *Für Eltern eine Ausbildung?* in: *Frankfurter Rundschau* vom 7. 6. 1975, S. 5.

21 S. *The Montessori Method,* a.a.O., S. 70.

Vgl. die Schwierigkeit, für Kinder Partei zu ergreifen, deren angemessene Existenzsicherung nur noch der Staat zu garantieren vermag. Die Tatsache, daß in Lohnarbeitergesellschaften Kinder tendenziell keine Lobby haben, hat A. Huxley in seinem Roman *Schöne neue Welt* verdeutlicht. Der Staat kann dort die Kinder in die erforderlichen gesellschaftlichen Klassen einteilen, ohne daß jemand in der Gesellschaft vorhanden ist, der dies als einen persönlichen Angriff zurückzuweisen motiviert ist. Die Trennung zwischen Lohnarbeitern und ihren Kindern, denen sie eine Existenz nicht zuweisen können, verdeutlicht er dabei durch das utopische Konstrukt einer Nachwuchsaufzucht außerhalb des Mutterleibes in der Retorte.

22 Zur Einschätzung dessen, was heute als Kindesrecht gegenüber dem Elternrecht diskutiert wird, vgl. *Kinder sind anders,* a.a.O., S. 292. Montessori erfaßt die Erscheinung des Hinfälligwerdens des Elternrechts genau, scheitert allerdings daran, sie aus dem Verlohnarbeiterungsprozeß zu erklären. Sie glaubt, »daß die Stunde des Kindes ganz von selbst angebrochen ist« (a.a.O., S. 10). Damit befindet sie sich auf einem Erkenntnisstand, der von der herrschenden rechtswissenschaftlichen Lehre bis heute nicht überwunden ist.

2. Welchen Stellenwert das Kinderspiel in der »casa dei bambini« (Montessori-Konzeption) erhält

Kehren wir zu Montessoris Versuch eines Neuerlernens der Kleinkinderziehung zurück, die den gesellschaftlichen Anforderungen genügen muß. Er ist durch permanente Beobachtung gekennzeichnet. Diese richtet sich auf die Struktur der »casa dei bambini«, die nicht pädagogisch geplant war und deren Auswirkungen auf die Kinder wohl verstanden sein müssen, bevor *pädagogische* Veränderungen der Struktur eintreten können. Die Beobachtung richtet sich gleichzeitig auf die bereits mit pädagogischer Absicht gesetzten Eindrücke, deren Auswirkungen auf die Kinder ebenfalls unbekannt sind. Wir können hier darauf verzichten, die spezifisch schöpfungsgläubige Psychologie Montessoris einer Kritik zu unterziehen. Sie glaubt an einen dem Kinde eingeborenen Entwicklungsplan, dessen Verwirklichung mißlingen oder, bei richtiger Erziehung des Kindes, gelingen kann.[23] Da wir sowohl »Gelingen« als auch »Mißlingen« als Resultate von Herstellungsprozessen begreifen, wollen wir uns für die Montessori-Methode als einen spezifischen Herstellungsprozeß von Persönlichkeitsstrukturen interessieren und nur dort, wo es für das Verständnis einer Spielpädagogik unerläßlich ist, diesen bei ihr für reine Natur gehaltenen Prozeß genauer aufklären. Die für die Montessori-Konzeption zentrale Beobachtung hatte ergeben, daß üblicherweise der Erzieher den Tagesablauf anordnet und die Kinder zu Akteuren *seiner* Pläne macht. Damit setzt ein, was »Mißlingen« oder »Behinderung« des in den Kindern angelegten Planes genannt wird. Soll also ein Entwicklungsprozeß beginnen, in dem die *kindlichen* Pläne zum Zuge kommen, dann muß sich der Erzieher *zurückhalten*. Die Beobachtung erbrachte nun, daß diese Zurückhaltung nicht etwa als angenehme Arbeitserleichterung vom Erzieher begrüßt wird, sondern ein Verhalten verlangt, das als extreme psychische Verausgabung erfahren wird.[24]

23 *Kinder sind anders*, a.a.O., S. 31, 56, 60, 191, 192.

24 Vgl. *The Montessori Method*, a.a.O., S. 37 f. »I myself obtained most surprising results through their application, but I must confess, that while my efforts showed themselves in the intelluell progress of my pupils, a peculiar form of

Da also eine Tendenz des Lohnerziehers, durch den auch das ›Haus der Kinder‹ seine grundlegende Struktur erhält, darin besteht, *sein* Spiel zu machen und den Kindern die Komparsenrolle zuzuweisen, kommt Montessori in ihrer Kennzeichnung der zentralen Tugend des Lohnerziehers zu einer Formulierung, die den hohen psychischen Aufwand dieser Tugend unmißverständlich verdeutlicht: Er soll eine gegenüber dem Kinde »demütige Lehrperson«[25] sein. Zugleich weiß sie, daß der Erzieher engagiert[26] und einsatzwillig sein muß. Wie versucht sie nun, aus dem Lohnerzieher eine »demütige« und gleichzeitig engagierte Kraft zu machen? Sie wünscht sich vom Erzieher, daß er mit der Einstellung und dem Interesse eines Wissenschaftlers und Forschers in der »casa dei bambini« wirkt.[27]

Tatsächlich ermöglicht das wissenschaftliche Interesse Verhaltensweisen, mit denen die Gleichgültigkeit der Lohnerziehung durchbrochen werden kann, da es eine Konstellation setzt, die wiederum durch ein ganz eigennütziges Interesse an *guten* Resultaten der pädagogischen Arbeit gekennzeichnet ist. Diese wissenschaftliche Beziehung zu den Kindern ist allerdings nicht für die Lohnerziehung insgesamt umsetzbar. Der Wissenschaftler findet Anerkennung und Einkommen ja nicht im ›Haus der Kinder‹ selbst, sondern durch Kommunikation – also über Veröffentlichungen usw. – im wissenschaftlichen Bereich. Insofern unterläuft Montessori das Mißverständnis, das sie mit vielen pädagogischen Pionieren teilt. Sie erwartet

exhaustion prostrated me. It was as if I gave to them some vital force from within me.«

25 *Kinder sind anders,* a.a.O., S. 193.

26 Die Formulierung ›engagiert‹ wirkt auf den ersten Blick harmloser und diffuser, als ihre ursprüngliche Bedeutung nahelegt. Im angelsächsischen Sprachgebrauch bezeichnet »engaged« sowohl die höchste Intensität sublimierter Sexualität, die über die Verlobung zur manifesten erotischen Beziehung der Ehe treibt, als auch die relativ abstrakte Einsatzbereitschaft. Das uralte Wissen vom Einfluß des Erwachsenen-Engagements auf die Entwicklung der Kinder, auch in gesellschaftlicher Erziehung, ist – vorrangig in der US-amerikanischen Forschung – empirisch repräsentativ bestätigt worden. Einen Überblick in deutscher Sprache gibt etwa G. Iben, *Kompensatorische Erziehung,* München 1972, insbesondere S. 90 ff. siehe auch bereits L. Eisenberg und C. K. Connors, *The effects of Head Start on development Processes. Presented at the Joseph P. Kennedy jr. Foundation,* Scientific Symposium on Mental Retardation, Boston 1966.

27 *The Montessori Method,* a.a.O., S. 9.

ihre Motivation, die zugleich von hoher gesellschaftlicher Anerkennung lebt, auch vom Erzieher, der in der Anonymität verbleibt. Sie verläßt sich letzten Endes freilich nicht auf eine solche Motivation, sondern versucht, ein System zu entwikkeln, das dem Erzieher Freiheit läßt und ihn doch so kontrolliert, daß er die Kinder nicht vernachlässigt.[28]

Die Verhinderung von Vernachlässigung macht es nun erforderlich, ein weiteres wesentliches Strukturmoment des ›Hauses der Kinder‹ aufzulösen, nämlich daß die Kinder als Kollektiv vorhanden sind, dessen komfortabelste Lenkung dirigistisch und vorgeplant erfolgt. Erst eine individuelle Beziehung zwischen Erzieher und Kind ermöglicht die geforderte »demütige« Einstellung. Ohne Auflösung des Kollektivs würde ein plötzlicher Kommandoverzicht gegenüber dem Kollektiv als Niederlage des Erziehers erscheinen können, wie umgekehrt das Kollektiv Selbständigkeit gegenüber dem kommandierenden Erzieher nur als unstabilisierbare Rebellionshaltung zum Ausdruck bringen kann. Die Grundforderung für die individualisierte Beziehung Erzieher-Kind besteht demnach darin, daß die Bedürfnisse des Kindes, *seine* Freiheit[29], das Erziehungsgeschehen bestimmen sollen, also des Erziehers – und nicht des Kindes – Bedürfnisse und Freiheit den Komplex bilden, an dem der Erzieher zu arbeiten hat. Es wird unmißverständlich gezeigt, daß der Erzieher selbst als Eindruck wirkt und deshalb sich zu regulieren hat, um Veränderungen beim Kind zu erzielen.[30] So eindeutig hier die Konsistenz einer bestimmten *Haltung* (nicht *Handlung*) gegenüber dem Kind gefordert wird, so unklar bleibt jedoch, wie diese Haltung verwirklicht werden kann. Insbesondere die widersinnig erscheinende Notwendigkeit, Konsistenz der Haltung durch oberflächlich widersprüchliche Handlungen sichern zu müssen, bleibt unerörtert, da eine Theorie der inneren Prozesse des Kindes fehlt, es also im Grunde als »gut«, andernfalls lediglich als »entartet« gilt.

An der Forderung, daß die kindliche Entwicklung nur voranschreiten kann, wenn der Erwachsene alles tut, um seine Übermacht abzubauen und das Selbständigwerden des Kindes

28 A.a.O., S. 74.
29 *The Montessori Method*, a.a.O., S. 115.
30 A.a.O., S. 87.

nicht zu behindern, wollen wir die Unverzichtbarkeit oberflächlich widersprüchlicher *Handlungen* für die Erlangung
einer konsistenten *Haltung* demonstrieren. Wir knüpfen an
das Beispiel der 5jährigen M.[31] an, die mit dem täglichen
Milchholen ihre eigene Abhängigkeit von den Eltern durch
Abhängigmachen der Eltern selbst zu bearbeiten suchte. Nach
dem erfolgreichen Einkauf mit der neuen Milchkanne, deren
leichte Verschließbarkeit die Abhängigkeit von der Milchfrau
P. auflöste und M. zum ersten Mal eine volle Beherrschung
ihrer ›existentiell notwendigen Leistung‹ ermöglichte, ging sie
dazu über, ihre Unabhängigkeit gegenüber den Eltern zu
festigen. Nach dem Mittagessen kaute sie einen Kaugummi,
den sie, ausgekaut, der neben ihr sitzenden Mutter mit der
dringlichen Aufforderung hinstreckte, die Mutter solle ihn in
die Hand nehmen und zum etwa 4 m entfernten Mülleimer
tragen. Auf die Einwendung der Mutter und anderer am Tisch
sitzender Erwachsener, das sei eine eklige Angelegenheit und
sie könne das sehr gut selber besorgen, und überhaupt könne
das jedes Kind, erwiderte M.: »Ich hol' ja auch die Milch für
euch, und jetzt mußt du auch das Kaugummi wegtragen, sonst
hol' ich keine Milch mehr!« An diesem Beispiel wird deutlich,
daß der inhaltlich richtige Hinweis der Erwachsenen, M.
könne den Kaugummi selber wegbringen, nicht – wie etwa das
Gestatten des sehr viel schwierigeren Milchholens – Überlegenheit abbaut, sondern diese von neuem demonstriert. M.
prüft, ob die Erwachsenen die Bedeutung ihrer Abhängigkeit
vom Milchholen begriffen haben, dadurch, daß sie mit dieser
Abhängigkeit die Eltern bedroht. Die Drohung hat für sie
aber nur dann einen Wert, wenn sie von den Erwachsenen
etwas fordert, was sie ohne weiteres selbst verrichten könnte.
Das hat nicht nur den Effekt, daß sie bei Ungehorsam der
Erwachsenen eine völlige Niederlage vermeidet, denn tatsächlich kann sie ihren Kaugummi wegtragen; es soll vor allem den
Effekt haben, daß erst durch eine sinnlose Verrichtung der
Eltern die kindliche Macht demonstriert werden kann. Die
Forderung einer komplizierteren, vom Kind selbst nicht er-
füllbaren Handlung würde es von neuem der Unterlegenheit
aussetzen, wenn die Eltern ihre Erfüllung ablehnen. Gerade

31 Vgl. s. o. Kap. IV, 4.

dieser beabsichtigte Effekt droht aber die Prüfung negativ ausgehen zu lassen. Die Aufforderung an die Erwachsenen, etwas zu tun, das das Kind ohne jede Schwierigkeit selber tun könnte, wird als Frechheit erfahren, die man sich nicht gefallen lassen kann. Der Erwachsene wehrt sich gegen die Demütigung, die in dieser Forderung steckt, und scheitert damit an der zentralen, vom Erzieher geforderten Tugend. Indem er sich nämlich nicht demütigen läßt, stürzt er das Kind von neuem in Unterlegenheitsgefühle, zeigt ihm, daß sein großer Versuch, durch das Milchkaufen selbstständig zu werden, tatsächlich wertlos ist.

An diesem Beispiel soll deutlich werden, wie kompliziert die Forderung nach einer konsistenten Zuwendung praktisch zu verwirklichen ist. Wird einmal die Ermunterung zu einem derart schwierigen Unterfangen wie selbständigem Milchholen zur Bedingung kindlicher Selbständigkeit, dann wird ein andermal die Ermunterung zu einem solch leichten Vorhaben, wie den Kaugummi in den Mülleimer zu werfen, zur Bedingung eines Rückschlages beim Selbständigwerden des Kindes. Es wird hieran aber auch sichtbar, daß eine Theorie der inneren psychischen Abläufe, die auch bei Montessori fehlt[32], wohl dazu dienen kann, die Inkonsistenz in der Erziehung zu *verstehen*, aber keineswegs bereits dazu, sie zu *überwinden*. Die Bereitschaft des Lohnerziehers, sich das Selbständigwerden zahlreicher fremder Kinder mit dem psychischen Aufwand vieler Demütigungen zu erkaufen, steht immer noch im Widerspruch zu dem Zwang, seine Arbeitskraft so weit wie möglich zu schonen, um sie zur Sicherung *seiner* Selbständigkeit täglich von neuem verkaufen zu können.

Nach der Erörterung der Schwierigkeiten bei der Vermeidung von Kindesvernachlässigung, die aus der Struktur der Lohnerziehung und dem Mangel einer zureichenden Theorie psychischer Prozesse erwachsen, wollen wir diejenigen Bestandteile der Montessori-Konzeption analysieren, mit denen die Erzieher, ohne direkt von einem harten Curriculum kommandiert zu werden, zum individuellen Umgang mit den Kindern gebracht werden sollen, und wie die informationsar-

---

32 Montessori fordert zwar, daß der Erzieher die inneren Prozesse des Kindes versteht und leitet, ohne ihm adäquate Erkenntnisse vermitteln zu können. Vgl. *The Montessori Method*, a.a.O., S. 173.

me Eindruckssituation der »casa dei bambini« optimal genutzt und planvoll erweitert werden soll. Es handelt sich also sowohl um Momente, die der Verführung des Lohnerziehers zur Gleichgültigkeit entgegenarbeiten sollen, als auch um Momente, welche die immer weitergehende Trennung der Kinder von für die Erwachsenen existentiell notwendigen Verrichtungen überwinden helfen soll.

Wir hatten herausgestellt, daß der strukturelle Vorteil des ›Hauses der Kinder‹ darin besteht, daß die für die – familienlosen – Kinder lebensnotwendigen Tätigkeiten teilweise dort selbst ablaufen und für ihren Entwicklungsprozeß in der Weise verwendbar sind, daß die Kinder an solchen Eindrücken sich abarbeiten können und so ihre eigene Entwicklung strukturieren. Wir hatten zugleich darauf hingewiesen, daß die Struktur der Lohnerziehung im ›Haus der Kinder‹ nicht überwunden ist, die für den Erzieher existentielle Reproduktion seiner Arbeitskraft daher außerhalb des Hauses geschieht. Damit der Strukturvorteil lebenswichtiger Verrichtungen nicht wieder verschenkt wird, ist es also geboten, diese so weit zu präzisieren, daß der Erzieher nicht doch wieder bloß mit geringstem Aufwand diese Verrichtungen absolviert. Die Montessori-Konzeption zeichnet sich nun dadurch aus, daß diese Präzisierung sich auf Verrichtungen *des Erziehers selber* konzentriert und er damit zugleich aufgefordert ist, Korrekturen und Manipulationen am Kinde, es auf bestimmte Vorbilder hinzubiegen, zu unterlassen. Diese Methode hat sich nach Aussagen von Montessori empirisch bewährt, Realitätstüchtigkeit der Kinder also befördert.

Wir wollen nun zu erklären versuchen, warum die Montessori-Konzeption, ohne ihren Erfolg anders als empirisch oder mit ihrer biologistischen Entwicklungstheorie begründen zu können, tatsächlich ein erfolgreiches Verfahren ist, und werden dabei wieder die Gültigkeit der Freispieltheorie zeigen können. Warum kann den Erziehern, ohne Angst vor einem Mißraten der Kinder, vorgeschrieben werden, die Fehler der Kinder nicht zu korrigieren, ihnen keine langen Reden zu halten, sie nicht zur Nachahmung aufzufordern, sie nicht zu kommandieren, gefälligst ›sinnvolle‹ Dinge zu tun und eine Sache zu Ende zu führen? Wir hatten gesehen, daß die Spieleingriffspädagogik auch deshalb zustande kam, weil die Sorge vor dem Scheitern der Erziehung stets damit begründet wurde, daß sich die Kinder ungelenkt zu sehr vom fertigen Erwachsenen unterscheiden, den man produzieren wollte. Die Montessori-Methode der Eindrucksvermittlung wirkt dadurch, daß die Eindrücke und ihre Verkomplizierung sich an die lebensnotwendigen Verrichtungen knüpfen, deren Organisierung den Erziehern aufgetragen ist. Es ergibt sich also die Situation, daß die Kinder beim Versuch, die Übermacht des Erziehers abzubauen und Vernichtungsängsten zu entkommen, sich gerade das aneignen wollen, was der Erzieher kann, um das Leben der Kinder sicherzustellen. Vollzieht nun der Erzieher bei einer lebensnotwendigen Verrichtung eine Handlung, die das Kind noch nicht beherrscht, so kann es diese noch nicht nachvollziehen, zeigt aber durch die freispielmäßige Bearbeitung der ›Nichtkönnen-Erfahrung‹, daß es sich mitten in einem Aneignungsprozeß befindet, der durch Korrekturen ins Spiel hinein nicht zu beschleunigen, wohl aber zu beeinträchtigen ist. Wenn bei Anwendung der Montessori-Konzeption also besonders schnelle Lernfortschritte gerade durch Verzicht auf direkte Belehrung und Anordnung beobachtet werden können, so dürfte dies daran liegen, daß die Kräfte des Kindes beim Kampf gegen die Übermacht der Erwachsenen nicht dadurch vergeudet werden, daß das Kind auch noch gegen die in der Belehrungssituation steckende Überlegenheit kämpfen muß. Die lebenstüchtige Überlegenheit des Erziehers genügt daher für die Lernmotivierung des Kindes und braucht nicht noch durch die Macht des Schulmeisters ergänzt zu werden. Diese Ergänzung zersplittert vielmehr die Kräfte des Kindes und reduziert so mögliche Entwicklungsschritte.

An dieser Stelle wird sichtbar, daß das ›Haus der Kinder‹ nicht lediglich Strukturen des Familienhaushaltes in sich aufgenommen hat, sondern daß diese einer pädagogischen Verwendung zugeführt werden, die im Haushalt so meistens nicht existiert. Dort erlebt das Kind zwar ebenfalls den Eindruck lebensnotwendiger Verrichtungen von Erwachsenen, kann an diesen aber wegen seiner spezifischen Unfertigkeit meist nicht teilnehmen. Diese Teilnahme wird in der Familie nicht zufällig häufig mit dem Hinweis: »Das ist doch kein Spielzeug!« abgewehrt. Die volkstümliche Berliner Redewendung: »Laß dem Kind doch die Boulette, es will ja nur 'mit spielen«, drückt diesen typischen Familienkonflikt treffend aus. Es geschieht also, was in der Montessori-Pädagogik den Erziehern grundsätzlich untersagt ist: nämlich die Korrektur oder gar Behinderung des Kindes bei nicht sachgemäßer Handhabung lebenswichtiger Gegenstände. Dadurch wird nun tatsächlich ein spielerischer Prozeß von Realitätsaneignung ermöglicht, der Ernst macht mit der primären Bedeutung dieses Begriffes. Die Kinder greifen direkt auf ihrem ›primitiven‹ Entwicklungsniveau in die lebenswichtigen Prozesse ein, erfahren Zurückweisung nur in echten Gefahrensituationen und realisieren die reine Freispielsituation nicht als zeitlich absolut überwiegende, sondern in Abwechslung mit dem bereits erworbenen Mitmachenkönnen bei den Tätigkeiten der Erwachsenen. So wird zugleich einem Prozeß vorgebeugt, der im Familienhaushalt häufig der Zurückweisung der Kinder (»Ihr habt doch schon so viel Spielzeug! Müßt ihr jetzt auch noch an *meine* Sachen gehen?«) folgt und dadurch gekennzeichnet ist, daß die Kinder nun zu hauswirtschaftlichen Verrichtungen gezwungen werden, weil sie ›alt genug‹ sind. Der vorrangig zu bearbeitende Eindruck der Kinder ist nun der Zwang, der dazu führt, daß die hauswirtschaftliche Verrichtung im Zorn über die erlittene Demütigung absolviert und der ihr anhaftende Eindruck zum zweiten Mal pädagogisch verschenkt wird.

Es wird so auch verständlich, daß die Belehrung erst dort zum herrschenden Erziehungssystem sich ausweiten kann, wo vom Kind geforderte Verhaltensweisen ihre Plausibilität nicht aus der Wahrnehmung ihrer existentiellen Notwendigkeit belegen können. Je schärfer ein Erziehungsort von gesellschaftlich notwendigen Tätigkeiten getrennt ist, desto stärker wird der Zwang für den Erzieher, diese bloß redend zu vergegenwärtigen. Damit wird er für die Kinder zum Moralisten mit geringer Glaubwürdigkeit. Das hat dann die dauernde Korrektur bis hin zur totalen Verplanung der Kinder zur Folge, weil das bloße Reden tatsächlich keine befriedigenden Resultate zeitigt. Für die Kinder muß das Geredete als Nichtanschauliches undurchschaubar bleiben; der Eindruck des Erziehers reduziert sich auf den des Machthabers, der Gehorsam verlangt. Die kindliche Eindrucksbearbeitung bleibt daher auf reine Machtspiele mit ihrer eintönigen Aneignungspotenz beschränkt.

Das macht deutlich, daß die bloße Humanisierung der ›Situation moralischer Belehrung‹, der Verzicht auf Prügel, Tadel, die Konzentration auf positive Verstärker nichts Beträchtliches an ihrem Charakter ändern, worin die Kritik, hier werde Herrschaft nur besser verschleiert und der behauptete Erziehungsfortschritt bleibe gering, ihre Grundlage findet.

An dieser Stelle zeigt sich ein weiteres Mal die Strukturschwäche des ›Hauses der Kinder‹; es ist nicht auch das ›Haus der Erzieher‹. Weil die Erzieher zu für sie wichtigen Lebensprozessen aus dem Hause verschwinden, bleibt ein Sektor ihrer Macht kindlichen Einholversuchen entzogen und damit das Ziel des Übermachtabbaus grundsätzlich gefährdet. Wer das überragende Interesse der Kleinkinder am ›Privatleben‹ ihrer Erzieher in Kindergärten beobachtet hat, wird erstaunt sein, mit wieviel Durchstehvermögen sie sich auch in diesem Felde seiner Person zu bemächtigen versuchen. Daher rührt die Faustregel des traditionellen Kindergartens, daß man vom Privatleben, insbesondere vom Sexualleben, schweigen muß, sollen die Kinder einem nicht auf der Nase herumtanzen.

An einem vergleichsweise harmlosen Beispiel kann der Effekt des Ausklammerns des Erzieher-Privatlebens auf die Kinder belegt werden: Eine Kindergärtnerin übernahm in einem Wiener Kindergarten eine Gruppe von Vierjährigen. In dem Kindergarten galt die Regel, daß die Fachkräfte in ihrem Aufenthaltsraum speisten, während den Kindern das Essen von einer ›unqualifizierten‹ Kraft hingestellt wurde. Der neuen Erzieherin erschien diese Trennung pädagogisch zweifelhaft; sie entschloß sich, trotz der Mißbilligung der Kolleginnen, mit den Kindern zu speisen. Für die Kinder war die Beobachtung einer derart vulgären Tätigkeit wie ›essen‹ an der Erzieherin unfaßlich, so daß zwei von ihnen ausriefen: »Was, Sie essen's auch!« Die Erzieherin tat das gleiche, was die Kinder tun, und zeigte ihnen damit, daß sie das gleiche können wie die mächtige Erzieherin: nämlich essen.

An einem Beispiel der Montessori-Methode aus der »casa dei bambini« wollen wir demonstrieren, wie der Strukturvorteil lebenspraktischer Verrichtungen für die Erziehung genutzt wird und jeweils kompliziertere Eindrücke so an die Verrichtungen geknüpft werden, daß die lernproduktive Motivation der Kinder in Gang gehalten wird: »In meinen Schulen habe ich dafür gesorgt, daß das Wachsen des kindlichen Körpers von Anfang an verfolgt wurde. [. . .] Ich bemühte mich außerdem, die Kinder unmittelbar für diesen Vorgang zu interessieren. Den Familien wurden in regelmäßigen Abständen die Maße ihrer Kinder sowie die normalen, dem Alter entsprechenden Durchschnittsmaße zugeschickt; daraus ergab sich, daß die Eltern die körperliche Entwicklung ihrer Kleinen verständnisvoll verfolgten. [. . .] Bezüglich des Gewichts ordnete ich an, eine wöchentliche Kontrolle durchzuführen, und zwar mit einer Waage, die im Ankleideraum neben dem Badezimmer stand. Das Kind wird vor dem Baden nackt gewogen, und zwar an dem Wochentag, an dem es geboren wurde. Dadurch verteilt sich das Baden der etwa 50 Kinder über die ganze Woche, so daß jeden Tag 5-7 Kinder ein Bad nehmen. [. . .] Wenn sie das ›Kinderhaus‹ verlassen, können die kleinen Kinder bestimmt folgende Fragen beantworten:

– An welchem Wochentag bist Du geboren?
– An welchem Tag des Monats?
– Wann hast Du Geburtstag?

Darüber hinaus werden sie an eine gewisse Ordnung gewöhnt, und sie haben vor allem gelernt, sich selbst zu beobachten. (Ich darf mir dazu die Zwischenbemerkung erlauben, daß es den Kleinen viel Spaß macht, gemessen zu werden. Die Lehrerin braucht ein Kind nur einmal anzusehen und zu sagen: ›Größe‹, und schon zieht es schleunigst die Schuhe aus und läuft fröhlich lachend zum Anthropometer, stellt sich von selbst richtig hin, daß die Lehrerin nichts weiter zu tun hat, als die Meßplatte herunterzuschieben und die Zahl zu notieren).«[33]

An diesen alltäglichen Verrichtungen (Messen – Wiegen – Körperreinigen) ist entscheidend, daß sie den Erzieher in Pflichten setzen, die er nur unter Mithilfe der Kinder erfüllen kann. Das Notieren der Meßresultate erfordert das Ernstnehmen dieser kleinen und leichtgewichtigen Kinder. Ihr psychischer Gewinn besteht darin, daß sie über den Erzieher Kontrolle erlangen können. Für sein Funktionieren ist er von

33 Vgl. M. Montessori, *Die Entdeckung des Kindes*, Freiburg, 1969, S. 48 ff.

ihrem Mitmachen abhängig. An diesem Gewinn hängt dann –
gewissermaßen als Abfallprodukt – die Aneignung von Wissen der Kinder über sich selbst. Weil der Erwachsene an ihnen
etwas ernst nimmt, wird dies auch für sie selbst interessant.
Die objektive Hilflosigkeit der Kinder wird deshalb nicht zu
einer bloßen Niederlage, weil sie den Erzieher aufgrund seiner
Pflichten immerhin nötigen können, diesen Hilflosigkeiten zu
entsprechen.

An einem Ausspruch der von uns beobachteten 5jährigen J.,
der vor einer Reise eine Fülle von Verhaltensregeln von der
Mutter formuliert wurden, soll der Vorteil des Arrangements
im ›Haus der Kinder‹ verdeutlicht werden. Die zahlreichen
mütterlichen Verhaltensregeln machten dem Kind sehr schnell
seine objektive Unterlegenheit deutlich, da ihm nicht nur die
möglichen Gefahren kaum bekannt, sondern auch das Merken
aller Regeln unmöglich war. Es entzog sich dem Redestrom
der Mutter mit den Worten: »Ich passe auf, daß Oma gut auf
mich aupaßt.« Hier ist also die Hilflosigkeit eingestanden,
aber das Unterlegenheitsgefühl durch die Macht des Aufpassens auf die Großmutter bearbeitet. Der Vorteil des Arrangements im ›Haus der Kinder‹ für den Erzieher besteht darin,
daß er so in den Kontakt zum Kind gezwungen wird, daß er
nicht der üblichen Kontrolle eines Curriculums unterliegt, in
dem etwa ›Spielzeug‹ angeboten wird, das für die Kinder
›Kinderkram‹ ist und für den Erzieher ebenfalls keinen Sinn
hat.

3. Warum ›Spielzeug‹ im ›Haus der Kinder‹ überflüssig
wird

Das konsequente Bestreben der Montessori-Methode, entwicklungsträchtige Eindrücke für die Kinder anhand lebenspraktischer Verrichtungen mit Erwachsenen zu organisieren
und dafür in diese frei eingreifen zu lassen, führt dazu, daß
spezielle ›Spielsachen‹ nicht nur als überflüssig, sondern als
schädlich und eindruckshinderlich bewertet werden. Am Beispiel der Puppenküche gelangte Montessori zur Einsicht, daß
›Spielzeug‹ bereits Ausdruck der Abschiebung von Kindern
ist: »Obwohl in unserer Schule den Kindern wahrhaft prächti-

ge Spielsachen zur Verfügung standen, kümmerte sich keines der Kinder darum. Das überraschte mich dermaßen, daß ich selber eingriff, die Spielsachen mit den Kindern benützte, ihnen zeigte, wie mit dem kleinen Küchengeschirr umzugehen sei, wie der Herd in der Puppenküche angezündet werden konnte. Die Kinder interessierten sich einen Augenblick lang, entfernten sich dann und wählten diese Dinge niemals als Spielzeug.«[34] Die Antwort eines kleinen Jungen R. auf die Frage: »Was ist Gerechtigkeit?« vermag diese Aussage Montessoris gut zu unterstützen: »Das ist nicht gerecht. Wenn ich mich langweile, sagt meine Mutter: Du hast so viel Spielzeug! Nun frag mich doch nicht immer, was du spielen sollst. Wenn ich aber richtig spiele und nicht pünktlich zu Hause bin, dann schimpft sie.«[35]

Diese kindliche Wahrnehmung von Spielzeug verarbeitete Montessori zu einer theoretischen Erklärung der Existenz von Spielsachen: »In der Tat scheinen die Spielsachen das Abbild einer nutzlosen Welt zu sein, die zu keiner geistigen Konzentration hinführt und kein Ziel in sich trägt: einem das Reich der Illusion durchschweifenden Geist wird ein Geschenk gemacht: Spielsachen. Um sie entwickelt sich plötzlich die Aktivität des Kindes, wie wenn in einem Kohlenbecken der Wind unter der Asche eine kleine Flamme entfacht, aber mit einmal verlischt die kleine Flamme, und das Spielzeug wird fortgeworfen. Die Spielsachen sind jedoch das einzige, was der Erwachsene für das Kind als seelisches Wesen geschaffen hat. Damit schenkte er ihm ein Material, an dem es in freier Weise seine Aktivität entfalten kann. Tatsächlich läßt ja der Erwachsene dem Kind nur im Spiel, besser gesagt, nur im Zusammenhang mit seinem Spielzeug die Freiheit, und er ist der Überzeugung, die Welt des Spielzeugs sei für das Kind die Welt des Glücks. Aus solcher Überzeugung, die niemals ins Wanken geriet, obschon das Kind so schnell der Spielsachen überdrüssig wird und sie nur gar zu oft in Stücke schlägt, ist der Erwachsene in diesem Punkt großmütig geblieben und hat aus dem Spielzeugschenken geradezu einen Ritus gemacht. Hier liegt die einzige Freiheit, die die Welt dem Menschen in der

34 Vgl. *Kinder sind anders*, a.a.O., S. 170.

35 Vgl. W. Schneider, *Was ist Gerechtigkeit?* in: *Kinder, das Journal des Kindergartens*, Nr. 5, Mai 1975, S. 9.

Kindheit zugesteht, in jener wundersamen Zeit, in der höheres Leben Wurzeln schlagen sollte.«[36]

Diese Erkenntnis der Wirksamkeit des ›Spielzeugs‹ befähigt Montessori, auch das didaktische Beschäftigungsmaterial so einzusetzen, daß es von den Kindern jederzeit als Freispielsujet verwendet werden kann, daß also die Erzieher aufgefordert werden, nicht auf bestimmten Verwendungsarten des Materials zu beharren. Und es ist letztlich nur der nicht zu Ende gedachten Theorie ihres ›Hauses der Kinder‹ zu verdanken, das ja eine Strukturalternative zu den üblichen Kindergärten bietet, daß dem didaktischen Material überhaupt eine Bedeutung zugeschrieben wird. Um so klarer erscheint der Unterschied zum heute verbreiteten Montessori-Kindergarten, der ohne Strukturalternative zum normalen Kindergarten ist und gerade den stummen Umgang der Kinder mit genormtem Material zu seinem eigentlichen Charakteristikum gemacht hat.

Es ist nun an der Zeit, auf die Meinung der Anhänger Montessoris einzugehen, daß ihre Pädagogik in entschiedener Gegnerschaft zum kindlichen Freispiel stehe und es deshalb nicht angehe, sie als Beleg für eine gelungene praktische Umsetzung der von uns vertretenen Theorie des Freispiels zu verwenden. Tatsächlich überträgt Montessori ihre konsequente Verwerfung des Spielzeugs auf das Freispiel selbst. Sie stützt sich dabei sogar auf psychoanalytische Erklärungsversuche des Kinderspiels: »Die Psychoanalyse hat die abnorme Seite der Phantasie und des *Spiels* erkannt und beide mit einleuchtender Erklärung unter die ›psychischen Fluchterscheinungen‹ eingereiht. Flucht heißt weglaufen, eine innere Kraft hat ihren natürlichen Ort verlassen, flieht, verbirgt sich; Flucht kann aber auch unbewußten Selbstschutz des Ichs bedeuten, das einem Schmerz oder einer Gefahr aus dem Weg geht oder sich hinter einer Maske versteckt.«[37] Wir werden noch verstehen, daß die Psychoanalyse hier gelobt wird, weil unterschlagen ist, was ihr von den sowjetischen Autoren gerade die härteste Ablehnung eingetragen hat: die Erkenntnis nämlich, daß die-

---

36 Vgl. *Kinder sind anders*, a.a.O., S. 217. Vgl. das ähnliche Resultat, das John Locke aus der Beobachtung von Kindern gewann, in: ders., *Einige Gedanken über Erziehung* (1693), übersetzt von M. Schuster, Leipzig 1873, S. 173 f.
37 Vgl. *Kinder sind anders*, a.a.O., S. 218 (Hervorhebung durch die Verfasser).

ser »Fluchtvorgang« ein notwendiger, nicht abschaffbarer ist. Zuvor wollen wir uns vergewissern, wieso Montessori mit guten Gründen behaupten kann, die Notwendigkeit einer Fluchthaltung des Kindes überflüssig gemacht zu haben.

Welche kindliche Lebenssituation findet sie vor? »In der Welt des Kindes greift fortwährend der machtvolle Erwachsene ein: er verfügt über sein Leben, ohne es zu fragen, ohne irgendwelche Rücksicht zu nehmen, und beweist, daß die Handlungen des Kindes keinerlei Bedeutungen haben; andererseits aber muß das Kind mit ansehen, daß es zwischen Erwachsenen und seien sie Herr und Diener niemals ein unverhofftes An- oder Einsprechen oder gar ein Unterbrechen gibt ohne ein ›Bitte‹ oder ein ›Gestatten Sie‹. Das Kind fühlt daher, daß es ein von anderen verschiedenes Geschöpf ist und daß eine besondere Minderwertigkeit es hinter alle anderen zurücksetzt.[. . .] Der Erwachsene, etwa der Vater, der sich darüber ärgert, daß es ihm nicht gelingen will, in seinem Kind dieses Gefühl der Verantwortung und der Herrschaft über die eigenen Handlungen wachzurufen, dieser Erwachsene und kein anderer war es, der Stück um Stück im Kind den Sinn für Reihenfolge und Zusammenhang und das Gefühl für die eigene Würde abgetragen hat. Das Kind trägt nun die dunkle Überzeugung von seiner Ohnmacht und Minderwertigkeit in sich.[. . .] Diese Verhaltensweise des Erwachsenen pflanzt dem Kind die Überzeugung ein, daß seine Handlungen ohne allen Wert sind, und – was noch bedenklicher ist – daß seine Persönlichkeit zu nichts taugt, daß sie unfähig ist zu handeln.«[38] Es ist nicht allzu belangvoll, daß Montessori diese Stellung des Kindes nur beschreibt und nicht erklärt. Tatsächlich stimmt es ja, daß für den Lohnabhängigen die Kinder wirklich ohne allen materiellen Wert sind, seinen Lebensstandard und seine Behaglichkeit schwer beeinträchtigen können und deshalb die von ihr beschriebene Behandlung des Kindes in sich konsequent ist.[39] Entscheidend ist, daß sie die Folgen der Lohnarbeiterexistenz für die Entwicklung der Lohnarbei-

---

38 Vgl. *Kinder sind anders*, a.a.O., S. 236 f.

39 Daß diese Geringschätzung auch gegenüber nicht erbenden Kindern von Produktionsmitteleigentümern vorhanden ist, bestätigt nur den von Montessori wahrgenommenen Zusammenhang zwischen Kindesvernachlässigung und materieller Nutzlosigkeit der Kinder für die Eltern.

terkinder aufzuheben trachtet. Im Detail also versucht sie, was einer sozialistischen Gesellschaft im ganzen gelingen muß, wenn sie lebensfähig sein soll. Wir müssen hier nicht wiederholen, daß der Kernpunkt der Aufhebung der vorgefundenen Situation ihrer Meinung nach darin besteht, daß die Kinder selbst an den Verrichtungen der Erwachsenen ohne jede Beeinträchtigung – mit der Konsequenz von Demut und Respekt auf seiten der Erzieher – teilnehmen dürfen und sich allmählich die Machtvollkommenheit zu eigen machen können, die sie beim Erzieher antreffen. Wenn sie also die Nichtigkeit des Kindes durch Aufhebung der Mächtigkeit der Erwachsenen praktisch überwindet, dann wird es für die Kinder überflüssig, sich im Freispiel eine Scheinwelt der Macht als Flucht vor der Wirklichkeit zu schaffen.

Wir wollen nicht näher untersuchen, ob es gelingen kann, praktische Machtausübung der Erwachsenen so total abzubauen, daß im ›Haus der Kinder‹ die Zöglinge tatsächlich gleiche Rechte ausüben können. Selbst wenn dies vollständig gelänge, muß sich die Hoffnung Montessoris auf das Verschwinden des Freispiels als Illusion erweisen. Wieder geschieht es, daß sie – mangels einer Theorie psychischer Prozesse – umstandslos von objektiven Strukturen auf subjektive Strukturen schließt. Ihre Auffassung ließe sich folgendermaßen formulieren: Wenn die Zurückhaltung der Erzieher objektiv perfekt ist, dann verlieren die Kinder das subjektive Gefühl eigener Ohnmacht und erzieherischer Übermacht. Genau dieser Schluß aber ist nicht begründet. Wir erinnern uns, daß die früheste – durch Nichtbefriedigung libidinöser Bedürfnisse erforderliche – Angstbewältigung des Säuglings zur Ausbildung des Projektionsmechanismus führt und die Fähigkeit zu Aggressionsverhalten im Gefolge hat. Dieser Mechanismus ließe sich verbalisieren: Nicht ich habe Angst, sondern die Umwelt ist böse, und deshalb muß ich sie vernichten. Daran knüpft sich dann die Ausbildung der Vergeltungsangst, die sich so umschreiben ließe: Die böse Person aus meiner Umwelt, die ich zu meiner eigenen Sicherheit vernichten muß, kann ja mir zufügen, was ich ihr antun will. Diese Mechanismen sind die Vorläufer des Schuldgefühls und des Gewissens, das schließlich von anderen Personen unabhängig funktioniert.

An einem zentralen Beispiel der psychoanalytischen Theorie wollen wir die Hilflosigkeit des objektiven Machtabbaus für die Herstellung subjektiver Angstfreiheit des Kindes zeigen. Die Kastrationsängste, deren Vorformen schon im zweiten Lebensjahr beim Jungen auftreten, wurden in der Psychoanalyse anfänglich aus wirklichen Kastrationsdrohungen von Eltern und Erziehern erklärt. Von daher begründete Ermahnungen, auf jede solche Drohung zu verzichten, konnten die Ängste jedoch nicht zum Verschwinden bringen. Es mußte also nach einer neuen Erklärung gesucht werden. Sie wurde im Projektionsmechanismus gefunden, mit dem der Junge die Beseitigungswünsche gegen den erwachsenen Rivalen, der höchst freundlich und selbst psychoanalytisch gebildet sein mag, auf sich zurückbezieht. Da für sein Unbewußtes kein Unterschied zwischen Absichten und wirklichen Handlungen gegen den Erwachsenen besteht, fürchtet er Vergeltung für den Beseitigungswunsch. In der patriarchalischen Familienstruktur erfährt dieser Wunsch lediglich eine spezifische Ausprägung, der in einer anderen Struktur also nicht beseitigt, sondern gegen andere Personen (Erzieher z. B.) gerichtet wird.

Auch in der Montessori-Konzeption sind deshalb das Gefühl der Angst und Machtlosigkeit und die daran anknüpfenden Freispiele nicht zu beseitigen. Hierzu können wir Berichte von Montessori selbst zitieren: Ein Kind spielt Lehrer oder Mutter und lehrt die anderen Kinder das Kreuzzeichen, Morgengebet usw.[40] Diesem Spiel gegenüber verhält sich Montessori ganz im Sinne einer nicht eingreifenden Freispielpädagogik, indem sie ihre Erzieher ermahnt, es zu respektieren. Nun könnte eingewandt werden, daß selbst dieses Spiel verschwände, wenn die streng katholische Montessori ihre Prinzipien auch für die Religionserziehung gelten lassen und auf derlei ›sinnlose‹ Eindrücke wie das Beten und Kreuzschlagen verzichten würde. Dem ist entgegenzuhalten, daß die religiöse Überzeugung ein Kennzeichen der Erzieher in der »casa dei bambini« gewesen ist und gerade die hohe Bedeutung der Religiosität für die mächtigen Erwachsenen den Eindruck abgibt, der im Spiel verarbeitet wird, und nicht die religiösen

40 *The Montessori Method*, a.a.O., S. 91.

Übungen an sich, die hier etwa vergleichbar sind den Verrichtungen beim Tischdecken und Sujet des Freispiels werden.

4. Warum auch unter der Strukturalternative im ›Haus der Kinder‹ nicht auf Wissen über innere psychische Prozesse verzichtet werden kann (Friedrich Fröbels Leistung)

So wie die psychoanalytischen Erklärungsversuche des Spiels von Montessori einseitig dargestellt werden, weil eine Theorie der Differenz objektiver und psychischer Prozesse fehlt, so wird auch die Fröbelsche Erklärung des Spiels, die sich genau um diese Differenz bemüht, folgerichtig von ihr abgelehnt. Auch hier können wir uns nicht auf die in der Fröbelschen Tradition stehenden Kindergärten beziehen, sondern müssen dessen Ausführungen selbst zum Ausgangspunkt nehmen, da der Abstand zwischen ihnen und dem Fröbelschen Kindergarten nicht geringer ist als der zwischen der Montessori-Konzeption und den Montessori-Kindergärten. Der Terminus Kindergarten stammt von Fröbel. Er gab seiner ersten stationären Einrichtung aus dem Jahre 1840 im thüringischen Blankenburg diesen Namen nicht allein deshalb, weil er Kinder wie Pflanzen[41] aufzuziehen gedachte, sondern auch, weil zu seinem Kinderhaus ein Garten gehörte, in dem die Kinder sich die Grundkenntnisse der landwirtschaftlichen Produktion, einschließlich ihrer naturwissenschaftlichen Grundlagen[42], aneignen sollten.

Hören wir die Ablehnung der Fröbelschen Konzeption durch die Montessori-Pädagogik: »Bekanntlich hat z. B. Fröbel viele seiner Spiele gerade auf die Entwicklung [. . .] [des] Symbolismus abgestimmt. Er verhilft dem Kind dazu, in unterschiedlich angeordneten Würfeln und Quadern bald Pferde bald Burgen, bald Eisenbahnzüge zu sehen. Tatsächlich ermöglicht diese Neigung zum Symbolhaften dem Kind, irgendeinen Gegenstand zu benutzen, als sei er ein elektrischer Schalter, um die phantastischen Bilder seines Geistes zu be-

---

41 Vgl. *Entwurf eines Planes zur Begründung und Ausführung eines Kindergartens*, in: F. Fröbel, *Ausgewählte Schriften*, hrsg. v. E. Hoffmann a.a.O., 2. Auflage 64 S. 118.
42 A.a.O., S. 119.

leuchten. Ein Stock wird zum Pferd, der Stuhl zum Thron, der Bleistift zum Flugzeug. So versteht man wohl, warum dem Kind Spielsachen gegeben werden, die zwar Tätigkeit ermöglichen, aber vor allem Illusionen erzeugen und nur unvollkommene und unfruchtbare Abbilder der Wirklichkeit sind.«[43]

Die hier getadelte Symbolisierungstätigkeit der Kinder trifft aber gerade das, was bei Montessori unreflektiert bleibt. Sie erst erlaubt die Herstellung von Konstellationen, in denen Unterlegenheitserfahrungen aktiv gewendet werden können. Reitpferde, Flugzeuge – die es zu Fröbels Zeit allerdings noch nicht gab – und Throne sind dem Lebensprozeß von Dreijährigen zwar fern, aber es sind auffällige Attribute der Macht von Erwachsenen, der man zu entkommen trachtet und der man am nächsten ist, wenn ihre höchsten Ausprägungen zum Spielsujet werden. Unter diesem Gesichtspunkt ist die Fröbelsche Kennzeichnung des Spiels zu lesen: »Spielen, Spiel ist die höchste Stufe der Kindesentwicklung, der Menschenentwicklung dieser Zeit; denn es ist freitätige Darstellung des Innern, die Darstellung des Innern aus Notwendigkeit und Bedürfnis des Innern selbst, was auch das Wort Spiel selbst sagt. Spiel ist das reinste geistige Erzeugnis des Menschen auf dieser Stufe, und ist zugleich das Vorbild und Nachbild des gesamten Menschenlebens, des Innern, geheimen Naturlebens im Menschen und in allen Dingen; es gebiert darum Freude, Freiheit, Zufriedenheit, Ruhe in sich und außer sich, Frieden mit der Welt. Die Quellen alles Guten ruhen in ihm, gehen von ihm hervor; ein Kind, welches tüchtig, selbsttätig, still, ausdauernd, ausdauernd bis zur körperlichen Ermüdung spielt, wird gewiß ein tüchtiger, stiller, ausdauernder, Fremd- und Eigenwohl mit Aufopferung befördernder Mensch.«[44]

Dennoch darf diese Herausstreichung der inneren Momente des Spiels nicht dazu verleiten, Fröbel für einen Spiritualisten zu halten. An anderer Stelle sagt er unmißverständlich: »In jedem Falle aber sind die Spiele dieses Alters, oder sollen es sein, reine Hervortretungen der Lebenskraft, des Lebensmu-

43 Vgl. *Kinder sind anders*, a.a.O., S. 84.
44 F. Fröbel, *Die Menschenerziehung, die Erziehungs-, Unterrichts und Lehrkunst angestrebt in der allgemeinen deutschen Erziehungsanstalt zu Keilhau*, Keilhau 1826, § 30. Wieder abgedruckt in Fröbel, *Ausgewählte Schriften* (hrg. v. E. Hoffmann), Düsseldorf und München 1968, S. 36.

tes; sie sind Erzeugnisse der lebendig sich in dem Knaben regenden Lebensfülle, Lebenslust. Die Spiele dieses Zeitpunktes setzen also inneres Leben und Lebendigkeit, setzen rege Lebenskraft, setzten ein *wirkliches äußeres* Leben voraus; wo dieses mangelt oder früher mangelte, da mangelt dann auch in dieser Zeit echtes, wahres Leben in sich tragendes und darum auch wieder Leben weckendes und Leben nährendes und erhöhendes Spiel.«[45]

Daß dieses wirkliche äußere Leben gefaßt war als Teilnahme an den existentiell notwendigen Verrichtungen, kommt zum Ausdruck, wo die entwicklungsträchtigen Eindrücke für das Kleinkind als »die des Begleitens von Vater und Mutter, Bruder oder Schwester bei den häuslichen Geschäften, bei den Geschäften ihres Berufes« benannt sind.[46] In dem *Entwurf eines Planes zur Begründung und Ausführung eines Kindergartens* von 1840 wird diese Einsicht allgemein formuliert: »Darum darf es in der gesamten, auch äußeren Anlage des Ganzen nichts geben, was sinn- und bedeutungslos wäre; vielmehr muß nicht nur bei dem, was das Kind als Sache umgibt, sondern auch bei allem, was mit ihm geschieht, die Beziehung auf eine höhere Lebenseinheit sich bestimmt aussprechen.«[47] In dem Aufsatz *Das Schlittenfahren und Eisgleiten der Kinder und Knaben* (1826) resümiert Fröbel seine Theorie über die Freispiele: »Daß die Art und Wahl derselben keineswegs durch das Äußere des Augenblicks und durch den Zufall bestimmt, sondern je mehr des Kindes freitätiges Leben äußerlich hervortritt, um so mehr von notwendig streng vorschreibenden inneren geistigen Bedingungen abhängig ist.«[48]

Fröbels Vorstellung über diese inneren geistigen Bedingungen bleiben jedoch in ihrer theoretischen Bestimmung vage und werden unter Begriffen wie »Anlage« »Forderung des Menschenwesen an sich« und »Gewohnheitsmacht« abgehandelt.[49] Er gelangt theoretisch also nicht weiter als 130 Jahre

45 A.a.O., S. 214.

46 A.a.O., S. 51.

47 *Entwurf eines Planes*, a.a.O., S. 120.

48 *Friedrich Fröbels gesammelte pädagogische Schriften*, herg. v. Dr. Wichard Lange, 1863, Erste Abteilung, Zweiter Band, S. 380.

49 Diese Bestimmung hat sich bis zum Jahre 1838 erhalten, in dem die berühmte Schrift *Ein Ganzes von Spiel- und Beschäftigungskästen für Kindheit und Jugend* –

später die bulgarischen Autoren in ihrer Kritik an der sowjetischen Spieltheorie, kann sich freilich wie diese Problemen zuwenden, die sowohl der sowjetischen als auch der Montessori-Konzeption nur schwer zugänglich sind. Seine Interpretation der »sinnbildliche[n] Bedeutung«[50] von Ballspielen aus dem Jahre 1838 stimmt mit der ersten Freudschen Deutung des Spiels eines 1 1/2jährigen Knaben weitgehend überein, der mit Hilfe einer weggeworfenen und wieder herangezogenen Spule das Verlassenwerden von der Mutter bearbeitet.[51] Der Ball fungiert nach Fröbel als »Stellvertreter und Anschauungsmittel«[52], mittels dessen »Einssein und Getrenntsein [...], Dasein und Verschwinden, [...] Haben und Gehabthaben [...] [und] Wiederhabenwollen«[53] vom Kinde dargestellt werden können; weiter heißt es: »Was es bisher schon so oft durch die Mutterbrust unmittelbar gefühlt hat: Einigung und Trennung, das nimmt es jetzt außer sich an einem er- und unfaßbaren, schon wirklich er- und umfaßten Gegenstande wahr; und so befestigt, stärkt und klärt sich ihm durch die Wiederholung dieses Spieles das in das ganze Leben der Menschen so tief eingreifende Gefühl und die darum so wichtige Wahrnehmung des Eins- und Einigseins und des Gesondert- und Getrenntseins des Habens- und des Gehabthabens.«[54]

In der Deutung konkreter Spiele mit Gegenständen, die Fröbel nicht erfunden, sondern bereits in kindlicher Verwendung *vorgefunden* und aufgegriffen hat, nähert er sich einer zureichenden Bestimmung der inneren Prozesse also eher als in seinen theoretischen Verallgemeinerungen.

Erste Gabe: Der Ball als erstes Spielzeug des Kindes, erschien. Dort heißt es im ersten Satz: »Das Spiel ist ein Spiegel des Lebens, des eigenen und des Fremdlebens, des Innen- und des Umlebens; aber in Freiheit der Darstellung und doch getragen vom inneren Gesetze und deshalb das Leben – wie ein heller Spiegel die ihm gegenüberstehenden Gegenstände und wie ein klarer See seine Umgebung – verschönt und geklärt zurückgebend.« Siehe Fröbel, *Ausgewählte Schriften – Vorschulerziehung und Spieltheorie* (Hg. H. Heiland, Düsseldorf und München 1974), S. 35.

50 *Erste Gabe: Der Ball als erstes Spielzeug des Kindes,* a.a.O., S. 50.

51 Vgl. S. Freud, *Jenseits des Lustprinzips,* a.a.O., S. 12-14.

52 *Erste Gabe: der Ball als erstes Spielzeug . . .,* a.a.O., S. 48.

53 A.a.O., S. 42, siehe auch S. 48.

54 A.a.O., S. 16, vgl. auch S. 32.

Wir sehen nun, daß die Frontstellung der Montessori-Konzeption gegen die Fröbel-Konzeption nicht so sehr praktische Auswirkungen hat; beide lehnen Spieleingriffe ab. Die Gegensätze resultieren vielmehr daraus, daß zum einen auf die Reflexion über innere Prozesse zugunsten einer umstandslosen Gleichsetzung von Außen und Innen verzichtet und zum anderen gerade eine Erklärung für die beobachtbare Differenz gesucht wird. Das Ergebnis dieser Suche macht, in seiner leicht geschraubten Fröbelschen Formulierung, den Eindruck, als sollten den Kindern ihnen fremde Symbolisierungen aufgezwungen und nicht – wie beabsichtigt – Anlehnungsmaterial für ihre Symbolisierung dargeboten werden. Wo dies gelingt, schließt der Umgang mit symbolischem Beschäftigungsmaterial an bereits vollzogene Lebenserfahrungen der Kinder an und macht erklärlich, warum solches Material von Kindern gern angenommen wird. Das Programm scheitert daher erst dann, wenn es diese Erfahrungen ersetzen will, wie es sich in den pädagogischen Leerräumen der Kindergärten aufdrängt.

Wir haben zu zeigen versucht, warum das Freispiel in der Montessori-Konzeption eine Flucht- und ›Entartungserscheinung‹ genannt werden kann, die verschwindet, sobald die objektive Situation dem Kind alle Souveränität erlaubt und Fluchtversuche unnötig werden. Dennoch traten in der »casa dei bambini« Freispiele auf und verwiesen darauf, daß die subjektive Realitätsverarbeitung nicht umstandslos mit der Realität zusammenfällt, sondern spezifischen Mechanismen der Projektion – wie der Vermeidung von Vergeltungsängsten – folgt. Die Rezeption sowohl psychoanalytischer als auch Fröbelscher Erklärungsversuche dieser Mechanismen ist in der Montessori-Theorie einseitig dargestellt oder abgelehnt worden.

Dennoch haben wir das stärkste Argument Montessoris für die ›Entartungsqualität‹ des Freispiels bisher ausgeklammert. Es handelt sich um das schlichte Verschwinden der Freispiele, insbesondere der sie begleitenden, sehr auffälligen Phantasietätigkeit. Montessori konnte nämlich bei Kindern im Einschulungsalter beobachten, »daß unordentliche und heftige Kinder sich mit einem Mal ändern, als seien sie aus einer entlegenen Welt zurückgekehrt. Ihre Wandlung besteht nicht nur im äußeren Übergang von der Unordentlichkeit zur Arbeit, es ist vielmehr eine viel tiefer gehende Veränderung, die sich in Seelenruhe und Zufriedenheit dartut. Die Abwegigkeit verschwindet spontan: es vollzieht sich eine natürliche Wandlung: und doch bestand eine Abwegigkeit, die, in der Jugend nicht behoben, einen Menschen sein ganzes Leben lang begleiten kann.«[55] Hier wird als Resultat einer pädagogischen Konzeption gefeiert, was im Grunde problematisiert werden müßte. Der hier beschriebene Übergang zum Regelspiel stellte ja – wie gezeigt[56] – das Ende eines Konfliktes dar, in dem mit Bravheit Sicherheit angesichts einer wiederum projektiv vorgestellten Bedrohung erkauft werden soll. Bereits in der sowjetischen Literatur wurde die Beobachtung berichtet, daß für das Kind »hier die Unterordnung unter die Regel und der Verzicht auf eine Handlung nach dem unmittelbaren Impuls den Weg zum höchsten Vergnügen darstellen.«[57] Die Lust an der Unterordnung ließ sich aufklären als Zufriedenheit über die durch sie eingehandelte Sicherheit vor einer Bedrohung, die durch schlichte Freundlichkeit der Erwachsenen nicht aufhebbar ist.

Die Freude der Pädagogenmehrheit dieser Welt über die plötzliche Lenkbarkeit der Kinder kann in der Montessori-Konzeption, die sich gerade Selbständigkeit zum Ziel setzt, nur geteilt werden, weil wiederum die Theorie fehlt, die den Preis für den Verlust von ›Entartung‹ und ›Abwegigkeit‹ aufzudecken vermag. Die völlige Unkenntnis ödipaler Konflikte äußert sich als Verharmlosung von Erziehungsproblemen, die so weit geht, daß dramatische Veränderungen biologistisch zur »natürlichen Wandlung« erklärt werden.

Der Einwand, daß im ›Haus der Kinder‹ ja eine Strukturalternative zur Familie vorliege und der Ödipuskomplex in seiner Konstellation Vater-Mutter-Kind gar nicht auftreten könne, überzeugt nicht. Solange zwischen Kindern und ihren erwachsenen Bezugspersonen Beziehungen entstehen, die ihre Intensität aus der kindlichen Sexualität nehmen, lebt die spezifische Enttäuschung, die wir im Familienödipuskonflikt beob-

---

55 Vgl. *Kinder sind anders*, a.a.O., S. 222.
56 Vgl. s. o. II (2).
57 Vgl. L. S. Wygotski, a.a.O., S. 31.

achten, im ›Haus der Kinder‹ weiter und zieht Versuche der Kinder nach sich, ihren aus Haß über diese Enttäuschung stammenden Vergeltungsängsten zu entkommen.[58]

58 Bekanntlich ist die Kollektivkleinkinderziehung in israelischen Kibbuzim zuerst darangegangen, die von der Psychoanalyse erkannten kindlichen Sexualkonflikte in eine ausgewogene Mischung von sexueller Gewährung und Abweisung zu überführen. Auch diese Konzeption vermeidet nicht den Untergang des Ödipus-Komplexes, zeigt aber eine Bemühung, seinen Preis zu kalkulieren.

VI. Warum die Erhöhung des erzieherischen Qualifikationsniveaus die Schwierigkeiten des Kindergartens nicht löst, solange er strukturell unverändert bleibt

Wir hatten uns im Kapitel über das ›Haus der Kinder‹ wesentlich dafür interessiert, wieweit seine Konzeption auf das Problem, das mit der Struktur der Lohnerziehung gesetzt ist, reagieren kann. Dabei stellten wir fest, daß schlichte theoretische Mängel bereits dazu führen können, pädagogische Intentionen bei der Auseinandersetzung zwischen Erziehern und Kindern deutlich zu verfehlen. Wir hatten zugleich darauf hingewiesen, daß ein zureichendes Wissen über psychische Prozesse zwar die Kritik an gängigen Einschätzungen des kindlichen Verhaltens ermöglicht, aber keineswegs notwendig dazu taugt, Erzieher- und Kinderverhalten praktisch zu verändern. Wir hatten also die Durchschlagskraft der Lohnerziehungsstruktur und der Kollektivstruktur gegenüber dem möglichen Gebrauch richtigen theoretischen Wissens behauptet. Diese Behauptung läßt sich nun dahin umkehren, daß in einer strukturellen Alternative zur reinen Lohnerziehung die Suche nach zureichendem Wissen – Theoriebildung also – einsetzt und eine höhere Qualifikation der organisierten Erziehung nach sich ziehen kann. Im folgenden wollen wir an zwei Untersuchungen unsere Behauptung überprüfen, wollen also zu zeigen versuchen, wie bloßes Wissen des pädagogischen Personals unter der gegebenen Lohnerziehungsstruktur nicht etwa irrelevant, sondern sogar gegen die Kinder verwendbar ist, und wie das Durchbrechen der Lohnerziehungsstruktur – trotz geringer Vorabqualifikationen der Erzieher – zu relativ qualifiziertem Umgang mit den Kindern führen kann.

1. Wie hohes pädagogisches Engagement – trotz Ablehnung der psychoanalytischen Erkenntnisse über das Kinderspiel – zu einer praktischen Bestätigung dieser Erkenntnisse führt (Beispiel: Volkstheater-Kooperative Märkisches Viertel)

Als ein Beispiel für den Versuch, die Lohnerziehung zu durchbrechen, wählen wir den Bericht der Autorengruppe »Westberliner Volkstheaterkooperative« über Stadtteilarbeit mit Kindern im Märkischen Viertel. Diese Wahl ist nicht zufällig, sondern trifft das nach unserer Kenntnis fortgeschrittenste Vorhaben, bestimmte Absichten so mit Kindern zu verwirklichen, daß diese nicht drangsaliert, sondern tendenziell selbst zu Akteuren des Geschehens werden.[1] Zwar ist auch diese Arbeit bereits ohne staatliche Finanzierung undenkbar; sie zeichnet sich aber dadurch aus, daß für die Kinder etwas erreicht werden soll, was Perspektive in sich trägt, und daß die Perspektive der Erzieher selbst keine andere zu sein scheint als die der Kinder. Es handelt sich also um antikapitalistisch eingestellte Kräfte, die Arbeiterkinder in einen Lebensprozeß bringen wollen, der sie befähigt, selbstständig die Bedingungen ihrer Existenz zu verstehen und bei ihrer Veränderung nicht bloß hilflos Betroffene zu sein. Die Bereitschaft, im Dienste der Arbeiterkinder zu wirken, erleichtert es den Erziehern, die erforderliche »Demut« (Montessori) gegenüber den Kindern aufzubringen, die erhebliche Anstrengung also, sich die psychisch angenehmere Kommandoposition zu versagen. Es muß hier ganz deutlich gemacht werden, daß wir keine Schlüsse über die Dauerhaftigkeit solchen Umgangs mit Kindern ziehen können. Uns interessiert der Effekt einer Durchbrechung des reinen Lohninteresses bei der Wahl und Ausübung des Erzieherberufes. Es wäre daher verfehlt, aus der Motivation der Initiatoren eines zeitlich begrenzten Projektes Verallgemeinerungen für die durchschnittliche Lohnerziehung herzuleiten. In ein solches Projekt wie dieses mögen die

---

[1] Es ist hier darauf hinzuweisen, daß es sich bei den betroffenen Kindern ganz vorwiegend um jüngere Schulkinder und nicht um Vorschulkinder handelt. Dieser Nachteil für unsere Argumentation wird aber aufgewogen durch den Vorteil der spielpädagogischen Konzeption außerhalb einer Lohnerziehungsstruktur.

verschiedensten Beweggründe eingehen: Qualifikationsinteressen, Schuldgefühle, Nicht-Lügen-Wollen (wie Tucholsky den Intellektuellen kennzeichnete) oder auch nur jemandem zuliebe etwas zu tun.

Die Bereitschaft, Kinder nicht zu kommandieren, wird bei dieser Gruppe um die Kenntnis des Scheiterns etlicher sozialistischer Erziehungsversuche mit Arbeiterkindern ergänzt. Die Wiederholung dieses Scheiterns – also die Ausarbeitung einer radikalen Konzeption, ihr Hineintragen in die Kindergruppe und das Ausbleiben der erhofften stabilen Resultate – sollte vermieden werden und dafür eine Untersuchung darüber einsetzen, was Kinder überhaupt aufzunehmen bereit sind und was sie vor allem jenseits pädagogischen Bemühens allemal schon aufgenommen haben.

Die Untersuchung erbrachte – und befindet sich damit vorerst in Übereinstimmung mit den wichtigen Konzeptionen der Kleinkinderziehung –, daß die Realitätsbearbeitung und das Freispiel zusammenhängen und ein Zugang zu veränderten kindlichen Verhaltensweisen wiederum mit dem Spiel der Kinder etwas zu tun haben muß. So heißt es vom Spiel: »Nur zu einem ganz kleinen Teil ist das Spiel das Einüben auf zukünftige Wirklichkeit eines Berufs, eines Erwachsenenlebens, selbst wenn in fast jedem Spiel, das von den Kindern unternommen wird, der Versuch steckt, etwas über die Erwachsenenwelt zu erfahren. Spielen ist Freizeitverhalten, ist nicht anders strukturiert und motiviert als das Freizeitverhalten der Erwachsenen. Gelernt und geübt wird im Spiel eigentlich nur, wie man seine Verhältnisse zu Wünschen, Hoffnungen und Bedürfnissen zu regeln hat, wie man diese in einer fiktiven Wirklichkeit am Leben erhält, ohne diese fiktive Wirklichkeit mit der diktierten gesellschaftlichen Wirklichkeit zu vermischen oder zu verwechseln. Im Spiel wird gelernt, wie man sich ein Selbstbewußtsein borgt, ohne sich damit zu identifizieren, es wird gelernt, wie man sich Hoffnungen macht, ohne sie für bare Münze zu nehmen, wie man sich Wünsche erfüllt, ohne sie zu erfüllen, und im Spiel wird gelernt, wie man die Prospekte, Kulissen, Verkleidungen und Requisiten, die der Kapitalismus als Spielzeug für die Großen und die Kleinen anbietet, als Werbung, als Katalog, als Western und als Krimi, als Comic-Heft und als Bastei-Roman, im

Spiel wird gelernt, wie man dieses Material benutzt, wie man sich aus der Systemwerbung ein Wolkenkuckucksheim macht.«[2] Gegen dieses im Spiel aufscheinende Resultat der kindlichen Entwicklung soll nun ein anderes Spiel gesetzt werden, um »den Kindern einen sinnlichen Begriff von der Existenz einer auf privatwirtschaftlichen Voraussetzungen basierenden Gesellschaft zu vermitteln und Aufklärung über die Funktion dieser kapitalistischen Gesellschaft, ihrer Einrichtungen und Positionen zu geben«.[3] D. h.: »*Diese Spielumwelt muß Erlebnisse provozieren und möglich machen, aus denen im Gegensatz zu der sonst erlebten Wirklichkeit gelernt werden kann, daß Wirklichkeit ein soziales Gefüge mit Geschichte, mit ökonomischen, materiellen, räumlichen und sozialen Bedingungen ist. Und daß diese Wirklichkeit rational dingfest gemacht werden kann. Wir haben gedacht, daß der Spaß und daß die klassenbedingte Ambivalenz zum Fiktiven nicht nur eine zu akzeptierende Sache sei, sondern daß der Spaß und diese Neigung auch für einen Lernprozeß nutzbar gemacht werden kann. Voraussetzung dazu ist, daß die handelsübliche Richtung der fiktiven Motive und Spielarten umgedreht wird, als daß es aus der Western City und Prärie nicht in die magische und schicksalschwabernde Unendlichkeit eines Perry Rhodan geht, sondern daß der Weg aus dem fiktiven Spiel immer näher zur Wirklichkeit führt und daß diese Wirklichkeit mit jedem Schritt zu ihr hin durchschaubarer wird.«[4]* Diese Zielsetzung wurde mit großangelegten »Spielen« zum Thema »Stadt« und »Kapitalismus« nicht sicher verwirklicht. Interessant ist nun, wie auf Kritik an diesem Scheitern geantwortet wird: »Genau diese, wie wir meinen, notwendige Selbstbeschränkung die Verarbeitungen der wirklichen Erfahrungen, welche Kinder machen (und nicht der möglichen Erfahrungen, die von Erwachsenen für diese Kinder erhofft oder erwünscht werden), machen das Stadtspiel aber auch anfällig für Verfälschungen. Denn keiner von uns kann garantieren, daß andere *Spielarrangeure* die Widersprüche zwischen Arbeitern, kleinen Selbständigen, dem Großhandel, dem

2 Vgl. Autorengruppe Westberliner Volkstheaterkooperative, *Blumen und Märchen*, Hamburg, 1974, S. 30 f.

3 A.a.O., S. 172.

4 A.a.O., S. 71.

Bankkapital und dem Militär so lange und so weit vorantreiben, daß die Erstürmung des Forts als reale Möglichkeit ins Blickfeld der Kinder rückt. Spieler aus München beispielsweise haben dem *Spiegel* mit Stolz und Freude berichtet, daß ihre Kinder in einem vergleichbaren Stadtspiel den Kapitalismus so richtig ausgekostet hätten – bis hin zur Kinderprostitution. In einem Berliner Kinderheim ist das Spiel mit großem Erfolg eingesetzt worden, um sie verständnisvoller für die ordnungserhaltende Rolle der Polizei zu machen. Sicher ist das möglich, aber liegt es am *Spiel oder am politischen Konzept der erwachsenen Träger der spielleitenden Rollen*, wenn sie das ›Fest als Gesellschaftsspiel‹ um genau jene Dimension verkürzen, wegen der wir das Spiel *erfunden* haben?«[5] Die Initiatoren akzeptieren also für sich die von der Kritik formulierte Verpflichtung, die Spiele so gut zu *erfinden*, daß sozialistisches Bewußtsein bei den Kindern herauskommt. Sie geloben, »herauszufinden, wie wir unser Spiel so verbessern können, daß die Gefahr von Mißverständnissen und ungewollten Spielentwicklungen geringer wird – Verfälschungen können wir eh nicht ausschließen.«[6] Die Einlösung dieser Verpflichtung wird sich jedoch verzögern, denn »die Kenntnisse, die bisher über die Struktur der Rollen und über ihr Zusammenwirken gewonnen werden konnten, reichen noch nicht aus, um eine *sichere Spielregel* für den Verlauf des Spiels aufstellen zu können«.[7] Bis dahin gilt es, »einfache Spielprozesse zu *erfinden*, die es den Kindern auch ohne die Beteiligung von Erwachsenen möglich machen, nach Beendigung des Gesellschaftsspiels einige der neu gewonnenen Erkenntnisse auf die Probe zu stellen«.[8] Wir sehen hier, daß der Mangel an einer zureichenden Theorie des Freispiels und an seiner Unterscheidung von anderen Lebensprozessen dazu tendieren läßt, wiederum einen vorfabrizierten Plan aufzustellen, der schließlich zur Spieleingriffspädagogik führen kann. Zwar werden den Kindern nicht – wie gelegentlich in der sowjetischen Spielpädagogik – Verrichtungen abverlangt, die als Vorform einer Berufsausbildung fungieren; aber es wird daran festgehalten,

5 A.a.O., S. 173 (Hervorhebung durch die Verfasser).
6 A.a.O., S. 173.
7 A.a.O., S. 171 (Hervorhebung durch die Verfasser).
8 A.a.O., S. 172.

daß sie bereits ein Bewußtsein vom Kapitalismus erlangen sollen. Die Aktivität der Erzieher kann ja nur über dieses Ziel eine Perspektive gewinnen und macht es verständlich, daß sie sich in einem bestimmten Sinne scheitern sehen. Der Versuch, ein Scheitern ihrer Erziehungsmotivation zu verhindern, trägt den Keim der Kinderkommandierung schon in sich. Andere Verwender des hier »erfundenen Spiels« könnten nicht nur die Polizistenliebe mit ihm befördern, sondern auch das Ziel richtigen gesellschaftlichen Bewußtseins über die *totale Kontrolle* der Kinder zu erreichen suchen, die Kritiker der Volkstheater-Kooperative denn auch als unabdingbar für die Realisierung sozialistischer Erziehermotivationen erklärt haben.[9]

Versuchen wir, den theoretischen Mangel an bestimmten Beispielen der Autorengruppe zu belegen. Er besteht hauptsächlich darin, daß keine Unterscheidung zwischen organisierter Beschäftigung mit den Kindern und dem Freispiel der Kinder getroffen werden kann. So deuten sie die Ablehnung von Arbeiterkindern, Spielanweisungen der Erzieher zu befolgen, aus falsch gewähltem Material: »Wir erkannten, daß die meisten Kinderspiele, die von Erziehern erfunden und durchgesetzt werden, diese Kinder im Umgang mit Symbolen schulen sollen. Und daß die meisten Arbeiterkinder, deren Eltern nicht für den Umgang mit Symbolen bezahlt werden, sondern für die Bearbeitung der Materialien, die durch die Symbole abgebildet werden, erst dann richtig wach wurden, wenn sie an diesen Symbolen vorbei die Wirklichkeit begreifen konnten.«[10]

Hier ist implizit gesagt, daß »Bürgerkinder« wach werden, wenn bei ihnen die »Symbolschulungsspiele« durchgesetzt werden. Die Weckung der Arbeiterkinder soll nun dadurch geschehen, daß ihre Abenteuer- und Rollenspiele auf wirklichen Bauplätzen und Schrottplätzen ernst genommen und gebilligt werden. Es wird die Erweckung der Arbeiterkinder also aus dem *ernsthaften* Material erklärt, und es bleibt die entscheidende Differenz, daß einmal Erzieher »Spiele« erfinden und durchsetzen, während im anderen Falle die Kinder selbst ihr Spiel wählen. Daß nicht das Material Spielunter-

9 S. Claus / Heckmann / Schmidt-Ott, a.a.O.
10 *Blumen und Märchen*, a.a.O., S. 18.

schiede zwischen Arbeiterkindern und Bürgerkindern erklärbar macht, drückt die Gruppe jedoch selbst aus, wenn es heißt: »Diese Beobachtung [der Vorliebe für ernsthafte Baustellen-Spiele; d. V.] scheint übrigens für die meisten Kinder zu gelten, egal, aus welcher Klasse und aus welcher Schicht sie kommen.«[11] Es gibt offensichtlich etwas Gemeinsames zwischen Spielen von Arbeiter- und »Bürger«-Kindern. Es besteht unseres Erachtens darin, daß beide den aus Unterlegenheit resultierenden Ängsten zu entkommen trachten, indem sie wenigstens im Spiel Nützliches – und als solches wird betrachtet, was die mächtigen Erwachsenen ernst nehmen, und keineswegs, was in irgendeinem objektiven Sinne nützlich ist – treiben und so die Machtfülle der Erwachsenen zu erreichen und von ihnen unabhängig zu werden suchen. Die Bauplatzmaterialien sind also nicht per se reizvoller als didaktisches Material, sondern einzig als Materialien, mit denen Erwachsene ernsthaft hantieren und von denen sie nicht bloß behaupten, daß sie für die Kinder wichtig sind.[12]

Die Schwäche der ›Spiele‹ mit Symbolmaterialien besteht daher nicht darin, daß das Material schlecht ist, sondern daß es gar kein Spiel, sondern eine Beschäftigung ist. In einer Beschäftigung wiederum kann es brauchbare und unbrauchbare Materialien geben. Die Stärke der Gruppe Volkstheater-Kooperative ist, daß sie dort, wo sie Spiele zu erfinden glaubt, Beschäftigungen ersinnt, die für die Kinder reizvoll sind, weil sie Erwachsenentätigkeiten in ihnen wiedererkennen. Wenn sie für ihre Arbeiterkinder den Legobausteinkasten verwerfen, weil er nur zur Erziehung von Architekten tauge, so unterläuft ihnen freilich wieder eine Verwechslung von Freispiel und Beschäftigung, aber auch das Mißverständnis, daß die ›Spielzeug‹-Wahl über die Qualifikation des späteren Erwachsenen entscheide. Daß die Architektur älter ist als der Legobaustein, hätte hier schon stutzig machen können. Zugleich ist

11 A.a.O., S. 19.
12 Auch eine Kaserne mit ihrem militärischen Gerät kann zum attraktiven Spielplatz werden. Kriegsspiele folgen also dem gleichen Mechanismus – so mächtig wie die Erwachsenen und damit unabhängig von ihnen sein zu wollen – wie andere freigewählte Spiele der Kinder. Das Baustellen-Spiel wird hier nicht voll ausgedeutet. Dazu müßte auch die Möglichkeit, vom Elternhaus – dem Orte häufig scharfer Unterordnung von Kindern – durch Bauen eines eigenen Hauses (auf dem Land baute man sich Höhlen) unabhängig zu werden, mitbetrachtet werden.

die Annahme, ein Bauplatz-Spieler tauge später nicht zum Architekten, mit dem Hinweis auf die soziale Zusammensetzung der Spieler von der Gruppe selbst schon wiederlegt worden.[13] Der Mangel liegt nicht im Legostein an sich, sondern in seiner Verwendung für – den Kindern aufgezwungene – ›Spiele‹ bzw. – was nun dasselbe ist – in seiner Unattraktivität für organisierte Beschäftigungen. Der Vorteil des Baumaterials wiederum besteht im selbständigen Zugriff der Kinder auf dasselbe in ihren Freispielen und auf seiten der Erzieher in der Möglichkeit zur Verbesserung der Beschäftigungen.

An einem letzten Beispiel wollen wir darlegen, wie die Gruppe tatsächlich kindlichen Freispielen ungewollt so entgegentritt, daß diese zerstört werden, sie ihren Mechanismus also nicht erkennen können. Es handelt sich um ihr Verhalten gegenüber einem von den Kindern entdeckten Spiel, ›Sich-Herausreden‹, das an die Erfahrung anknüpfte, daß die Volkstheaterkooperative-Erzieher sich normalerweise einer überzeugenden Ausrede der Kinder beugten und nicht etwa ihre Überlegenheit gewalttätig einsetzten. »Daß ›Sich-Herausreden‹ aber auch *purer Selbstzweck*, ein spannendes Spiel sein kann, das wurde uns erst dann langsam klar, als einige Süchtige dieses Spiels sich zuviel vornahmen und dabei ins Experimentieren gerieten, Vorfälle behaupteten und sich dafür als Schuldige anbiederten, die es gar nicht gegeben hatte. Die Ausrede als Spiel konnte man ziemlich sicher von der Ausrede als Notwehr durch die Form unterscheiden, wie so ein Wortgefecht beendet wurde. Ein zu Unrecht Beschuldigter wurde böse, eine siegreiche Truppe im Ausredespiel zog befriedigt ab. Die Entlarvung des Täters im Ausredespiel wurde mit Gelächter quittiert. Erfolglose Ausreden in der Notwehr hatten so etwas wie Sühneangebote oder eine große Kompromißbereitschaft zur Folge. Das Spiel wurde nicht mehr so häufig gespielt, als die Erwachsenen es als ein Spiel einschätzen konnten und weniger verbissen oder auch geduldig um einen Tathergang feilschten.«[14] Der Behauptung des ›puren Selbstzweckes‹ wird schon in der Darstellung widersprochen, wo sogleich von *befriedigten Siegern* die Rede ist. Die Erzieher

13 Vgl. ihre gegenteilige Ausage a.a.O., S. 30.
14 A.a.O., S. 63 f. (Hervorhebung durch die Verfasser).

mißverstehen hier den Sinn des Spiels – den Erwachsenen überlegen zu sein – und zerstören es in dem Moment, wo sie bemerken, daß sie die Dummen sind, durch Nicht-mehr-Mitspielen. Die »demütige« Komparsenfunktion kann nicht eingenommen werden, da die eigene Unterlegenheit als ebenso unerträglich erfahren wird, wie den Kindern die ihrige unerträglich ist. Nun gewinnt der stärkere Spieler, weil er entlarven kann, und das Spiel – in dem er Opfer ist – schwindet, weil für die Kinder die Position des Entlarvten die Umkehrung des Erstrebten bedeutet und sie an ihren Ausgangspunkt der Unterlegenheit zurückfallen.

Unser Interesse war nicht, theoretische Mängel der Volkstheater-Kooperative zu kritisieren. Diese sollten lediglich belegen, daß hier nach bewußter Verwerfung vorhandener theoretischer Erklärungsversuche des Kinderspiels eine Praxis aufgenommen wurde, die wegen der partiellen Durchbrechung der Lohnerziehungsstruktur – also der tendenziellen Gleichgültigkeit gegenüber den zugewiesenen Kindern – dennoch zu einem Umgang mit den Kindern befähigt, der die Praxis üblicher Lohnerziehung, deren Qualifikation zu einem Teil gerade in den hier verworfenen Theorien besteht, deutlich übertrifft. Wenn die Volkstheater-Kooperative auch die alltägliche Verwechslung von Spiel und Beschäftigung fortsetzt, so kann sie beim Versuch, die Übermacht der Erwachsenen durch ihre eigene Zurückhaltung und die Organisierung von attraktiven (Erwachsenen-) Beschäftigungen abzubauen und so die Ängste der Kinder zu verringern, einen großen Fortschritt erzielen, ohne daß dieser ausdrückliches Programm der Erzieher gewesen wäre. Gleichwohl hängt unseres Erachtens dieser Fortschritt mit dem Programm, Bündnispartner bei der Beseitigung unmenschlicher Zustände gewinnen zu wollen und diese überzeugen zu müssen, weil man sie nicht kommandieren kann, sehr eng zusammen. Die Überzeugungsarbeit erfordert diejenige Zurückhaltung und Berücksichtigung der kindlichen Bestrebungen, die für die Kinder erst die Eindrücke abgeben, die sie tatsächlich weiterbringen. An einer Stelle wird dies von der Gruppe selbst bestätigt: »Das, was bisher von der Gruppe den Kindern an Spielen angeboten worden war, machte noch nicht den Reiz aus, wegen dem Kinder so gerne in den Spielclub kamen. *Es waren wir, die Erwachsenen, die die Attraktion für die Kinder bildeten«.*[15]

Diese Attraktion – wie sie auch der gewährende, Fragen beantwortende Spieltherapeut fürs Kind darstellt – war für die sozialistisch motivierten Erzieher nicht zufriedenstellend. Dennoch steht fest, daß immer wieder ihr Verhalten, d. h. ihre Vorführung eines Erwachsenen, der sich von den sonst gekannten Erwachsenen fundamental unterscheidet, den Eindruck abgab, aus dem die Kinder Vorteile ziehen konnten. Insbesondere die Bereitschaft dieser merkwürdigen Erwachsenen, die ins Arbeiterviertel kamen und sich kindlichen Aktionen unterwarfen, erlaubte es den Kindern, sie immer wieder zu Komparsen ihrer Spiele zu machen und so die pädagogische Funktion der Erwachsenen, Übermächtigkeit oder Angst zu kompensieren, vorteilhaft zur Geltung zu bringen. So machten Tobe-Spiele »wohl deshalb mehr Spaß, weil sie im Unterschied zu Pfänderspielen oder ›Stille Post‹ neu waren und weil ihre Konstruktion eine Integration der Erwachsenen in das Spiel, ohne daß die Erwachsenen ihre Vorteile dabei ausspielen konnten, leichter machten als alle Gruppenspiele dieser Art«.[16] Und auch von dem Stadt-Spiel, das erst Ausdruck der sozialistischen Motivation der Erzieher ist, heißt es resümierend: »Der Bankeinbruch und die darauf folgenden Eigenmächtigkeiten der Erwachsenen hatten gezeigt, daß die Mehrheit der Kinder begriffen hatte, daß das, was im Spielclub geschah und geschehen sollte, nicht allein Sache der Erwachsenen war. Die Erwachsenen waren in dieser Entwicklung auf den Platz gedrängt worden, auf den sie gehörten. Sie waren, wenn sie ihre Fähigkeiten dem Spielclub und seiner Entwicklung zur Verfügung stellten, Helfer geworden, deren Hilfe man annehmen, aber auch ablehnen konnte. Als Erzieher konnten sie nur indirekt wirken, indem sie Erlebnisse initiierten, die einen Lernprozeß hervorrufen konnten.«[17]

Sich zur *Verfügung stellen, Hilfe anbieten* und sich *nicht aufdrängen, Ablehnung akzeptieren* können: das liest sich wie eine Sammlung spieltherapeutischer Verhaltensregeln. Hier wird etwas gefordert, das offensichtlich für den Erzieher schwer einzulösen ist; er muß es erst lernen und verhält sich

15 A.a.O., S. 64.
16 A.a.O., S. 65 f.
17 A.a.O., S. 104. (Hervh.; d. V.)

spontan anders. Sich zurückhalten, sich beherrschen, erweist sich nicht als Bequemlichkeit des Erziehers, sondern als seine größte Anstrengung. Es ist denn auch ein von der Gruppe selbst klar gesehener Erfolg ihres Wirkens, wenn Kinder fähig werden, vom Erwachsenen Zurückhaltung zu fordern, wo er zu »Eigenmächtigkeiten« neigt. Die Stärke der Konzeption der Gruppe besteht also nicht in der Erfindung von ›Spielen‹ mit derart sichereren Regeln, daß die Kinder in ihrem Nachvollzug den Kapitalismus durchschauen, sondern in der Organisierung von Beschäftigungen, die zum Zwecke der Bewußtseinsbildung an den Erfahrungen außerhalb des Spielclubs ansetzen und die Eindrücke dort nicht – wie im durchschnittlichen Kindergarten – pädagogisch verschenken. Diese Beschäftigungsorganisierung, die bei ihnen Spielerfindung heißt, hat ihr Merkmal darin, daß die Kinder jederzeit ungestraft ›aussteigen‹ können, daß ihr von einer bestimmten Beschäftigung abweichendes Freispiel oder ihre freispielmäßige Abwandlung der Beschäftigung prinzipiell gebilligt wird, und daß die Erzieher es sich sogar gefallen lassen, zu Komparsen der Veränderung des von ihnen eigentlich gewünschten Geschehens zu werden.

Die Schwierigkeit der Gruppe ist, daß sie sich über diesen Erfolg ihrer Arbeit nicht recht freuen kann, was in der Entschlossenheit, an der Entwicklung politisch sicherer Spiele weiterzuarbeiten, sichtbar wird. Dieser Erfolg müßte nämlich mit psychoanalytischen Kategorien analysiert werden, deren Brauchbarkeit für das Verständnis von Arbeiterkindern mit der Behauptung verworfen wurde, daß die Psychoanalyse lediglich für die Erzieher »*zur kritischen Interpretationshilfe der eigenen Sozialisationserfahrung werden kann.* Andererseits, und hier zeigt sich die Klassengebundenheit dieses Interpretationsmodells, trifft dies nur insoweit zu, als sie der Mittelschicht entstammen.«[18] Die Erzieher glauben erkannt zu haben, »daß [. . .] der psychoanalytische [. . .] Ansatz [. . .] Vorurteile verursachte oder verstärkte, die uns daran hinderten, das Verhalten von Arbeiterkindern nicht nur als notwendig im Zusammenhang mit ihrem Lebensmilieu und ihrer Erziehungspraxis zu begreifen, sondern auch als nützlich und

18 A.a.O., S. 12.

schöpferisch zu bewerten.«[19] Die Ablehnung der Psychoanalyse rührt also daher, daß sie nur Verhaltensweisen der Mittelschicht und »die psychischen Krankheiten der Bürgerklasse«[20] erklären könne und deshalb für Kinder, deren Eltern in der Fabrik arbeiten, untauglich sei. Hätte die Gruppe wahrgenommen, daß die Psychoanalyse weder psychische Verhaltensweisen von Bürgern noch von Arbeitern *erklären* kann, hätte sie also die gängigen Überschätzungen der Erklärungskraft der Psychoanalyse einer Kritik unterzogen, dann hätte sie sich ihrer wirklichen Leistungsfähigkeit zu bedienen vermocht.

Die Psychoanalyse als solche kann keinen Erziehungsprozeß entwerfen, dessen Resultat ›richtiges‹ gesellschaftliches Bewußtsein ist; sie kann das weder für Bürger- noch für Arbeiterkinder, und sie kann es genausowenig wie die Neurologie, wie physikalische Theorien der Elementarteilchen oder wie eine Theorie der Klimaschwankung. Ebensowenig kann die Psychoanalyse das Milieu von Arbeiterkindern oder Bürgerkindern erklären. Sie kann also viel weniger leisten, als die Gruppe ihr zutraut. Der Versuch der Psychoanalyse besteht lediglich darin, die innere Strukturierung des Subjekts zu rekonstruieren. Sie vermag bestenfalls die subjektive Bildungsgeschichte eines Symptoms bis an seinen Ursprung, nicht bis zu seiner *Ursache* zurückzuverfolgen. Dieser Ursprung wiederum kann von ihr nicht als objektives *Ereignis*, das in jedem Falle das bestimmte Sympton nach sich ziehe, sondern wiederum nur als subjektives *Erlebnis* rekonstruiert werden. Die Psychoanalyse erweist sich somit als Analyse der Logik subjektiver Strukturen, die von der Logik objektiver Strukturen[21] so unterschieden ist wie der Wunsch von der Wirklichkeit, wie es in der Umgangssprache heißt. Kurz: sie vermag Mechanismen aufzudecken, mit denen sich das Subjekt die Wirklichkeit so aneignet, daß es dabei seiner inneren Logik entsprechend existenzfähig bleiben kann; aber sie kann nicht die Entstehung einer Wirklichkeit, die im Kinderspiel

19 A.a.O., S. 18.
20 A.a.O., S. 108.
21 Zur Differenzierung der Analyse subjektiver und objektiver Strukturen siehe A. Lorenzers Arbeit *Die Wahrheit der psychoanalytischen Erkenntnis*, Frankfurt, 1974, insb. Kap IV u. VII.

aufscheint, erklären, und zwar weder diejenige in einem Arbeiterkinder-Spiel noch diejenige in einem Bürgerkinder-Spiel. Sie kann auch nicht die soziale Ursache bestimmen, die bewirkt, daß ein Lebensschicksal im Arbeitermilieu in anderen subjektiven Strukturen resultiert als ein Lebensschicksal im Bürgermilieu oder in einer primitiven Stammesgesellschaft. Und obwohl unbestreitbar ist, daß von Psychoanalytikern bisher vorrangig aus Bürgermilieu resultierende subjektive Strukturen rekonstruiert wurden, muß die Psychoanalyse den Anspruch aufrechterhalten, mit Hilfe ihres Instrumentariums jede erscheinende menschliche Persönlichkeitsstruktur als Bildungsgeschichte des Subjektes rekonstruieren zu können.

Sie kann sich mit der Frage beschäftigen, warum Wirklichkeit als Erlebnis, als Eindruck auf ein Kind gewirkt hat und dieses etwa dazu brachte, den Druck durch Spiel abzubauen oder ihn bereits in eine Spielhemmung münden zu lassen. Pädagogisch kann sie dann nur dazu auffordern, einen spielerischen Druckabbau keinesfalls zu unterbinden oder zu korrigieren, weil sonst so viel Affekt an diesen Druck gebunden bleibt, daß die weitere Realitätsaneignung mangels verfügbarer Affektbeträge vermindert wird.

Die Leistung der Volkstheater-Kooperative, Beschäftigungen zu entwickeln, mit deren Hilfe richtiges gesellschaftliches Bewußtsein erlangt werden soll, ist also keineswegs als Gegensatz zu einer entsprechenden psychoanalytischen Leistung zu sehen, die man politisch ablehnen oder befürworten könnte, sondern als genuine *pädagogische* Leistung. Das Schwanken der Gruppe allerdings zwischen dem Erfinden von politischen ›Spielen‹ mit festen Regeln und der Feststellung, daß die schlichte Widerstandsfähigkeit der Kinder gegen Erwachsene schließlich auch eine erhebliche Sache sei, vermag mit Hilfe einer Theorie von der überragenden psychischen Relevanz des Freispiels aufgehoben zu werden.

Im Rahmen unserer Fragestellung ist dieses Schwanken, bei aller bestimmten politischen Motivation dennoch weit von ihr abweichende Spiele der Kinder zu akzeptieren und für sie sogar das psychisch aufwendige Geschäft des Komparsen zu übernehmen, bereits ein Beleg für die Annahme, daß eine Motivation, die die Lohnerziehungsgleichgültigkeit durchbricht, zu neuartigen Umgangsformen mit den Kindern führt;

man kann Kinder nicht kommandieren, sondern muß sie überzeugen.

2. Warum trotz richtiger Erkenntnisse über das Kinderspiel unter der Lohnerziehungs- und Kollektivstruktur des bestehenden Kindergartens eine zerstörerische Spielpädagogik zustande kommt

An einer empirischen Untersuchung norddeutscher Kindergärten wollen wir nachweisen, wie Wissen von der hervorragenden Bedeutung des Freispiels für die kindliche Entwicklung unter der Lohnerziehungsstruktur gegen die Kinder gewendet werden kann. Es ist hier nochmals daran zu erinnern, daß wir von einem *strukturell* verursachten Desinteresse des Lohnerziehers reden und keine Aussagen über die subjektive Motivation eines Lohnerziehers machen, die ihn außerhalb seiner Arbeit und während derselben bewegen. So kann z. B. im normalen Kindergarten das während der Arbeitszeit nicht ersterbende erotische Interesse des Erziehers sein strukturelles Desinteresse durchbrechen, so daß er sich den einen oder anderen aus der Kindergruppe zum Liebling wählt, für dessen Zuneigung er sich anders, rücksichtsvoller verhält als gegenüber der Masse der anderen Kinder. Doch erlauben auch verständliche Hoffnungen auf Liebe und Schuldgefühle des Erziehers dennoch nicht den Schluß, daß sie die Beziehung zu *allen* Kindern regieren, da sie in Einzelbeziehungen agierbar sind. Bereits 1968 wurde nach einer Untersuchung in deutschen Kindergärten festgestellt, daß »jede zweite Äußerung (50%) der Kindergärtnerinnen über Verhaltensweisen, Gedanken und persönliche Merkmale ihrer Kinder [. . .] ausgeprägt geringschätziger und abwertender Art [. . .] [war], und nur in jeder dritten Äußerung (34%) kam ausgeprägte Anerkennung und Wertschätzung des Kindes [. . .] zum Ausdruck. Dieses Ergebnis scheint um so bedeutungsvoller, als gleichviel angepaßte wie unangepaßte Kinder von jeder Kindergärtnerin charakterisiert wurden.«[22] Die Geringschätzung trifft auch das

22 Vgl. A.-M. Tausch et al., a.a.O., S. 276 f. Dem widerspricht auch nicht, daß in eindeutig definierten »kurzfristigen standartisierten Interviewsituationen (. . .) Erzieherinnen mehr Freundlichkeit in Mimik und Gestik gegenüber angepaßten als

Potential, aus dem Lieblinge gewonnen werden können.

Vergegenwärtigen wir uns, was eine strukturelle und nicht nur äußerliche Verbindung von Erzieher und Kind bedeutet. Diese bestand ebenfalls – etwa in der Montessori-Konzeption, aber auch in der Volkstheater-Kooperative – nicht schlicht in mehr Liebe und Zuneigung zu den Kindern, sondern darin, daß die Entwicklung der Kinder über die Beteiligung an den lebenspraktischen Verrichtungen der Erwachsenen oder zumindest an von diesen geschätzten Verrichtungen erfolgte und das spielerische Mitmachen bei oder Abschweifen der Kinder von diesen Verrichtungen voll gebilligt wurde: auch um den Preis der psychischen Instrumentalisierung der Erzieher durch die Kinder. Die Bereitschaft zur Demut gegenüber den Kindern kennzeichnete ihr ›strukturelles Interesse‹, das entweder durch raffinierte Gestaltung des ›Hauses der Kinder‹ und die Verpflichtung auf pädagogische Prinzipien in der Montessori-Konzeption oder durch die Gewinnung von starken Partnern für den *eigenen* Kampf der Erzieher in der sozialistischen Konzeption der Volkstheater-Kooperative realisiert wurde. An dem üblichen öffentlichen Kindergarten, dessen Lohnerziehungsstruktur kaum durchbrochen ist – christliche und humanistische Beweggründe schwinden, sozialistische Motivationen unterliegen politischer Verfolgung mit der Konsequenz des Verlustes der Existenzgrundlage[23] – wollen wir zeigen, daß diese Struktur für den Umgang zwischen Erzieher und Kind das genaue Gegenteil dessen hervorbringt, was wir in den anderen Konzeptionen als Resultat einer Strukturalternative ausmachen konnten. Unter der Lohnerziehungsstruktur kann zur Waffe und zum Vorteil des Erziehers werden, was zuvor zu einer vorteilhaften Entwicklung der Kinder diente.

Um die ganze Tragweite des nachstehenden Materials einschätzen zu können, ist es wichtig zu wissen, daß die untersuchten Erzieher ein Bewußtsein ihrer Zuständigkeit für die

unangepaßten Kindern verwirklichen«. S. A. Tausch et al., *Verhaltensunterschiede von Erzieherinnen gegenüber angepaßten und unangepaßten Kindern in standardisierter Interviewsituation*, in: *Praxis der Kinderpsychologie und Kinderpsychiatrie*, 17. Jahrgang, 1968, 225/227. Diese Bevorzugung der Einschätzung erlaubt keine Schlüsse auf eine entsprechende dauernde Aktivität.

23 Vgl. G. Heinsohn, R. Knieper, a.a.O., S. 216 ff.

kindliche Entwicklung durchaus zeigen. Sie begreifen sich nicht als bloße Aufbewahrer der Kinder, bis diese zu ihrem eigentlichen Erziehungsort, der Wohnung der Eltern, zurückkehren. Das Bewußtsein der Zuständigkeit für die Kinder drückt sich darin aus, daß die Erziehungsmaßnahmen gegen die Kinder nicht mit solchen im Elternhaus verkoppelt werden. Die sehr rigide Disziplinierung der Kinder bedient sich also nicht der klassischen Drohung, die Eltern über schlechtes Betragen ihrer Kinder aufzuklären, sondern versucht, weitgehend selbständig mit den Kindern fertig zu werden.[24] Insofern ist das Bewußtsein des Erziehers bereits weiter als die herrschende Ideologie über den Kindergarten, wie sie in Gesetzen, Verordnungen usw. erscheint. Dort soll er elterliche Erziehung nur ergänzen, mit dieser ineinandergreifen, aber ihr absolutes Vorrecht und damit auch die Verantwortung der Eltern unangetastet lassen. Daß allerdings inzwischen auch die Hausfrauen selber entschieden bereit sind, ihre Kinder im Kindergarten unterzubringen, sofern nur ihre unterhaltsichernde formale Zuständigkeit für die Kinder erhalten bleibt, wird von Helge Pross belegt: »Sofern die betroffenen Frauen bei ihrer im Interview geäußerten Meinung bleiben und ihre Nachfolgerinnen genauso denken, wird die von der Bundesregierung, von Länderregierungen und Gemeinden vorgesehene Vermehrung der Kindergartenplätze ein sehr positives Echo finden. Daß viele Frauen bei entsprechender Qualität der Angebote keine Bedenken hätten, ihre Kinder für einige Zeit am Tage der Betreuung durch Dritte zu überlassen, belegt auch die Zustimmung zur Institution Tagesmutter. Die Hingabe an die Töchter und Söhne, die Identifikation mit den mütterlichen Erziehungsaufgaben geht nicht bis zur Gluckenmentalität, nicht bis zu einer so engen Umklammerung der jüngsten Generation, daß man sie um keinen Preis anderen Personen und Einrichtungen anvertrauen will. Üblicher ist die Auffassung der eingangs zitierten Teilnehmerin einer Gruppendiskussion: ›Lieber die Kinder im Kindergarten haben und selbst aufgemöbelt sein‹. Das Mißtrauen gegen eine partielle Fremderziehung läßt nach, ohne durch Gleichgültigkeit oder durch das, was Konservative als Verantwortungslosigkeit be-

24 Vgl. E. Barres, a.a.O., S. 115.

zeichnen, ersetzt zu werden. Die Aufgeschlossenheit für eine befristete außerhäusliche Betreuung darf freilich auch nicht mit einer Vorliebe für Stätten der Kollektiverziehung verwechselt werden, die die Familie ablösen und nicht bloß ergänzen würden. Von solchen Einrichtungen halten die Frauen nichts.

Vielleicht drückt sich in der Bejahung von Kindergärten und Tagesmüttern nicht nur die Einsicht in Unzulänglichkeiten einer *einseitig* und *ausschließlich* innerfamilialen Erziehung der Drei- bis Sechsjährigen, sondern auch ein Zweifel an der eigenen Erziehungsfähigkeit aus. Die Mütter sind keine geschulten Erzieherinnen. Sie haben nicht gelernt, wie man Säuglinge pflegt, und wissen kaum etwas von der Psychologie des Kindes- und Jugendalters. Nur wenige haben versucht, sich durch Kurse zu informieren, noch weniger ein formelles Training absolviert. Die überwiegende Mehrheit konnte oder wollte sich zu solchen Initiativen nicht entschließen. Diese Mehrheit meint zwar, die Erziehung der Kinder sei so wichtig, daß man daneben keinen Beruf auszuüben vermöchte und daß die Leistungen der Hausfrau und Mutter für die Allgemeinheit bedeutsamer seien als die Leistungen der meisten berufstätigen Frauen. Dieselbe Mehrheit unternimmt oder unternahm aber nichts, um den Selbstdeutungen durch zusätzliche Anstrengungen zu entsprechen.«[25] Diese Ausführung verdeutlicht, daß eine Existenzbedingung der Hausfrau sehr wohl darin besteht, unterhaltsberechtigte Kinder zu haben, um so den eigenen Unterhaltswunsch gegenüber Ehemännern legitimieren zu können, daß diese Existenzbedingung es aber noch nicht erforderlich macht, die Kinder auch bestmöglich zu entwickeln.

Die offizielle Verleugnung von erzieherischer Inkompetenz und Desinteresse in den lohnabhängigen Familien wird im Bewußtsein der befragten Kindergärtnerinnen nicht mitgemacht. Erst dieses Bewußtsein der Zuständigkeit, in Verbindung mit der empirisch belegbaren Vernachlässigung der kindlichen Entwicklung in Familie und Kindergarten, zeigt die wahre Schärfe des Problems staatlicher Kleinkinderziehung und scheint seine allgemeine befriedigende Lösung so

---

25 Vgl. H. Pross, *Die Wirklichkeit der Hausfrau*, Köln 1974, S. 233 f.

gut wie unmöglich zu machen.

Die von uns diskutierten Strukturalternativen ließen bereits erkennen, daß ihre Verallgemeinerungsfähigkeit höchst fraglich ist. Fassen wir nun die Kennzeichen der Lohnerziehungsstruktur näher ins Auge. Sie ist durch informationsarme Eindrücke bestimmt. Die Beschäftigungen werden fast durchweg von der Erzieherin angeordnet und erweisen sich nicht als Teilnahme der Kinder bei Verrichtungen, die für die Erwachsenen wichtig sind, sondern als Abfolge *sinnloser* Veranstaltungen wie »Sing- und Kreisspiele, Liedersingen und *Bastelaufgaben*«,[26] Exkursionen kommen fast gar nicht vor: »In der außerordentlichen Seltenheit von Besichtigungen, Vorführungen und Besuchen interessanter Lokalitäten (Handwerksbetriebe, Tierparks, Gärtnereien, Markt, Feuerwehr, Polizei, Museen u. a.) wird offenbar, daß sich das Leben der Kinder in den meisten Kindergärten praktisch in einem sozialen Isolationsraum vollzieht, der zwar durch kindergarteninterne Veranstaltungen – Feste und Feiern – aufgelockert wird, davon abgesehen aber durch eine große Armut des sozialen Kontakts und der Bekanntmachung mit Erscheinungen der gesellschaftlichen, wirtschaftlichen und biologischen Umwelt gekennzeichnet ist.«[27] Und selbst die im Kindergarten mögliche Veranstaltung von Psycho- und Soziodramen oder schlichter Theateraufführungen (gelenkter »Rollenspiele«) gibt es kaum.[28] Die hier zu konstatierende Eindrucksmonotonie könnte von den Erziehern nur um den Preis harter Arbeit verringert werden. So kennzeichnet es denn auch die – unverschuldete – Hilflosigkeit der fortgeschrittensten Curriculaentwickler für den Vorschulbereich, daß sich ihr ganzer Einfallsreichtum auf das Ausdenken von Exkursionen oder brauchbaren Äquivalenten für das Kindergarteninnere konzentriert. Das Ausdenken solcher Veranstaltungen ist auch den Erziehern selbst möglich, während die ausdenkenden Wissenschaftler nicht Tag für Tag und Jahr um Jahr die harte Arbeit bei der Verwirklichung solcher Veranstaltungen aufbringen müssen. Das selbstverständliche Bestreben des Lohnarbeiters, seine Arbeitskraft so weit wie möglich zu schonen, hindert auch die

26 Vgl. E. Barres, a.a.O., S. 77 (Hervorhebung durch die Verfasser).
27 A.a.O., S. 83.
28 A.a.O., S. 69.

Lohnerzieher, die vielen guten pädagogischen Vorschläge, die seit Jahrhunderten allenthalben angeboten werden, erfolgreich umzusetzen.

Die Eindrucksmonotonie führt im Extrem dazu, daß den Kindern nichts vermittelt werden kann, sie aber doch ›irgendwie‹ über den Tag kommen müssen und dabei allerlei Unbequemes anstellen können. Diese Möglichkeit erscheint als Ungehorsam und Störung und sorgt für die spezifische Qualität des Erzieher-Kind-Verhältnisses, das als eines des ›Ruhig-und-auf-Distanz-Haltens‹ der Kinder bezeichnet werden kann. Es setzt sich zusammen aus »Aufforderungen« und »Ermahnungen« als »die beiden häufigsten beobachteten Formen der Steuerung und Lenkung des kindlichen Verhaltens in den Kindergruppen.«[29] Es wird ergänzt durch Lob und Belohnung für gutes Betragen und Bravheit. Allerdings wird nicht nur »ruhiges, stilles und braves Verhalten relativ häufig gelobt und mit Anerkennung versehen [...], sondern es gehört auch zu den häufigsten Anlässen für Belohnungen der Kinder. Auf der anderen Seite aber wird lärmendes, tobendes und unruhiges Verhalten wie auch Ungehorsam, Widerspruch und Trotz nicht nur am häufigsten bedroht, sondern auch bestraft.«[30] Individuelle Kontakte finden durchaus statt, sie stellen sich aber vorrangig als Abwehr des Kindes durch den Erzieher dar und äußern sich wiederum in Aufforderungen, Ermahnungen und Bravheitsbelobigungen.[31]

Diese empirischen Resultate verleiten die Forscher zu dem Schluß, daß für die »erzieherischen Zielaspekte« im Kindergarten die deutliche Vorrangstellung der Betragens- und Gehorsamserziehung festzustellen ist.[32] Dieser Schluß lebt nun ebenfalls von der Unterschätzung der Lohnerziehungsstruktur und ist deshalb zu problematisieren, weil er die Annahme nährt, andere Zielsetzungen als »Gehorsam« und »gutes Betragen« könnten die Erziehungswirklichkeit des Kindergartens verändern. Die Dominanz der Gehorsamserziehung scheint uns aber auch das Resultat der notwendigen Bestrebungen des Lohnerziehers, zum Zweck der Schonung der

29 A.a.O., S. 88.
30 A.a.O., S. 118.
31 A.a.O., S. 90, 92, 102.
32 A.a.O., S. 118.

eigenen Kräfte die Kinder abzuwehren.

Die Lohnerziehungsstruktur ruft also nicht Inaktivität des Erziehers hervor, sondern eine spezifische Bestimmung seiner Aktivität. Diese Bestimmung wirkt sich so aus, daß seine Erziehungsarbeit wesentlich Kontrollarbeit, d. h. nicht Vermeidung, sondern Erleichterung von Arbeit ist. Auf ihr Erziehungsziel hin befragt, könnten die meisten Erzieher sicherlich Formulierungen finden[32a], die in glattem Gegensatz zu diesem Resultat stehen. Sie würden so die Hilflosigkeit der zentralen wissenschaftlichen Debatte im Vorschulbereich um richtige und falsche Erziehungsziele erweisen.

Die Herausstellung des Strukturresultats ›Gehorsam und Bravheit‹ soll jedoch nicht unterschlagen, daß neben den vom Erzieher erzwungenen Verhaltensweisen auch die sogenannte Freispielphase im Kindergarten existiert. Diese ist gewissermaßen ein geheiligtes Relikt der ursprünglichen Fröbelschen Kindergarten-Konzeption: Bereits die Verbannung des Freispiels in eine spezifische Phase des Tages muß als seine Verletzung aufgefaßt werden, da der Freispielmechanismus an Zeit nicht gebunden ist. Die Freispielphase existiert also nur aufgrund einer pädagogischen Konzession. Dennoch zeigt das Verhalten des Erziehers, daß sein Selbstschonungsinteresse auch in diese Phase hineinregiert, die Erzieher sich also in dieser Zeit keineswegs sehr viel mehr gefallen lassen als in den anderen Phasen. Darüber geben die »Verhaltensprotokolle« aus Freispielsituationen deutlich Auskunft. In die Spiele wird häufig eingegriffen; Beispiele: »Angela und Diana, ihr tobt ja nur rum!«[33] Oder: »Irina, was machst Du denn?! Ich habe Dir das so schön gezeigt! So sollst Du das machen! Nun mach das mal ganz schön«[34] Oder: »Das ist mal wieder typisch für Dich, Susanne, nicht!?« usw.[35] Wir sehen, daß bis ins Freispiel hinein, mit dem das Kind seine Unterlegenheit zu bearbeiten trachtet, vom Erzieher diese Unterlegenheit präsent gehalten wird. Wir haben zeigen wollen, daß die beklagte Erziehungswirklichkeit des Kindergartens nicht in erster Linie schlechten

32a Das wird bestätigt von W. Reichenberg-Hackett, *Practices, Attitudes and Values in Nursery Group Education*, in *Psychological Reports*, 1962, 10, S. 151-172.
33 A.a.O., S. 169.
34 A.a.O., S. 170.
35 A.a.O., S. 172.

Zielen und fehlendem Wissen, sondern vorrangig seiner Struktur geschuldet ist. Diese Behauptung kann so verdeutlicht werden, daß auch die klagenden Wissenschaftler (einschließlich der Autoren selbst), gerieten sie als Lohnerzieher in den Kindergarten, sehr schnell das beklagte Erzieherverhalten übernehmen müßten, um einigermaßen intakt über den Tag und die Jahre zu kommen.

Wir wollen nun zeigen, unter welchen Umständen auch im üblichen Kindergarten mit Lohnerziehungsstruktur ein Umgang mit den Kindern auftaucht, der – auf Dauer gestellt – pädagogischen Forderungen nahe käme. Wiederum stellt dieser Umgang ein Moment der Machtsicherung für den Erzieher dar, indem er als Lob für Bravheit zustande kommt und deshalb notwendigerweise Ausnahmecharakter hat. In der Verwendung dieses Umgangs als Belobigungsmittel zeigt sich das Wissen der Erzieher von den wirklichen Bedürfnissen und Interessen der Kinder, durch deren gezielte Befriedigung das Kommando über sie befestigt werden kann. Die Aufzählung der empirisch erhobenen Belobigungsmittel, die lediglich Ausnahmen im täglichen Erziehungsprozeß sind, liest sich wie der Ablauf-Katalog einer Erziehung, deren Lohnstruktur durchbrochen ist, oder wie das Programm von wissenschaftlichen Curriculaentwicklern, denen hier von den Erziehern klargemacht wird, daß die Programme für sie kein neues Wissen liefern können: »Kinder wurden belohnt mit:

1. Erlaubnis, eine verantwortungsvolle Aufgabe zu übernehmen (z. B.: Geschirr oder Brottaschen einsammeln, verteilen, Post bringen, Blumen gießen, Vögel füttern, Geschirr abtrocknen)   32%

2. Verteilung von Süßigkeiten   26%

3. Erfüllung von bestimmten Kinderwünschen (z. B.: mit einem bestimmten Spielzeug spielen dürfen; ein bestimmtes Lieblingsspiel spielen; sich ein bestimmtes Lied oder eine Geschichte wünschen dürfen; auf der Spielwiese spielen)   16%

4. Hervorhebung aus der Gruppe (z. B.: Lokomotivführer sein; eine Geschichte aus-

suchen dürfen; Vorturnen, Vorsingen; ein Spiel beginnen dürfen; neben der Gruppenleiterin sitzen
dürfen; die Zeichnung, das Bauwerk u. a. wird aus-
gestellt) 11%

5. Vorlesen einer Geschichte
(trat nur als Kollektivbelohnung auf) 10%

6. Die eigenen Basteleien, Zeichnungen u. a. dürfen mit
nach Hause genommen werden 3%

7. Die Hände mit einer duftenden Flüssigkeit begießen
dürfen.«[36] 2%

Für die Forscher ist nicht »ohne weiteres einzusehen, wieso
›Tascheneinsammeln‹, ›Geschirrabtrocknen‹, ›Vögel- oder
Fischefüttern‹ und dergleichen mehr – also Aktivitäten, die
ebensogut zu den täglichen Beschäftigungen der Kinder gehören könnten, zumal sie ohnehin zu verrichten sind und außerdem den Kindern Freude bereiten – den Anschein von
etwas Besonderem erhalten sollen, indem sie zu Belohnungen
erhoben werden. [...] Zweifellos haben die erwähnten
Belohnungsformen für die Kinder ›Belohnungscharakter‹,
doch sollte erkannt werden, daß solche Belohnungsformen
erst dadurch Belohnungsfunktionen (oder Verstärkerfunktio-
nen) erhalten, daß sinnvolle und lustvolle Tätigkeits- und Be-
schäftigungsmöglichkeiten der Kinder (so auch das Vorlesen
einer Geschichte) zu einer Art Ausnahme gemacht werden.
Ein gründliches psychologisch-pädagogisches Überdenken
›echter‹ Belohnungsmöglichkeiten im Kindergarten sollte daher für die Kindergartenerzieher ein wichtiges Anliegen
sein.«[37] Wiederum wird verkannt, daß die kritisierten Belohnungsformen nicht einer falschen Theorie des Belohnens ent-
sprungen, sondern vorrangig ein Produkt der Kindergartenstruktur sind. Das Ausdenken anderer Belohnungsformen
durch pädagogische und psychologische Wissenschaftler
würde deshalb auch kaum etwas zutage fördern, was im
Wissen der Erzieher noch fehlte. Die Strukturalternative –

36 A.a.O., S. 107 f.
37 A.a.O., S. 108 f.

etwa in der Montessori-Konzeption – wies ja keine *anderen* Lobestechniken auf, sondern war durch den *Verzicht* auf Lob und Tadel gekennzeichnet. Diese Konzeption bediente sich für die kindliche Entwicklung des Bestrebens der Kinder, für ihre Unabhängigkeit und Angstverminderung so mächtig (= fähig) wie die Erwachsenen zu werden, indem sie sie an allen Verrichtungen, die für die Erwachsenen wichtig waren (›sinnvolle‹ Verrichtungen), uneingeschränkt teilnehmen ließ. Auf diese Weise strukturierten die Kinder selbst ihren Entwicklungsprozeß und fanden ihre ›Belohnung‹, wenn sie in irgendeiner Verrichtung den Erwachsenen eingeholt hatten und darin von ihm unabhängig wurden. Die Schwierigkeiten und Unbequemlichkeiten lagen also auf seiten der Erwachsenen, die damit fertig zu werden hatten, daß die Kinder vorerst falsch und spielerisch mit den Erwachsenen mitmachten, diese zu Komparsen herabminderten, denen Sprüche wie: »Das ist doch kein Spielzeug!« oder: »Das dauert ja ewig, das lernst du nie!« strikt versagt waren.

Bereits unter den verschiedenen Lobestechniken fiel auf, daß Formulierungen wie »ein Spiel beginnen dürfen« oder »ein bestimmtes Lieblingsspiel spielen« verwendet wurden und daher ein Wissen von der Bedeutung des Freispiels beim Erzieher belegt werden kann. Sehr viel deutlicher wird dieses Wissen, wenn wir die Straftechniken ins Auge fassen. Drohungen und Strafen werden ganz vorrangig für Störungen in der Form von Lärm, Toben, Unruhe oder Kränkungen der Erzieher durch Ungehorsam, Auflehnung, Trotz, Widerspruch, Beschimpfung ausgeteilt.[38] Es ist also sichtbar, daß das Erzieherinteresse an möglichst schonungsvoller Verausgabung ihrer Arbeitskraft[39] – nicht an der bestmöglichen Entwicklung der Kinder – die Bestrafung hervortreten läßt. Es ist genau dieses Verhalten, dem etwa in der Montessori-Konzeption mit der »Demutsforderung« an den Erzieher und bei der

38 Vgl. E. Barres, Tabelle 14 für Drohanlässe, und Tabelle 15: Anlässe für Bestrafungen.

39 Ein Vergleich der Berufsmotivation von Heimerziehern in der Ausbildung und im Beruf macht das eklatante In-den-Vordergrund-Treten der persönlichen Interessen der Erzieher und den Rückgang am Interesse, helfen zu können, deutlich. Siehe B. Kraak, *Was Sozialpädagogen von ihrem Beruf und von der Arbeit in Heimen halten*, S. 263, Tabelle. Vgl. auch die Untersuchung an amerikanischen Medizinstudenten von Gordon/Mensh, a.a.O., S. 1962.

Volkstheater-Kooperative mit dem Verzicht des Erziehers auf »Eigenmächtigkeit« begegnet werden sollte. Diese Forderungen verdeutlichen, daß die Lohnerziehungsstruktur rücksichtsloses Verhalten gegenüber Kindern nicht erfindet. Sie findet vielmehr dieses Bestreben nach möglichst weitgehender Entlastung auch gegenüber Kindern vor, vermag es aber nicht so im Zaume zu halten, wie es der Fall sein kann, wenn die persönliche Existenz des Erwachsenen direkt vom bestmöglichen Gedeihen seines Kindes (Erben) abhängig ist. Erst wenn das Bewußtsein dieser Abhängigkeit seine ökonomische Basis verliert, ist der Erziehende in Gefahr, sein aktuelles Tagesinteresse über die langfristige Entwicklung des Kindes zu stellen, ja, er ist sogar genötigt, so zu handeln, wenn die Konkurrenz unter den Lohnarbeitern beim Kampf um Einkommen letztlich denjenigen bevorzugt, der seine Kräfte am wenigsten verschlissen hat.

Solches Anpassen an die Konkurrenz, der Verzicht auf ein Engagement also, das man prinzipiell für notwendig hält, wird häufig mit Hinweisen auf verantwortungsloses oder autoritäres Verhalten der Kollegen rationalisiert. In der Rationalisierung dürfte aber stets eine projektive Entlastung stecken, die sich verbalisieren ließe: ›Wenn es die anderen nicht tun, dann laß' ich es auch.‹[40]

Unter den Bestrafungsanlässen fällt neben der Lohnerziehungsstruktur eine zweite bedeutsame Struktur des Kindergartens ins Gewicht, auf die ein Erzieher sich zu Recht berufen könnte, sollte er sein Verhalten verteidigen müssen. Diese Struktur besteht darin, daß die Kinder als relativ große Masse, als Kollektiv vorhanden sind.[41] Was als Störung der Erzieherin erscheint, wirkt häufig zugleich als Störung der anderen Kinder, die etwa an einem Freispiel gehindert werden. Das im engen Raum zusammengepferchte Kinderkollektiv wird also selbst zum Spielzerstörer und zum Behinderer der allgemeinen Teilnahme an den ernsthaften Verrichtungen der Erwachsenen.[42]

Natürlich stellt auch das Kinderkollektiv selbst einen Eindruck dar; das zeigt sich besonders deutlich in altersgemisch-

40 Vgl. auch B. Kraak, a.a.O., S. 265.
41 Vgl. die angegebenen Tabellen bei E. Barres, a.a.O.
42 Vgl. E. Barres, a.a.O., S. 143.

ten Gruppen – wie z. B. auch den Kindern einer Familie, wenn ein weniger entwickeltes Kind die Überlegenheit eines fortgeschritteneren Kindes dadurch abzubauen versucht, daß es macht, was dieses ernst nimmt. Da das fortgeschrittenere Kind sein eigenes Spiel sehr ernst nimmt, geschieht es, daß das weniger entwickelte Kind in seinem Spiel das Spiel des entwickelteren Kindes aufgreift, um auf seine Stufe sich zu erheben. Dies kann dazu führen, daß ein unaufmerksamer Beobachter bei dem unentwickelten Kind intellektuelle Fähigkeiten diagnostiziert, die für das entwickeltere gelten. Tatsächlich ist diese Differenziertheit eine geborgte, also außerhalb der Beziehung mit dem nachgespielten älteren Kind nicht stabil. Festzuhalten ist jedoch, daß die Qualität des Eindrucks nicht davon abhängt, ob ein arbeitender oder nicht-arbeitender Mensch vom Kind erlebt wird, sondern davon, was den Mächtigen ringsum selbst bedeutungsvoll ist, gleichgültig, ob es sich um ein Tanzfest, ein Gastmahl, die mühsame Bearbeitung eines Ackers oder ein Freispiel handelt.

Dennoch ist an dieser Stelle darauf hinzuweisen, daß die Menschheit auf ihrem bisher höchsten technischen Entwicklungsstand eine frühe Kasernierung von gleichaltrigen Kleinkindern bis hin zu Säuglingen betreibt, wie sie vordem nicht denkbar war. Die Kollektivstruktur bedeutet, wenn sie das Kind von klein auf trifft, eine Verminderung von Zuwendungszeit, in der ihm einer oder mehrere Erwachsene allein zur Verfügung stehen. Diese Zuwendung, die – rein zeitökonomisch betrachtet – in der kinderarmen Kleinfamilie unserer Zeit wohl ihre höchste Stufe erreicht hat, erweist sich dann als besonders entwicklungsträchtig fürs Kind, wenn es die aus der Konfrontation mit tätigen Erwachsenen notwendig resultierenden Eindrücke voll bearbeiten, also jederzeit Übermacht durch Spiel und Instrumentalisierung der Erwachsenen abbauen darf. Es ist die Frage, wieweit der Kollektivstruktur zukommende Entwicklungsmöglichkeiten jene Zuwendungsqualität zu ersetzen oder gar zu übertreffen erlauben, oder ob die Solidaritätsvorteile (»gemeinsam sind Kinder stärker«) tatsächlich die Vorteile der Kleinfamilie überwiegen.

Die notwendige Durchbrechung der Lohnerziehungsstruktur bleibt hilflos, wenn sie nicht von einer Veränderung der bisherigen Kollektivstruktur begleitet wird. Wohingegen die

bloße, vielfach geforderte Verringerung der Gruppengröße bei
Aufrechterhaltung der Lohnerziehungsstruktur die erdrük-
kende Kommandostellung des Erziehers sogar noch verstärken könnte, da er fünf oder acht Kinder relativ leicht ›in den
Griff bekommt‹, während ihm bei 25 oder 30 Kindern einige
davon stets zu einem Freispiel entkommen können.[43]

Wir konzentrieren uns wieder auf die Lohnerziehungsstruktur, um an den Strafmitteln zu belegen, daß Wissen von der
Bedeutung des Freispiels bei den Erziehern sehr wohl vorhanden ist und Hoffnungen auf wirksame Änderung der Erziehungswirklichkeit durch die Vermittlung von Spieltheorien
allein kaum zu begründen sind. Unter allen Strafen, die wegen
Störungen des Erziehers verhängt werden, dominiert absolut
»Unterbrechung oder Abbruch des Spiels«.[44] Diese Bestrafung
ist neunmal so häufig wie körperliche Züchtigung[45] auch in der
leichtesten Form. Sie ist um so bemerkenswerter, als die
Kinder ihr den schärfsten Widerstand entgegensetzen.[46] Sie
macht mithin am meisten Arbeit und wird unseres Erachtens
plausibel einzig dadurch, daß der Aufwand durch den Effekt –
Bravheit der Kinder und Friede für den Erzieher – belohnt
wird. Der hohe Arbeitsaufwand hier macht zugleich verständlich, warum das Freispiel die vom Erzieher *relativ* ungestörte-
ste Existenzweise der Kinder bildet.[47] Es eignet sich für den
Erzieher als idealer ›Pausenfüller‹. Daraus erklärt sich, warum
im Spiel auftretende Aggressionen, die außerhalb des Spiels
kaum geduldet werden, von den Erziehern dann hingenommen werden, wenn das so spielende Kind nicht gerade bestraft
werden ›muß‹. Die Unterdrückung der spielgebundenen Aggression ruft nämlich heftigen Widerstand bei den Kindern
hervor.

Die pädagogische Forderung der Forscher, daß die Erzieher
sich wenigstens konsistent verhalten sollten und deshalb Aggression nicht einmal disziplinieren und ein andermal zulassen
dürften[48], zeigt, daß die Erzieher das Freispiel besser einschät-

43 Vgl. a.a.O., S. 128 f.
44 Vgl. a.a.O., S. 114.
45 Vgl. a.a.O., S. 115.
46 Vgl. a.a.O., S. 140.
47 Vgl. a.a.O., S. 152.
48 Vgl. a.a.O., S. 163.

zen können als manche Wissenschaftler. Die Aggression im Freispiel erscheint ja nicht, weil sie zugelassen wird, sondern weil die Kinder außerhalb des Freispiels starken Aggressionen ausgesetzt sind, deren Eindruck sie sich nun durch Abspielen zu entledigen trachten. Pädagogisch gesehen ist selbst solches Erzieherverhalten konsistent, wohingegen die von den Forschern geforderte Konsistenz – so interpretiert, daß auch die Aggression des Spiels noch zu unterbinden sei – die Kinder in eine ausweglose Lage bringen würde.[49]

Wir hatten bereits im ersten Kapitel gesagt, daß die Lohnerziehungsstruktur am Beispiel des Kindergartens zwar untersucht wird, aber nicht auf diese beschränkt ist. Sie gilt für das gesamte Erziehungssystem (einschließlich Universität), trifft aber die nachwachsende Generation entscheidend eben dort, wo ihre affektiv-kognitive Entwicklung im Gange ist. Der Kindergarten umgreift in den bürgerlichen Gesellschaften unter den staatlichen Einrichtungen einen wichtigen Abschnitt dieses Entwicklungsprozesses. Erfaßt diese Struktur – in der Krippe – schließlich sogar die Kleinstkinder in den ersten Lebensmonaten oder Wochen, dann kann Hospitalismus eintreten – trotz kostspieliger, hygienisch einwandfreier Einrichtungen.[50]

Das Material der von uns hier exemplarisch betrachteten Kindergartenforschung bestätigt allerdings, daß gerade die unentwickelten Kinder –durchschnittlich also die Dreijährigen im Kindergarten – im staatlichen Bereich der entschiedensten Lenkung ausgesetzt sind. An dieser Stelle wird auch den Forschern der Zusammenhang zwischen der frühen Deformierung der Kinder und dem Selbstschonungsinteresse des Lohnerziehers deutlich: »Aus diesen Befunden spricht, wie uns scheint, eine gewisse pädagogische Plausibilität. Bei den

49 An anderer Stelle beobachten die Forscher selbst, daß die Aggressivität im Spiel nicht von ihrer Zulassung abhängt, wenn sie darlegen, daß Kinder mit weniger kommandierenden Erziehern, Leuten also, die mehr zulassen, dennoch weniger aggressive Spiele zeigen. S. Barres, a.a.O., S. 159.

50 Vgl. die oben angeführten Aufsätze von R. A. Spitz. Bekanntlicherweise konnte der Hospitalismus verhindert werden, wenn statt der Lohnkinderpflegerin die leiblichen Mütter – in diesem Fall: Gefängnisinsassen – die Kinderpflege übernahmen. Diese Mütter konnten nur mit *ihrem* Säugling die spezifisch erotisch ertragreiche Beziehung realisieren und so einen Prozeß einleiten, der vom Lohnerzieher unter Umständen auch mit einem einzigen Kind (Liebling), aber nicht mit einer ganzen Gruppe gestaltet werden kann.

jüngeren Kindern haben sich die Sitten und Verhaltensge-
wohnheiten, wie sie von den Gruppenleiterinnen erwartet und
intendiert werden, noch nicht so eingeschliffen, wie dies bei
den ›Großen‹ der Fall ist, die schon längere Zeit in der
Kindergruppe zugebracht haben. Die Folge hiervon sind häufigere Abweichungen vom geforderten Verhalten bei den jüngeren Kindern, was wiederum Anlaß zu häufigeren Aufforderungen und Ermahnungen gibt. Mit zunehmender Aufent-
haltsdauer im Kindergarten werden die Verhaltenserwartun-
gen der Gruppenleiterinnen von den Kindern zunehmend
übernommen und allmählich zur Gewohnheit, so daß sich die
Häufigkeit disziplinierender Aufforderungen und Ermahnungen reduziert«.[51] Das heißt aber auch, daß die auffallend
häufigere Hilfsbereitschaft gegenüber den Kleinen nicht die
Durchbrechung der Lohnerziehungsstruktur anzeigt, sondern
die Vermeidung des überaus mühseligen Geschäfts, kleine
Kinder notwendige Verrichtungen selbst machen zu lassen.
Diese Verrichtungen müssen ja am Schluß des Kindergartenta-
ges abgeschlossen sein und erforderten eine längere Verweil-
dauer des Erziehers, würde er sie nicht innerhalb seiner Arbeitszeit für die kleineren Kinder selber übernehmen.
  Wir finden hier wieder die Behinderung von Selbständig-
keitsbestrebungen, die nur um den Preis von Geduld, Zurückhaltung und Unterordnung der Erzieher verwirklicht werden
könnten.[52] Dem entspricht die Kommandierung der älteren
Kinder unter Einsatz der härteren Strafen[53] bei der Ausführung von Tätigkeiten (Aufräumen usw.), an denen sie zuvor
gehindert wurden und für die sie nun –biologistisch konsequent gedacht – *alt* genug sind.
  Es ist wohl deutlich geworden, daß eine der zentralen Forderungen der Kleinkinderziehungsreform nach höherer Qualifi-
zierung der Erzieher zur Vermittlung von Wissen, das ihnen
jetzt noch fehle, für die Erziehungswirklichkeit relativ bedeutungslos bleiben muß, solange die Lohnerziehungsstruktur am
Gebrauch dieses Wissens hindert.[54] Wir hatten gesehen, daß

51 Vgl. E. Barres, a.a.O., S. 120.
52 Vgl. a.a.O., S. 120.
53 Vgl. a.a.O., S. 121.
54 Vgl. ausführlich zur Bedeutungslosigkeit der bloßen pädagogischen Wissensvermittlung für die Änderung von Erzieherhaltungen: G. Heinsohn, B. M. C. Knieper, *Das Desinteresse . . .*, a.a.O.

selbst bei den heute formal gering qualifizierten Erziehern das Wissen, welches die fortgeschrittenen Curriculaentwickler ihnen geben möchten, gar nicht fehlt, aber strukturgerecht zum Nachteil die Kinder ausschlagen kann. Zugleich konnten wir an der Volkstheater-Kooperative und der Montessori-Konzeption exemplarisch zeigen, daß besondere Motivationen oder Arrangements in den Kindereinrichtungen zur Durchbrechung der Lohnerziehungsstruktur taugten und trotz der nachweislichen theoretischen Mängel einen sinnvollen Umgang mit den Kindern begründeten. Wiewohl diese Alternativen in ›Lohnarbeitergesellschaften‹ entstanden sind, bleibt ihre Verallgemeinerung schwierig. Sozialistische Motivationen werden verfolgt, und die wirkliche Strukturalternative als ›Haus der Kinder und Erzieher‹ verlangte einen vollständigen Abbau des Familienrestes in Form der lohnabhängigen Familie, so daß ihre Verwirklichung nach wie vor utopisch erscheint.

VII. An welchen Fragestellungen die Struktur-analyse des Kindergartens weitergeführt werden kann

Das Ergebnis unseres Vorhabens, anhand des Umgangs mit dem Kinderspiel in die Strukturanalyse des Kindergartens einzutreten, läßt sich folgendermaßen resümieren: der Kindergarten kann – entgegen seiner Intention – durchaus spielzerstörerisch wirken und damit einen notwendigen Mechanismus der psychischen Selbststabilisierung der Kinder so sehr beeinträchtigen, daß ihre Entwicklung zur Realitätstüchtigkeit gefährdet statt gefördert wird. Daß der Kindergarten gegen die ihm zugedachten gesellschaftlichen Aufgaben schlägt, liegt unter anderem daran, daß er durch Lohnerziehung, Kollektivierung und Abgeschnittensein von den für die Erwachsenen wichtigen Verrichtungen gekennzeichnet ist. Die Lohnerziehungsstruktur produziert mit Notwendigkeit das Interesse der Erzieher an möglichst schonender Verausgabung ihrer Arbeitskraft und zieht die Beeinträchtigung von kindlichen Verhaltensweisen nach sich, die zu dulden und zu fördern vom Erzieher einen hohen psychischen und physischen Preis fordert. Die Kollektivstruktur hat zur Folge, daß die Kinder entweder vom Erzieher als Gruppe kommandiert und also individuelle Beziehungen zwischen Kindern und Erwachsenen behindert werden, oder daß die Kinder sich gegenseitig ihre Freispiele zerstören können. Die Abtrennung von gesellschaftlich notwendigen und von dem Erwachsenen ernstgenommenen Verrichtungen bewirkt, daß Beschäftigungsmaterial in die Gruppenräume geworfen wird, dessen Sinnlosigkeit zur zwangsweisen Heranführung der Kinder an dieses Material auffordert. Zugleich bleiben die für den Erzieher wichtigen Verrichtungen den Kindern verschlossen; ihnen ist die Möglichkeit genommen, die Überwindung der erzieherischen Übermächtigkeit durch selbständiges Beherrschen der ernsthaften Verrichtungen der Mächtigen aktiv zu betreiben.

In dem Moment, wo der gesamte gesellschaftliche Nachwuchs durch den Kindergarten hindurch muß, können dessen zerstörerische Strukturen zu einer gesamtgesellschaftlichen Bedrohung werden und eine wissenschaftliche Rückwirkung der Gesellschaft auf die von ihr hervorgebrachte, aber nicht vorab geplante Struktur des Kindergartens nach sich ziehen. Diese Rückwirkung versichert sich dabei aber meist nicht der notwendigen Strukturanalyse, sondern begibt sich – mit häufig hohem materiellen und personellen wissenschaftlichen Aufwand – an den Entwurf von Gegenstrategien, welche die Auswirkungen der nicht erkannten zerstörerischen Strukturen abschwächen sollen. Unter den Gegenstrategien haben diejenigen am wenigsten Mißerfolge, denen es bewußt oder unbewußt gelingt, eine oder mehrere der von uns als spielzerstörerisch gekennzeichneten Strukturen des Kindergartens zu durchbrechen. Insbesondere die Durchbrechung der Lohnerziehungsstruktur kann dazu führen, daß die Erzieher wieder ein persönliches Interesse an der Zukunft der Kinder nehmen – also nicht lediglich ein persönliches Interesse am Kind im Sinne einer aktuellen Befriedigung des Erziehers, wie sie bereits durch einen oder wenige Lieblinge möglich wird. Das persönliche Interesse an der Zukunft des Kindes erst macht persönliche Opfer für das Kind möglich – eine Haltung also, die einmal als Demut oder als Verzicht auf Eigenmächtigkeit, ein andermal als Unterordnung unter die kindlichen Bedürfnisse gefordert wird. Nach dem Verfall der religiösen Interessiertheit an der Zukunft des Kindes – zur Sicherung des eigenen Seelenheils, einen weiteren Mitgläubigen zu gewinnen – treten insbesondere in bürgerlichen Gesellschaften Interessen an der Überzeugung politischer Mitkämpfer in der Kleinkinderziehung auf. Diese können jedoch politischer Verfolgung unterliegen und haben bisher nicht beweisen dürfen, ob sie die tendenzielle Gleichgültigkeit des Lohnerziehers auf die Dauer zu überwinden fähig sind. Seltener als die Durchbrechung der Lohnerziehungsstruktur finden sich – über Exkursionen und Beschäftigungsmaterial hinausgehende – Versuche, die Abtrennung von den notwendigen Verrichtungen der Erwachsenen zu durchbrechen. Bei der Analyse des ›Hauses der Kinder‹ konnte dargelegt werden, daß die Bindung des Berufserziehers an die Kinder dann eine neue Stufe gesellschaftlicher Kleinkinderziehung erreicht, wenn die Erzieher für die gesamte Entwicklung der Kinder verantwortlich wer-

den, weil Eltern, also Familien, mit denen die Verantwortung
häufig so geteilt wird, daß man sich diese gegenseitig zu-
schiebt, nicht mehr zur Verfügung stehen. Erst diese Struktur-
veränderung enthält auch einen gewissen Aufforderungscharakter, zum einzelnen Kind Beziehungen aufzunehmen, und
kann den zerstörerischen Momenten der Kollektivstruktur
entgegenarbeiten. Dennoch steht auch dieses ›Haus der Kinder‹ – so sehr es sich vom Kindergarten unterscheidet –
prinzipiell unter den gleichen Problemen, die für die im
Schwinden begriffene lohnabhängige Familie als Ort bloßer
Reproduktion und totaler Einflußlosigkeit auf die persönliche
und gesellschaftliche Zukunftsplanung kennzeichnend sind.
Es ist auch nicht ausgemacht, daß der häufig geforderte Versuch, den Erziehern vor sich selbst und gegenüber der Gesellschaft ein hohes Ansehen zu vermitteln und so Engagement
für den Dienst am Kind aus einem speziellen Berufsethos zu
gewinnen, sehr erfolgreich sein wird.

Leitforderungen etwa sozialistischer Gesellschaften, dem
Volke zu dienen, welche den Dienst an den Kindern des Volkes
umschließen, sind der Ausdruck einer Gesellschaft, die mit
der Beseitigung des Privateigentums an Produktionsmitteln
zugleich die Basis für die Herstellung von Gesellschaftlichkeit
über die Verfolgung privater Interessen beseitigt. Deshalb ist
die Verpflichtung auf den Dienst an der Gemeinschaft für den
gesellschaftlichen Zusammenhalt unverzichtbar, wenn nicht
die privateigentümliche Basis ›egoistischer Interessen‹ – also
der private Warenaustausch – wiederhergestellt werden soll
oder kann. Solche Leitbilder haben ihre Wurzel im Kollektiv-
eigentum. Daß ihre praktische Umsetzung Schwierigkeiten
macht, ist bereits durch ihre Existenz bewiesen: Es wäre
überflüssig, wenn das Geforderte selbstverständlich wäre, und
verweist somit auf das Problem, psychisch naheliegende Begehrlichkeiten in die gesellschaftlich gebotenen Notwendig-
keiten zu integrieren.

Im Keime unwirksam – und deshalb für privatwirtschaftliche
Gesellschaften von vornherein untauglich – muß das Leitbild
vom Dienst am Volke bleiben, solange in einer Gesellschaft
Personen existieren, die noch über eine (bürokratische etc.)
Basis verfügen, von der her sie private Sonderinteressen ver-
wirklichen können. In privatwirtschaftlichen Gesellschaften

funktioniert die Verfolgung privater Interessen ja bereits bei formaler Rechtsgleichheit der Privateigentümer und ist gerade nicht auf Einkommensgleichheit angewiesen. Dagegen setzt der Versuch, Gesellschaftlichkeit über den Dienst der Einzelnen an der Gesellschaft zustande zu bringen, eindeutig Einkommensgleichheit voraus. Ist diese nicht gegeben, so wird sich der mit geringerem Einkommen Versehene als der Betrogene wahrnehmen und den Dienst am Volke aufkündigen. Daran kann er nur durch Gewalt gehindert werden. Aber diese Gewalt brächte lediglich Anpassung und keineswegs Engagement hervor. Wiederum ergäbe sich das Problem der Gleichgültigkeit, die sich im Umgang mit den Kindern deformierend auswirkt. Die Bereitschaft zum Dienst am Kind wird daher so lange unterminiert, solange die gesellschaftliche Behandlung des Erziehers Betrugscharakter hat: solange er sein persönliches Interesse nicht in Übereinstimmung mit der gerechten Verteilung des gesellschaftlichen Reichtums verfolgen kann.

Wir müssen hier unentschieden lassen, ob nicht die Wahrnehmung persönlicher Interessen in Übereinstimmung mit der gesellschaftlichen Entwicklung auch von überschaubaren Größenverhältnissen abhängig ist. Der relative Erfolg der gesellschaftlichen Kleinkinderziehung in den kleinen israelischen sozialistischen Landgemeinden (Kibbuzzim) dürfte nicht zuletzt damit zusammenhängen, daß die Gruppe der Erwachsenen ohne sonderliche Schwierigkeiten ein Bewußtsein von ihrer persönlichen wirtschaftlichen Abhängigkeit von der Gruppe ihrer Kinder – den gemeinsamen Erben des gemeinschaftlichen Eigentums – erlangen kann.

Der für die entwickelten ›Lohnarbeiter-Gesellschaften‹ nützliche Weg zur Veränderung der zerstörerischen Kindergartenstruktur wäre demnach die neuerliche Verknüpfung der Kinder – mindestens – mit den notwendigen Verrichtungen der Reproduktion. Dazu wurden bisher jedoch nur in den besten Heimen für Kinder, die – aus den unterschiedlichsten Gründen – ohne Eltern aufwachsen, Erfahrungen gesammelt.

Jedoch hat auch dieses Vorhaben mit der zunehmenden Abstraktheit und Schnelligkeit der Rationalisierung und tendenziellen Automatisierung hauswirtschaftlicher Verrichtungen zu kämpfen. So sehr diese Rationalisierung einerseits die

Erwachsenen entlastet, so sehr entzieht sie andererseits den Kindern eine informationsreiche Erfahrungswelt, in der diese den Erwachsenen ebenbürtig werden können. Es kennzeichnet deshalb fast alle gesellschaftlichen Einrichtungen, in denen Kleinkinder sich aufhalten oder in denen Menschen festgehalten werden, die als Kleinkinder Schädigungen erfahren haben, daß – gewissermaßen rückschrittlich – wieder Momente in sie eingebracht werden, die längst der Rationalisierung zum Opfer gefallen waren. Zur Vermeidung narzißtischer und tendenziell psychotischer Störungen hat eine Revolutionierung der Gebärstationen in den Krankenhäusern begonnen, in denen Mütter und Säuglinge wieder zusammengelegt und so traumatische Trennungen verhindert werden sollen. Auch die Bestrebungen, Kinderkliniken so zu verändern, daß die kranken Kinder mit einem Elternteil zusammensein können, sollen lebenslänglich wirkende psychische Komplikationen vermeiden helfen. In den psychiatrischen Anstalten werden Kontakte zwischen Patienten und Pflegepersonal angebahnt, die frühen Mutter-Kind-Beziehungen ähneln, um so einen Heilungszugang zu gewinnen. Zugleich wird in allgemeineren Kampagnen wieder das Bruststillen der Säuglinge, ihr Wiegen und Schaukeln, ihr Herumtragen im Körperkontakt mit den Eltern gefordert, und stets kulminieren diese Forderungen in der Ablehnung von Lohnerziehern, von Krippen und Kindergärten. Die Kinder sollten wieder von ihren Eltern erzogen werden, lautet denn auch die hilflose Antwort vieler Wissenschaftler auf die Frage, wie psychische Störungen verringert werden können.

Alle Versuche, Rationalisierungsfortschritte, die den Bereich der Kleinkinder getroffen haben, rückgängig zu machen, lassen sich tatsächlich als Wiederherstellung des ›Ganzen Hauses‹ auf höherer Stufenleiter kennzeichnen. Zwar wird nicht in allen Ländern überwiegend schon wieder zu Hause geboren, aber das Krankenhaus wird so umstrukturiert, daß die frühe Mutter-Kind-Beziehung derjenigen im alten hauswirtschaftlichen Zusammenhang ähnlich wird. Ebenso stellt das ›Haus der Kinder‹ zwar nicht den alten Haushalt wieder her, versucht aber, etliche seiner Funktionen der kindlichen Entwicklung wieder zugänglich zu machen. Es werden also aus früher unreflektiert ablaufenden Lebensprozessen diejenigen Momente herausgeschält, von denen fruchtbare Impulse auf die kindliche Entwicklung ausgingen – deren Fruchtbarkeit erst dann präzise erkennbar wird, wenn sie im ökonomischen Rationalisierungsprozeß untergehen. Das, was als Erziehungswissenschaft sich herausstellt, ist somit die Bestimmung von Interaktionsstrukturen ›geringerer‹ Zivilisationsentwicklung, die zur Erhaltung einer ›höheren‹ Zivilisationsstufe nicht ihrem naturwüchsigen Untergang anheimgegeben werden dürfen, sondern in dieser aufgehoben werden, d. h. im Bewußtsein der Menschen präsent bleiben müssen. Diese Aufhebung entspricht nicht einem musealen Sammeln schöner alter Dinge, sondern der Integration der als ›schön‹ erinnerten Inhalte in die – unabhängig von den Pädagogen – hervorgetriebenen neuen Strukturen. Noch ist völlig ungewiß, ob eine solche Integration gelingen kann, oder ob nicht die Abstoßungskraft der neuen Strukturen die Einpflanzung der als notwendig erkannten alten unterbindet. Deshalb ist auch ungeklärt, ob es überhaupt möglich ist, die zunehmende Abstraktheit der Arbeitsprozesse wieder aus den Beziehungen zwischen Erwachsenen und Kleinkindern herauszulösen. Es kann der Punkt leicht überschritten werden, an dem diese Abstraktheit nicht mehr frustrane Bedingung höherer intellektueller Entwicklung, sondern bereits Bedingung psychotischer Deformation wird. Die enormen Fortschritte der letzten Jahrzehnte in der Psychosenforschung – seit der Freudschen Neurosenlehre eines der bedeutendsten Themen der Psychologie – sind nicht zuletzt ein Indiz dafür, daß dieser Punkt immer häufiger überschritten wird. Die Psychosenforschung ist bereits ein Moment der staatlich organisierten Rückwirkung der Gesellschaft auf ihre ungeplant eingetretenen Existenzschwierigkeiten. Dennoch ist unverkennbar, daß diese Rückwirkung bisher vorwiegend auf Wahrnehmung und Erklärung der Probleme eingeschränkt und deshalb die Behauptung einer prinzipiellen Fähigkeit des Systems, die Probleme mit Hilfe seiner Wissenschaft – *nach* ihrer Erklärung – beseitigen zu können, unbewiesen ist.

Es muß weiterer Beobachtung überlassen bleiben, ob die von den Wissenschaftlern vorgeschlagenen Gegenstrategien – soweit sie überhaupt zur Anwendung gelangen – eine irgend beträchtliche Verbesserung des Kindergartens bewirken können. Seine Strukturanalyse ist mit dem Aufweis seiner möglichen spielzerstörerischen Wirkung nicht beendet; wir haben lediglich einen denkbaren Anfang in einem permanenten Forschungsprozeß gewählt. Auch darf die hier begonnene und in relativ skeptischen Resultaten mündende – über das Kinderspiel laufende – Strukturanalyse des Kindergartens nicht als von Grund auf kulturpessimistisch mißdeutet werden. So, wie es unzulässig ist, von einer neuen Struktur vorab zu behaupten, daß sie der verschwindenden überlegen sei, verbietet sich auch zu behaupten, daß mit ihr ›alles nur noch schlimmer werde‹. Nicht zuletzt deshalb, weil lange Zeit der Kindergarten daraufhin analysiert worden ist, daß er behaupteten Familienterror endlich in den Orkus der Geschichte verweist, konnten wir uns auf seine problematischen Auswirkungen konzentrieren. Bekanntlich richteten sich die Hoffnungen der Kollektiverziehung insbesondere auf eine Entschärfung der Geschlechtsrollenfindung, auf die Herausbildung einer Fähigkeit zu Objektbeziehungen, die nicht beschädigend sich auswirken. Da auch diese Erwartung an den Kindergarten häufiger behauptet als bewiesen worden ist[1], wollen wir in einem weiteren weiteren Schritt der Strukturanalyse des Kindergartens untersuchen, wie er sich auf die Geschlechtsrollenfindung auswirkt. Dabei wird vor allem die weltweit vorherrschende Verweiblichung des Lohnerzieherberufs einzuschätzen sein. Auch hier kann an eine Aussage über den sowjetischen Kindergarten angeknüpft werden, dessen weibliche Erzieher allgemein für die »Infantilisierung der sowjetischen Jugend« verantwortlich gemacht werden. So heißt es 1971 in einer Kiewer Untersuchung: »Wir plädieren nicht für eine Rückkehr zu einer spartanischen Erziehung. Wir leben in einem anderen Zeitalter und haben andere Ziele. Aber ein kleiner Junge, in dessen Umgebung das männliche Element fehlt, ist dazu verurteilt, gleichgültig und schwächlich aufzuwachsen und kann in seiner Jugend unter Gemütserkrankungen und Persönlichkeitsspaltung leiden«.[2] Es wird dabei zu fragen sein, ob die Über-

---

1 Eine wichtige Ausnahme stellt C. Bettelheims Analyse der »Vorzüge und Nachteile« der sozialistischen israelischen Säuglings- und Kleinkinderkollektiverziehung der Kibbuzzim dar. Vgl. ders., *Die Kinder der Zukunft*, Wien – München – Zürich 1971.

2 Zitiert nach M. Butenschön, *Feminisierung des sowjetischen Lehrkörpers*, unveröffentl. Manuskript vom 4. 8. 1974.

mächtigkeit von Frauen, die nicht mehr auf die Mütterlichkeit der patriarchalischen Familie zurückgeschraubt ist, Wirkungen nach sich zieht, die für matrilineare Kulturen behauptet worden sind.[3] Es ist also zu prüfen, ob das Fehlen der Väter, über deren Bündnis gegen die Mütter jene Distanzfähigkeit in der patriarchalischen Familie erst erworben wurde, die eine Voraussetzung wissenschaftlicher Realitätsbetrachtung zu sein scheint, tatsächlich die erhoffte Depressionsarmut bringt. Es könnte sich, gegen diese Intention, freilich auch herausstellen, daß die Bedrohung für die Kinder – angesichts der unausweichlichen starken weiblichen Erziehungsperson – noch zugenommen hat. Es wäre dann zu prüfen, ob die Kindergartenstruktur die unausweichliche Konfrontation mit einem mächtigen Erwachsenen nicht in einer Weise aufzubrechen erlaubt, die der patriarchalischen Familienstruktur überlegen ist. Indem beispielsweise zwei gleichberechtigte und auch verschiedengeschlechtliche Erzieher zur Verfügung stünden, könnten die Kinder – außer mit den anderen Kindern – Bündnisse suchen, die nicht daran kranken, daß sie mit einem objektiv Stärkeren (Vater) gegen einen objektiv Schwächeren (Mutter) geschlossen werden.

Die hier angedeuteten Fragestellungen erschöpfen die Strukturanalyse des Kindergartens keinesfalls, sondern sollen nur exemplarisch zeigen, wie wir uns eine Fortführung des eingeschlagenen Forschungsweges vorstellen. Dennoch halten wir eine solche Fortführung nicht für beliebig; wir meinen vielmehr, damit an einem weiteren zentralen Problem der Bildung menschlicher Gattung anzusetzen, wenn diese einmal in kollektiven Formen, also tendenziell ohne Rückhalt in der einstmals sicheren patriarchalischen Familienstruktur, erfolgen wird.

3 Vgl. dazu die Arbeiten von G. Mendel, a.a.O.

Literaturverzeichnis

Anderfelt, Lena, Für Eltern eine »Ausbildung«? in: *Frankfurter Rundschau* vom 7. 6. 1975, S.V.

Anzyferowa, L. J., Mansurow, N. S., *Behaviorismus-Gestaltpsychologie – Tiefenpsychologie* (1963), Berlin (Volk und Wissen) 1969

Aronson/Carlsmith, *Effect of the severity of threat on the devaluation of forbidden behavior*, in: *Journ. abnorm. Soc. Psychol.*, 1963, 66, S. 584-588

Autorengruppe Westberliner Volkstheater-Kooperative, *Blumen und Märchen – Stadtteilarbeit mit Kindern im MV Berlin*, Hamburg (Rowohlt) 1974

Axline, V. M., *Kinderspieltherapie im nicht-direktiven Verfahren*, (1947), München–Basel (Reinhardt Verlag) 1972

Barres, E., *Erziehung im Kindergarten*, Weinheim (Beltz) 1972

Barret-Lennard, G. T., *Dimensions of therapist response as causal factors in therapeutic change*, Psychological Monographs, 1962, 76, Whole No. 562

Batojewa, D. T., *Die Besonderheiten des Denkens drei- bis vierjähriger Kinder bei didaktischen Spielen*, in: Pirjow, G. D., *Probleme des Spiels im Kindergarten*, Berlin 1974, S. 41 ff.

Bernfeld, S., *Kinderheim Baumgarten*, Berlin (Jüdischer Verlag) 1921

Bernfeld, S., *Sisyphos oder die Grenzen der Erziehung* (1925), Frankfurt/Main (Suhrkamp) 1967

Bettelheim, C., *Kinder der Zukunft*, Wien, Zürich, München, 1971

Bildungs- und Erziehungsplan für den Kindergarten, Berlin (Volk und Wissen) 1968

Borneman, E., *Die Frau im Patriarchat*, unveröffentlichtes Manuskript, 1974

Boshowitsch, L. J., *Die Persönlichkeit und ihre Entwicklung im Schulalter* (1968), Berlin (Volk und Wissen) 1970

Bronfenbrenner, U., *Wie wirksam ist kompensatorische Erziehung?* (1974), Stuttgart (Klett-Verlag) 1974

Bruner, J. S., *Play is serious Business*, in: *Psychology today*, Jan. 1975, S. 80 ff.

Butenschön, M., *Feminisierung des sowjetischen Lehrkörpers*, Rundfunkmanuskript vom 4. 8. 1974

Cassin/Bottéro/Vercoutter, *Die altorientalischen Reiche I*, Fischer Weltgeschichte Band 2, Frankfurt/M. 1965

Claus, J., Heckmann, W., Schmidt-Ott, J., *Spiel im Vorschulalter*, Frankfurt/M (Europäische Verlagsanstalt) 1973

Crandall/Preston/Rabson, *Maternal reactions and the development of independence and achievement behavior in young children*, in: *Child Development*, 1960, 31, S. 243-251

Deutscher Bundestag – Drucksache 7/3502, *Bericht über die Lage der Familie in der Bundesrepublik Deutschland – Zweiter Familienbericht* vom 15. April 1975

Eichberg, E., *Vorschulerziehung in der Sowjetunion,* Düsseldorf (Schwann) 1974

Eisenberg, L. and Connors, C. K., *The effects of Head Start on development Processes.* Presented at the J. P. Kennedy jr. Foundation, Scientific Symposium on Mental Retardation, Boston 1966

Elkonin, D. B., *Psychologie des Spiels im Vorschulalter,* in: *Zur Psychologie der Persönlichkeit und Tätigkeit des Vorschulkindes,* Berlin (Volk und Wissen) 1971, S. 41 ff.

Erikson, E. H., *Kindheit und Gesellschaft* (1950) 1963, Stuttgart (Klett) 1965

Feifel/Eells, *Patients and therapists asses the same psychotherapy,* in: *Journ. consult. Psychol.,* 1963, 27, S. 310-318.

Foulkes, D., *Die Psychologie des Schlafs* (1966), Frankfurt (S. Fischer) 1969

Franz, S., *Beurteilen wir unsere Dreijährigen richtig?* Berlin (Volk und Wissen) 1973

Freud, S., *Beiträge zur Psychologie des Liebeslebens – Das Tabu der Virginität,* Gesammelte Werke XII, (Fischer Verlag), S. 161 ff.

Freud, S., *Der Dichter und das Phantasieren* (1908), *Gesammelte Werke* VII, S. 213 ff.

Freud, S., *Die Traumdeutung* (1900), *Gesammelte Werke* II/III

Freud, S., *Hemmung, Symptom und Angst* (1926), *Gesammelte Werke* XIV, S. 113 ff.

Freud, S., *Neue Folge der Vorlesungen zur Einführung in die Psychoanalyse* (1932), *Gesammelte Werke* XV

Freud, S., *Jenseits des Lustprinzips* (1920), *Gesammelte Werke* XIII, S. 3 ff.

Freud, S., *Totem und Tabu, Gesammelte Werke* IX

Fröbel, F., *Das Schlittenfahren und Eisgleiten der Kinder und Knaben* (1826), in: *Friedrich Fröbel's gesammelte pädagogische Schriften,* hrsg. von Dr. Wichard Lange, 1863, Abteilung 1, Band 2, S. 380 ff.

Fröbel, F., *Die Menschenerziehung, die Erziehungs-, Unterrichts- und Lehrkunst, angestrebt in der allgemeinen deutschen Erziehungsanstalt zu Keilhau* (1826), in: Fröbel, *Ausgewählte Schriften,* hrsg. v. E. Hoffmann, Düsseldorf und München, (Verlag Helmut Küpper vormals Georg Bondi) 3. Auflage 1968, Band II

Fröbel, F., *Ein Ganzes von Spiel- und Beschäftigungskästen für Kindheit und Jugend. Erste Gabe: Der Ball als erstes Spielzeug des Kindes* (1838), in: Fröbel, *Ausgewählte Schriften,* Band III, *Vorschulerziehung und Spieltheorie,* hrsg. von Helmut Heiland, Düsseldorf und München 1974, S. 35 ff.

Fröbel, F., *Entwurf eines Planes zur Begründung und Ausführung eines Kindergartens* (1840), in: Fröbel, *Ausgewählte Schriften*, hrsg. v. E. Hoffmann, *Kleine Schriften und Briefe*, Düsseldorf und München, (Verlag Helmut Küpper, vormals Georg Bondi), 2. Auflage 1964, S. 114 ff.

Fröbel, K., Fröbel, J., *Hochschulen für Mädchen und Kindergärten als Glieder einer vollständigen Bildungsanstalt, welche Erziehung der Familie und Unterricht der Schule verbindet*, Hamburg (G. W. Niemeyer) 1849

Gjurowa, R. P., *Die Besonderheiten und die Entwicklung des Denkens bei konstruktiven Spielen*, in: Pirjow, G. D., *Probleme des Spiels im Kindergarten*, Berlin 1974, S. 97 ff.

Glover, E., *Examination of The Klein System of Child Psychology*, in: *Psychoanalytic Study of the Child*, Vo. 1, S. 75

Gordon, L. V., Mensh, I. N., *Values of Medical School Students At Different Levels of Training*, in: *Journal of Educational Psychology*, 1972, Vol. 53 No. 1, S. 48-51

Groos, K., *Die Spiele der Menschen*, Jena (Gustav Fischer) 1899

Hasdorf, W., *Pädagogisch-psychologische Betrachtungen zum Spiel im Vorschulalter*, in: *Neue Erziehung im Kindergarten*, 27. Jahrgang, Juli/August 1974 Heft 7/8, S. 8 ff.

Heinrich, K., *Parmenides und Jona*, Frankfurt (Suhrkamp) 1966

Heinsohn, G., Knieper, Barbara M. C., *Das Desinteresse lohnabhängiger Pädagogen als zentrales Problem der Erziehung – Erklärungen und Lösungen in der »Erziehungspsychologie« von R. u. A. Tausch*, in: Bruder u. a., *Kritik der pädagogischen Psychologie*, Hamburg (Rowohlt), 1975

Heinsohn, G., Knieper, Barbara M. C., *4-Phasen-Modell*, in: *betrifft: erziehung*, Heft 8, 1974

Heinsohn G., Knieper, R., *Theorie des Familienrechts: Geschlechtsrollenaufhebung, Kindesvernachlässigung, Geburtenrückgang*, Frankfurt (Suhrkamp) 1974

Heinsohn, G., *Vorschulerziehung in der bürgerlichen Gesellschaft – Geschichte, Funktion, aktuelle Lage*, Frankfurt (S. Fischer) 1974 (Taschenbuchausgabe von *Vorschulerziehung und Kapitalismus*, Frankfurt [März] 1971)

Hutt, C., *Exploration and Play in Children. Exploration and Territory in Mammals – Symposia of The Zoological Society of London*, Number 18, London (Academic Press) 1966, S. 61 ff.

Iben, G., *Kompensatorische Erziehung*, München (Juventa) 1972

Jankova, Z., Rjurikow, J., *Der Hebel des Archimedes*, in: *Literaturnaja gazeta*, Moskau 16. 4. 1975, S. 13; für uns besorgte Übersetzung von M. Butenschön

Kietz, G., *Die Kindergärtnerin*, Freiburg (Herder) 1966

Klein, M., *Das Seelenleben des Kleinkindes und andere Beiträge zur Psychoanalyse* (1962), Hamburg (Rowohlt) 1972

Klein, M., *Die Psychoanalyse des Kindes*, Wien (Internationaler Psychoanalytischer Verlag) 1932

Klein, M., *Die Psychoanalyse des Kindes* (1932), München (Kindler) 1973

Klein, M., *Die psychoanalytische Spieltechnik: Ihre Geschichte und Bedeutung,* in: dies., *Das Seelenleben des Kleinkindes und andere Beiträge zur Psychoanalyse,* S. 13 ff.

Kraak, B., *Was Sozialpädagogen von ihrem Beruf und von der Arbeit in Heimen halten,* in: *Praxis der Kinderpsychologie und Kinderpsychiatrie,* 18. Jahrgang, 1969, S. 260 ff.

Kramer, S. N., *Geschichte beginnt mit Sumer,* München o. J. (1959) (List-Verlag)

Launer, I., *Persönlichkeitsentwicklung im Vorschulalter bei Spiel und Arbeit,* Berlin (Volk und Wissen) 1970

Leontjew, A. N., *Psychologische Grundlagen des Spiels im Vorschulalter,* in: ders.: *Probleme der Entwicklung des Psychischen* (Moskau 1959), Berlin (Volk und Wissen) 1971

Leontjew, A. N., *Über das historische Herangehen an die Untersuchung der menschlichen Psyche* (1954), in: ders., *Probleme der Entwicklung des Psychischen,* S. 216 ff.

Locke, J., *Einige Gedanken über Erziehung* (1693), Leipzig 1873

Lorenzer, A., *Die Wahrheit der psychoanalytischen Erkenntnis. Ein historisch-materialistischer Entwurf,* Frankfurt/Main (Suhrkamp) 1974

Makarenko, A. S., *Ein pädagogisches Poem. Der Weg ins Leben* (1925–1935), Frankfurt/Main (Ullstein) 1972

Malson/Itard/Mannoni, *Die wilden Kinder,* Frankfurt/M. (Suhrkamp) 1972

Mann, I., *Einen großen Schritt vorankommen,* in: *humanitas,* Berlin, Heft 8, 1975

Mendel, G., *Die Revolte gegen den Vater* Frankfurt/Main (S. Fischer) 1972

Mendel, G., *Generationskrise* (1968), Frankfurt/Main (Suhrkamp) 1972

Montessori, M., *Die Entdeckung des Kindes* (1909), Freiburg (Herder) 1969

Montessori, M., *Kinder sind anders* (1938), Stuttgart (Klett), 6. Auflage 1961

Montessori, M., *The Montessori Method,* New York, (Schocken Books) 1970 (13th Printing)

Morewa, S. S., *Das Schöpfertum der Kinder bei den Sujet-Rollenspielen,* in: Pirjow, Probleme des Spiels im Kindergarten, Berlin 1974, S. 115 ff.

Office of Economic Opportunity, *Day-Care: Resources for Decisions,* o. O., o. J., (1971)

Pädagogische Studientexte zur Vorschulerziehung, Berlin, (Volk und Wissen), 1972

Paul, J., *Levana oder Erziehungslehre,* (2. Aufl. 1814), in: *J. Pauls Sämtliche Werke,* historisch-kritische Ausgabe, Erste Abteilung, Zwölfter

Band, Weimar (Herrmann Böhlaus Nachfolger) 1937

Peller, L. E., *Das Spiel im Zusammenhang der Trieb- und Ich-Entwicklung* (1954), in: G. Bittner und E. Schmid-Cords (Hrsg.), *Erziehung in früher Kindheit*, München (Piper) 1968

Peller, L. E., *Modelle des Kinderspiels* (1952), in: A. Flitner (Hrsg.), *Das Kinderspiel*, München (Piper) 1973

Philippson, P., *Untersuchungen über den griechischen Mythos*, Zürich 1944 (Rhein Verlag)

Pirjow, G. D., *Das Spiel als psychologisches Problem*, in: G. D. Pirjow, *Probleme des Spiels im Kindergarten* (1968), Berlin (Volk und Wissen) 1974, *Psychologische Beiträge*, Heft 19, S. 7 ff.

Pirjow, G. D. (Hrsg.), *Probleme des Spiels im Kindergarten* (1968), Berlin (Volk und Wissen) 1974, *Psychologische Beiträge*, Heft 19

Pross, H., *Die Wirklichkeit der Hausfrau*, (Kiepenheuer und Witsch) 1974

Prüfer, J., *Kleinkinderpädagogik*, Leipzig (Otto Nemnich) 1913

Reichenberg-Hackett, W., *Practices, Attitudes and Values in Nursery Group Education*, Psychological Reports, 1962, 10, S. 151-172

Rogers/Dymond, *Psychotherapy and personality change*, Chicago 1954

Rogers/Gendlin/Kiesler/Truax, *The therapeutic relationship and its impact. A study of psychotherapy with schizophrenics*, London 1967

Rotkol, *Zur Strategie und Praxis proletarischer Erziehung*, in: *Rote Presse Korrespondenz* 2. Jahrgang 1970, Nr. 60, 62

Rubinstein, S. L., *Grundlagen der allgemeinen Psychologie* (Moskau 1946), Berlin (Volk und Wissen) Siebente Auflage 1971

Schmidt, V., *Drei Aufsätze* (1924), Raubdruck

Schneider, W., *Was ist Gerechtigkeit? Gespräche mit Kindern*, in: *Kinder*, Nr. 5, Mai 1975, S. 8 f.

Schroeter, L., *Das Spiel für die allseitige Entwicklung unserer Vorschulkinder erschließen*, in: *Neue Erziehung im Kindergarten* 1974, Heft 4, S. 8 ff.

Sève, L., *Marxismus und Theorie der Persönlichkeit* (1972), Frankfurt/Main (Marxistische Blätter GmbH) 1972

Sherfey, M. J., *Die Potenz der Frau* (1966), Köln (Kiepenheuer und Witsch) 1974

Simson, G., *Die Erleichterung der Eheschließung und Ehescheidung in Schweden*, in: *Juristenzeitung* 1974 S. 404 ff.

Spitz, R. A., *Die anaklitische Depression* (1946), in: G. Bittner und E. Schmid-Cords (Hrsg.), *Erziehung in früher Kindheit*, München (Piper) 1968

Spitz, R. A., *Ein Nachtrag zum Problem des Autoerotismus*, in: *Psyche*, XVIII. Jahrgang, 5. Heft, August 1964, S. 241 ff.

Spitz, R. A., *Hospitalismus I und Hospitalismus II* (1945), in: G. Bittner und E. Schmid-Cords (Hrsg.), *Erziehung in früher Kindheit*, München

(Piper) 1968

Standing, E. M., *Maria Motessori, Leben und Werk*, Stuttgart (Klett), o. J.

Statens offentliga utredningar-SOU 1972: 26-Socialdepartement, Förskolan Del 1 o. 2, Stockholm 1972

Statistical data on Preschool Education in the USSR, 1922–1972, in: *Soviet Education*, Vol. XVI, No. 8, June 1974 S. 4 f.

Tausch, A. M., *Variablen und Zusammenhänge der sozialen Interaktion in Kindergärten*, in: *Psychologische Rundschau*, Heft 19, 1968

Tausch, R., Tausch, A., *Erziehungspsychologie*, Göttingen (Hofgrefe), 7. Auflage 1973

Toličič, I., *Die wechselseitige Beziehung zwischen Spielverhalten und geistiger Entwicklung von Kindern*, in: *Schule und Psychologie* 1963, S. 225 ff.

Ussowa, A. P., *Unterricht im Kindergarten* (Moskau 1970), Berlin (Volk und Wissen) 1973

Wälder, R., *Die psychoanalytische Theorie des Spieles*, in: *Zeitschrift für psychoanalytische Pädagogik* 1932, S. 184 ff.

Wilderspin, S., *Über die frühzeitige Erziehung der Kinder und die englischen Klein-Kinder-Schulen oder Bemerkungen über die Wichtigkeit, die Kleinen Kinder der Armen im Alter von anderthalb bis sieben Jahren zu erziehen*, Wien (Carl Gerold) 1828 (1. Auflage 1826)

Witanowa, N. B., *Die Entwicklung des kindlichen Denkens beim schöpferischen Spiel*, in: Pirjow, G. D., *Probleme des Spiels im Kindergarten*, Berlin 1974, S. 77 ff.

Wygotski, L. S., *Das Spiel und seine Rolle für die psychische Entwicklung des Kindes*, (Stenogramm einer Vorlesung von 1933), in: *Ästhetik und Kommunikation*, Heft 11, April 1973, Jg. 4, S. 16 ff.

Wyss, D., *Die tiefenpsychologischen Schulen von den Anfängen bis zur Gegenwart*, 4. Auflage Göttingen (Vandenhoeck und Ruprecht) 1972

Zulliger, H., *Heilende Kräfte im kindlichen Spiel* (1952), Frankfurt/Main (S. Fischer) 1972

Zajonc, R. B., *Birth Order and Intelligence: Dumber by the Dozen*, in: *Psychology today*, Jan. 1975

In der *edition suhrkamp* ist erschienen:

Gunnar Heinsohn/Rolf Knieper, Theorie des Familienrechts. Geschlechtsrollenaufhebung, Kindesvernachlässigung, Geburtenrückgang. es 747. 246 Seiten, DM 8,–.

»Mit dieser Untersuchung des Familienrechts, seiner Entstehungsgeschichte und seiner Funktionen [. . .] liegt ein Musterbeispiel für die fruchtbare Kombination rechtswissenschaftlicher, sozialpsychologischer und gesellschaftstheoretischer Methoden und Problemstellungen vor: ein Arbeitsbuch im strengen wissenschaftlichen Sinne des Wortes.«

Süddeutscher Rundfunk

Bibliothek Suhrkamp

edition suhrkamp

Alphabetisches Verzeichnis der edition suhrkamp